本土适老产业技术创新研究

徐雨森 著

本书为国家社会科学基金"中国本土情境下适老产业技术创新实现机理与引导政策研究"成果，并受到佛山科学技术学院学术著作出版资助基金与广东省哲学社会科学规划学科共建项目资助。

科学出版社

北京

内 容 简 介

本书定位为学术性、应用性兼顾的书籍,力求做到学术性与可读性、理论研究与对策研究的统一。本书聚焦三个方面:一是洞察现实,考察我国适老科技创新同领先国家、地区存在哪些差距,我国适老产业存在哪些创新追赶的机会;二是明晰机理,揭示我国适老产业创新系统存在哪些障碍因素,影响适老产品创新成功的因素有哪些,本土老年人对适老技术接受程度如何,适老服务企业如何实现创新;三是提出对策,依次在产业创新、企业创新、产品(服务)创新等层面提出相应的建议。

本书既可供适老产业和创新管理相关领域的研究人员及学生使用,也可供政府相关管理部门和适老企业的工作者阅读与参考。

图书在版编目(CIP)数据

本土适老产业技术创新研究/徐雨森著. —北京:科学出版社,2023.12
ISBN 978-7-03-075953-5

Ⅰ. ①本… Ⅱ. ①徐… Ⅲ. ①养老 – 服务业 – 产业发展 – 研究 –中国 Ⅳ. ①F726.99

中国版本图书馆 CIP 数据核字(2023)第 122354 号

责任编辑:陶 璇/责任校对:姜丽策
责任印制:张 伟/封面设计:有道文化

科学出版社 出版
北京东黄城根北街 16 号
邮政编码:100717
http://www.sciencep.com
北京建宏印刷有限公司 印刷
科学出版社发行 各地新华书店经销

*

2023 年 12 月第 一 版 开本:720×1000 1/16
2023 年 12 月第一次印刷 印张:14 1/2
字数:290 000
定价:156.00 元
(如有印装质量问题,我社负责调换)

前　言

我国理论界、实业界对适老产业、适老技术创新的重视始于"十二五"时期，各项激励性措施在"十三五"期间密集出台。例如，根据《"十三五"国家老龄事业发展和养老体系建设规划》，老年用品市场供需矛盾比较突出是我国老龄事业发展的明显短板……央视在 2017~2019 年每年重阳节的《对话》节目中，连续 3 年以"养老制造业之问""破局养老制造业""老龄制造业进行时"为题深度讨论了我国老龄制造业创新问题。

2021 年 6 月公布的第七次全国人口普查数据显示，2020 年我国 60 岁及以上人口占总人口的 18.7%，65 岁及以上人口占总人口的 13.5%。"十四五"末期我国 60 岁及以上人口占比将超过 20%，将由轻度老龄化阶段转入中度老龄化阶段，全世界范围内 4 个老年人中就有 1 个是中国老年人。在 2035 年前后 60 岁及以上人口占比将超过 30%，进入重度老龄化阶段。

课题组于 2018 年获批国家社会科学基金"中国本土情境下适老产业技术创新实现机理与引导政策研究"（18BGL042）项目，并在 2021 年顺利结项。本书同时也获得佛山科学技术学院学术著作出版资助基金、广东省哲学社会科学规划学科共建项目"新时期广东省基本养老服务定价、补贴及财政投入寻优决策研究"（GD23XGL005）资助。

本书在考察适老科技创新差距及追赶机会的基础上，分析影响适老产业创新的相关因素、本土老年人对适老技术的接受程度，以及适老服务企业创新方式选择，最终针对相应问题提出对策建议。

本书以佛山市顺康达医疗科技有限公司（以下简称顺康达）、广东永爱养老产业有限公司（以下简称永爱养老）为样本开展多案例研究，研究发现中国本土适老产业创新追赶的机会是乐观的，不仅拥有庞大的市场利基，工艺流程利基也比较明显，二者并存且互相促进。除了技术密集的医药产品、医疗器械外，本土适老产品同国外技术并不存在特别突出的技术代差，创新追赶的进程有加速的可能性。

本书认为，综合性适老服务企业的知识系统的复杂程度并不弱于一般的专业技术服务行业，适老服务行业可以归类为知识服务行业。适老服务企业应加速从仅掌握一般性的老年生理知识向掌握更复杂的老年心理学知识（psychology knowledge of geriatric）演变，从掌握一般性的常规照护服务知识向预防、咨询性的服务知识演变。

本书还提出，对传统的适老产业市场的边界范围有必要重新进行界定。传统上，适老产业市场一般指代的是老年人需求市场。现有研究对家庭成员、照护人员的特定需求关注远远不够，包括老年人、家庭成员、照护人员的市场需求可定义为广义的老年市场需求（本书着重关注广义的老年市场需求）。从广义老年市场来看，我国适老产业创新追赶的机会是比较广泛的。

本书采用多种研究方法，一是采用科学知识图谱方法和社会网络分析方法来进行科技文献和专利分析；二是采用案例研究方法归纳创新追赶机会、产品创新成功因素和产业创新系统障碍，借鉴扎根分析流程对案例文本依次进行开放性编码、主轴编码和选择性编码；三是采用 QCA（qualitative comparative analysis，定性比较分析）方法考察创新系统障碍因素间的综合关系、适老服务企业知识要素间的综合关系。

本书是集体智慧的结晶。课题开展过程中，薛少影、张岩、李思卓、王锦潇、王宇、刘雨梦、陆萍、鲁吐甫拉·衣明、汪祥春、陈蕴琦、孟庆涛、秦曦和贾竣博等多名博士、硕士研究生及访问学者徐鑫积极参与研究，尤其是薛少影、贾竣博、王锦潇和王宇在最后成稿过程中付出许多艰苦努力，感谢以上同学的辛勤劳动！

课题调研过程中得到顺康达杨洪荣董事长、永爱养老主持研发工作的傅坤毡副总经理的热情接待和指导，特此致以诚挚的谢意！此外，本书借鉴了大量同行专家的相关研究成果及经验，在此表示衷心感谢！

幸运的是，2021 年，课题组在谋划针对适老服务创新开展深入研究之时，再次获批佛山市第七次全国人口普查课题"佛山老龄化趋势以及养老服务研究"（FRPKT002）重大课题。课题组将继续贴近产业现实，开展"有理论的实践研究"和"有实践的理论研究"。

由于作者见识和研究水平有限，本书难免存在不足，恳请专家、读者批评、指正。

徐雨森

2022 年 3 月

目　　录

第1章 绪 论

1.1 适老产业、适老技术与适老技术创新

"适老产业"一词并非本书创造而是从现有称谓中所做的一种选择。学术界对适老产业称谓不一，许多学术文献和政府文件通常采用老龄产业、老年产业（陆杰华，2000；谢蔼，2002）。但有学者指出老龄产业、老年产业字面上听起来强调了"老"字，而新时代的老年人精神矍铄，故应该淡化"老"字的概念，单纯从年龄大小来客观界定，可称为高龄产业，如我国台湾地区学者就偏好采用"高龄产业""银发产业"的称谓（高枫，2015）。本书在大部分语境下采用适老技术、适老产品、适老产业等称谓。"适老"一词不仅能够表达适应老年市场需求的含义，还体现出适应老龄化社会趋势的更深层次的含义。

适老产业涉及行业范围很广，包含了最基本的衣、食、住、行、娱乐及医疗保健、休闲旅游等满足新时代老龄人需求的产品及服务，涉及护理、康复、金融等20多个行业（李宗派，2008）。

1991年在荷兰召开了第一届老年科技国际会议，老年技术（gerontechnology）、老年创新技术（gerontechnological innovation）两个概念在会议上被正式提出来。提出者为Graafmans（格拉夫曼斯）和Bouma（鲍马），两人均为荷兰爱因霍芬科技大学的教授。gerontechnology是一个复合词，geron是希腊语，即高龄者之义，老化现象必然伴随着日常生活中独立生活能力（知觉及信息传递能力、行动能力、运动控制能力、认知能力、精细动作能力）和身心健康的衰退；科技（technology）则能够提升人的能力、健康和生活品质。因此，老年技术的含义就是强调用科技来解决或使人适应老化问题。

1997年在欧洲成立了国际老人福祉科技学会，2001年该学会创办了专业性期刊 *Gerontechnology*，其后 *Technovation*、*Technological Forecasting & Social Change* 等创新管理领域的重要期刊也刊发了多篇针对老龄技术接受及市场推广策略的文

章。经检索 Elsevier 数据库、Springer Links 数据库、CNKI 数据库、万方论文库及其他各类网站、中外报刊，我们发现美国、欧洲、日本、韩国和我国台湾地区对适老技术创新活动的关注度较高，我国大陆学术界则在近年才开始比较系统地关注该议题。尤其值得注意的是，目前我国大陆现有理论研究大多偏重适老产业发展、宏观趋势或技术分析层面，有关适老技术创新理论研究、案例素材层面存在诸多空白需要填补。

1991 年第一届老年科技国际会议上将老年技术界定为"综合老年学与现代科技手段，支撑老年人健康、舒适、安全地独立生活的科技与社会环境"。Bouma 等（2007）对定义老年技术的视角进行了综述，指出大多数学者倾向于内涵较广的定义，即适老技术创新不仅包括狭义的产品技术创新，还包括服务及商业模式的创新，仅有少数学者定义的视角更侧重狭义的技术活动。国内学者也偏向接受内涵更广的定义，比较有代表性的是马俊达等（2014）指出老年技术是综合现代老年学与信息技术、老年医学养护、生命科学、中医药学、康复辅具等跨学科的技术手段，为老年人提供最佳照料护理、健康管理、卫生保健、安全环境和社会参与途径，目标是提高老年人健康、福祉及生命生活质量。

适老技术创新的突出特征具有一定社会性，与传统技术创新活动"见物而不见人"（侧重关注技术或仅是企业经济效益，忽视社会效益）不同，需要兼顾经济效益和公益性。

适老技术创新的具体特征见表 1.1。

表 1.1　适老技术创新的具体特征

技术创新的特点	适老技术创新	通常的技术创新
创新主体	创新供给方包括公益类科研院所、企业自身的研发机构、高校；创新需求方包括适老技术使用者（医护人员、子女、照护者及高龄者本身）、企业和政府部门	企业、产学研合作
创新目标	更为综合，需要兼顾经济效益、社会效益	一般以经济效益为主
创新动力	市场需求与公共需求	市场需求
创新政策	科技政策、产业政策、财税政策和社会福利政策	科技政策、产业政策

（1）从创新主体来看，适老技术创新活动由创新的供给方和需求方共同作用形成，创新供给方包括公益类科研院所、企业自身的研发机构、高校；创新需求方包括适老技术使用者（医护人员、子女、照护者及高龄者本身）、企业和政府部门。政府在适老技术创新链条的各环节起引导、推动作用。政府可以直接管理公益类科研院所的研发活动，委托营利性机构的生产活动，购买老年产品提供给

适老技术使用者。公益类科研院所主要承担与适老技术项目研究及突破性基础研究项目有关的工作；高校在适老技术创新活动中进行教学与基础性研究工作，承担政府或企业委托的适老技术研究任务。也有学者指出，适老技术使用者能够从技术被动接受者转变成技术开发的参与者，因此应将其纳入创新主体范畴；企业研发机构接受政府和科研院所的委托从事适老技术创新活动。

（2）从创新目标来看，传统技术创新一般以追求经济效益为主要目的，适老技术创新是以改善老年人整体生活需求为宗旨，需要综合考虑社会效益和经济效益。

（3）从创新动力来看，传统技术的主要动力来源于消费市场需求，而适老技术创新的动力来源于两大方面：一是适老技术使用者的消费需求动力；二是政府为了满足老年群体的公共需求，为老龄群体提供更好的适老公共品和公共服务。

（4）从创新政策来看，传统技术创新引导依靠科技政策、产业政策，而适老技术创新主体包括政府、企业、相关社会组织和公众，引导政策体系的综合性高与协调难度比较大，需要将科技政策、产业政策、财税政策和社会福利政策整合使用。

1.2 领先国家、地区的适老技术创新研究

1.2.1 适老产品创新、研发活动相关研究

徐雨森等（2017）检索国际相关研究文献发现，早期国外学者对适老产品创新和研发活动的关注点侧重单纯的产品研发和设计活动，或者说硬技术研究。随着研究的进一步展开，研究内容不断丰富，逐渐扩展到老年人需求特殊性、产品使用的情境、产品研发切入点和开发方法与技术评价等方面。

一是硬技术研究。Craik 等（2007）分析了如何发展老年人认知恢复能力技术；Haux 等（2010）分析了如何利用信息和通信技术辅助老年人生活及满足其健康护理要求；Bateni（2012）和 Morley 等（2013）分析了预防和治疗老年人身体虚弱问题的护理技术。

二是产品与老年人需求之间的偏差分析。适老企业往往会高估或低估老年人需求，或者会将残疾、康复训练等技术沿用到适老产品设计中，造成老年人拒绝接受带有歧视性的"老年人专用产品"（王胜今和舒莉，2018）。另外，企业所聘用的设计队伍中往往年轻人居多，对老年人的心理和工作、生活习惯的认知难免存在一些偏差（Lee and Coughlin，2015）。适老企业不同于非适老企业的这一类偏差现象，可称为"沟壑困境"。

相较于年轻人，老年人在生理能力（行动能力、精细动作能力、认知能力、

知觉能力等）和心理需求（孤独感、安全感、挫折感）方面具有特殊性。这种特殊性决定了适老产品创新活动率与传统重技术轻人文的制造类产品创新活动存在明显不同（贾品荣和张士运，2013）。国际适老产品创新专家 Compagna 和 Kohlbacher（2015）在创新领域期刊 *Technological Forecasting and Social Change* 中指出传统参与式开发方法在老年陪护机器人应用中存在着弊端，即老年人对自己的特殊需求往往不能用年轻设计师所熟悉的表述方式完全展现出来。

三是产品的使用场景、环境等情境因素分析。适老产品开发设计师观察到老年人使用适老产品的场景格外重要，老年用户使用产品时常持有与年轻用户不同的情绪反应，因此传统产品开发方法需要改进以便能够有效考察老年人的真正需求，需要关注老年人的行为模式及其在认知负荷、生理行动障碍等方面的问题（Verdegem and de Marez，2011；Saunders，2004；Wagner et al.，2010；汪海波等，2018）。Lauriks 等（2007）指出需关注老年人的日常生活、社会参与、健康、安全活动等多元化的生理和心理需求。

许多企业尝试采用通用设计、跨代设计等设计原则来开发老年产品，但 Silvers（1997）、Pirkl（2008）的调查指出，因存在任务指派不明确的问题，难以真正满足老年群体的需求。针对通用设计、跨代设计存在的这一问题，企业需要在产品概念定位、需求维度、情感态度等方面进行更全面的反思（陆泉，2017）。

左美云等（2009）基于马斯洛需求理论，从老年人的生理、安全、情感、受尊重和自我实现五大信息需求出发构建老年人信息需求模型。

1.2.2 创新管理领域相关研究

学者介入创新管理领域时间略晚，但是相关研究发展比较迅速。关注点不再局限于研发设计，而是从创新过程改进（领先用户识别、选择适用技术、开发策略、商品化、市场化和产业化）及创新环境优化的角度提出更系统的建议。

Chen 和 Chan（2011a）、Šumak 等（2011）、Wagner 等（2010）均将技术接受模型（technology acceptance model，TAM）引入适老技术创新研究领域，考察了老年群体对各类新技术的接纳程度。Braun（2013）指出产品有用性和产品易用性之于老年人使用产品的重要性。Chen 和 Chan（2013）发现，个人属性和便利条件而非技术属性对老年用户接受适老技术具有重要作用。

Ma 等（2016）认为技术接受模型必须要进行改进，提出了考察中国香港地区老年人智能手机接受的综合理论模型。有学者指出感知有用性（perceived usefulness，PU）、感知易用性（perceived ease of use，PEOU）是用于解释个体接受和使用信息技术的重要变量（Davis et al.，1989）。Karttinen 等（2008）基于创新系统理论考察了适老技术创新网络的结构与动态性，指出由国家、高校及社会组织构成的中介机构有利于适老技术创新研发与扩散。

近年来，创新管理领域学者的研究工作日益深入，对老年群体需求特殊性的关注越发细致和全面。Lauriks 等（2007）指出适老技术开发需要关注老年人的日常生活需求、社会参与、健康和安全。Olson 等（2011）指出老年人相较于年轻人更倾向于使用过时而非最新技术。Verdegem 和 de Marez（2011）指出技术创新往往不能被充分利用是因为老年人及其代理人的接受程度很少被关注。较之年轻人，老年人选择过时技术的频次远大于最新技术，甚至会对新技术产生排斥心理，因此面向老年市场的设计理念或设计策略显得尤为重要（Olson et al., 2011）。现有研究大体从无障碍设计策略（王秋惠，2009）、多方位体验设计（李辉等，2018）、情感化设计（裴学胜和程超然，2014）等方面进行老年产品设计研究。

适老技术并不是简单地满足老年用户的实物设计需求，还需关注老年人自身意愿与人性化需求，因此传统的创新研究方法难以胜任此项研究任务。国外很多学者已经将人类学等基于"情境"的研究方法应用于适老技术创新研究领域。Loe（2014）采用民族志方法、生命历程方法和符号互动论方法相结合分析社会环境如何影响老年人使用新兴技术。观察法、焦点小组、参与式用户体验等调查方法能够关注到传统调研方法关注不到的信息，便于直接了解老年人的内在需求。

1.2.3　日本、美国、韩国及我国台湾地区的实践

日本、美国、韩国及我国台湾地区在技术研发和创新实践领域起步早而且成效显著，尤其是在现代信息技术和生命科学成果的吸收、转化与集成方面具有优势。日本适老技术研发机构的竞争实力及专业化程度高于其他国家，专利数量居于领先地位（如智能老年床、治疗或保健用洗浴装置专利技术在世界范围内占据绝对优势）。虽然美国没有专门强调对适老技术的投入和宣传，但其拥有的国际顶尖人才及老龄化压力促使其整体水平居于前列。韩国在包含有机成效成分的医药配置品专利技术领域的优势较为明显。我国台湾地区在智能技术应用和一线养老护理技术和服务方面特色明显。

总体上看，这些国家和地区在智能化、个性化、普惠化三方面比较领先。在智能化方面，日本的松下电器、丰田、本田等大企业针对老年人或生活无法自理人士相继开发健康护理机器人并已正式投入使用；美国博远通（Presto）服务公司的明星产品是为老年人研发不用电脑和互联网就能收发电子邮件的"打印机"产品。在个性化方面，美国的科尔斯女子健身中心（Curves Fitness）结合老年女性的独特健身需求制订健身服务计划。在普惠化方面，本田 2012 年已向日本国立长

寿医疗研究中心行动不便的老年人提供步行辅助装置，该装置能够感知用户腿部动作，辅助行动不便的老年人行走；美国长者网络公司（SeniorNet）针对提高老年人信息技术使用能力开办了学习中心。

1.2.4 适老技术创新引导政策

美国主要依靠市场机制对产业创新活动进行调节。李超（2015）指出美国通过帮助企业发现并不断满足老年消费者尚未满足的需求、扶持老龄科学研究及美国退休人员协会宣传助推等举措激励老龄产业发展。田香兰（2015）归纳了日本和韩国的成功经验，发现日本基于人口变化规律、老年人需求特点及老龄产业属性设计引导政策，政府在"日本再生战略"中将健康医疗作为今后重点投资领域。韩国政府也选择了"政府主导、企业参与、市场推动、社会支持"为特点的综合性措施，推动韩国适老产业快速追赶美国和日本。高枫（2015）指出我国台湾地区适老产业在发展初期得益于地方政府从社会面和经济面来为其保驾护航，如通过调控市场供求、产业标准、保护隐私、补贴试点项目等形式来促进老年智能家居市场的普及。

以上国家及地区的适老技术创新引导政策的特点可归纳为以下几个方面。

一是明确本国适老技术创新发展所处的阶段，根据自身情境特征制定不同的发展策略。日本将自身老龄产业发展分为三个阶段，每个阶段制定不同的发展政策。

二是政府部门积极作为，引导适老产业发展。日本通过立法手段促进适老消费品开发，颁布了《关于促进福利用具研发及普及的法律》；韩国为适老企业提供贷款利率优惠、期限较长的信用贷款，为适老产业和老年设施预留发展用地，降低适老企业经营成本。

三是引导公民形成积极的养老认知理念。日本政府认为单凭社会保障不足以维持基本生活需要，倡导"自主型养老"模式；美国老年人的工作能力和积极性普遍较高，喜欢参加工作来实现自我价值；世界上第一个老年型国家法国实行"终身教育"理念，建立"第三年龄大学"。

1.3 我国适老技术创新理论研究与实践活动

1.3.1 "创新"视角的研究成果缺乏

比较而言，以上领先国家及地区不但实践活动居先，理论研究成果也比较丰富。研究视角开始从狭义的"技术管理"走向更为系统的"创新管理"，即不再局限于研发管理和专利分析，更多从创新全过程管理视角提炼实践规律。我国在实践和理论研究两方面均有待提高，追赶进程有待加速。

在我国，以下三个领域关注了适老技术创新活动。

一是技术分析研究领域。北京工业大学的黄鲁成教授在主持国家社会科学基金重大项目"新兴技术未来分析理论方法与产业创新研究"（11＆ZD140）的过程中，对老年技术进行了专题研究，关注了老龄技术知识前沿识别、国际竞争态势。吴菲菲等（2016）指出我国老年技术应从更具知识前沿性的通信、治疗和老年人行动工具研发领域进行技术追赶。

二是老年产业研究领域。该领域的关注点侧重产业发展和宏观层面。陆杰华等（2013）指出我国老龄产业虽然快速兴起，但产业政策扶持和规范缺位，福利色彩仍较为浓厚，产品与服务的促销和销售手段相对落后，市场研究与产品开发不足。张丹萍和李军（2016）对我国老龄产业市场潜力进行定量测算。有学者指出我国老龄服务业发展迅速，但存在市场集中度差的问题。梁丽和马祥（2003）指出我国农村需要建立新型的老年保障机制。国内有关老年产业的研究虽然成果比较丰富，但是实务性文章居多，技术创新视角（如创新实现机理和引导政策）的研究比较薄弱。

三是民生科技创新研究领域。适老技术隶属民生科技。民生科技作为本土概念首次于 2007 年由重庆科学技术委员会主任提出。刘则渊（2016）、贾品荣（2012）指出现有的创新理论范式难以适合民生科技的技术创新，在创新动力、创新目标、创新要素及创新主体上与传统技术相比有独特性。陈俊杰和崔永华（2012）指出民生科技自主创新同时受到需求拉动和科技推动，但是民生科技创新涉及产业类型过多（军事、公共基础设施等），对适老技术创新并未给予深入、系统的研究。

1.3.2　我国适老技术创新实践所具有的后发优势

相较于领先国家及地区，我国适老技术整体水平处于落后地位，专利数量不及日本一半。在智能化方面，我国研发的护理机器人、智能轮椅、智能集尿器、多功能阅读辅具等一系列智能化老年辅具，不能覆盖各类老年人群体的需求，很多产品设计成果转化率并不高。在个性化方面，国内的高端轮椅坐垫、鞋垫等长期与人体直接接触的产品，在目前市场推广下普及程度远远不够。在普惠化方面，我国在移动助行、护理照护等领域与国外相比存在种类较少、质量较差的问题。

我国适老技术领域虽起步较晚，但该领域技术创新发展势头迅猛。近几年相关专利申请总量已超过日本和美国，且保有自身特色技术领域。社会对老年用品和服务的整体认知水平逐步提高，养老护理理念日益形成，人们开始逐渐认识到康复辅具的使用是养老服务质量（service quality，SQ）保障不可或缺的条件。另外，在我国技术革新和市场细分的推动下，传统的老年日常用品业（如老年服装业）、老年医疗保健业及日渐兴起的老年旅游业均得到较好的发展。总体上我国适老技术创新实践活动具有较强的后发优势。

1.4 内容安排与主要观点

1.4.1 内容安排

第 1 章是绪论，介绍了国内外研究进展、章节安排及主要观点。

第 2 章采用科学知识图谱方法和社会网络分析方法分析国内外适老科技发展动态。

第 3 章和第 4 章考察的对象是产业创新规律，研究方法是多案例研究方法。首先对若干典型案例进行分析，识别关键因素。其次进一步对规模样本采用 QCA 方法，对因素之间的组态关系进行考察。

第 5 章考察适老产品创新的关键成功因素，采用了多案例研究方法。

第 6 章考察中国老年人适老技术接受的影响因素，采用问卷统计分析方法。

第 7 章考察适老服务企业的知识体系，样本是适老服务企业，所以采用了同第 3 章、第 4 章相同的研究方法，即首先进行案例研究，其次进行 QCA 研究。

第 8 章考察的是适老产业引导政策体系，借助了政策文本分析方法，对大量政策文件进行梳理，结合政策动态演进的现实背景，考察政策设计的导向和演变趋势。事实上，其他章节中也涉及了政策研究，如第 4 章、第 5 章中就包含了大量的政策建议。

研究内容框架示意图，如图 1.1 所示。

在资料收集过程中，一是开展实地调研。课题组同大连老龄产业联合会、大连国际老龄产业博览会建立了良好的合作关系，得以有机会深度跟踪调研会员企业和参展企业（课题组连续 3 年参加了博览会），重点调研了央视重阳节《对话》栏目中关注的企业，如顺康达和永爱养老（位于佛山顺德）。二是进行文献收集。收集的文献包括中国知网收录发表的期刊（《老龄科学研究》）、学术会议及报刊（《中国老年》《中国老年报》）。三是开展访谈。访谈包括企业访谈，并对高校、研究院所的行业专家进行了咨询。四是科学选择行业和企业样本。依据《养老产业统计分类（2020）》、《智慧健康养老产品及服务推广目录（2020 版）》

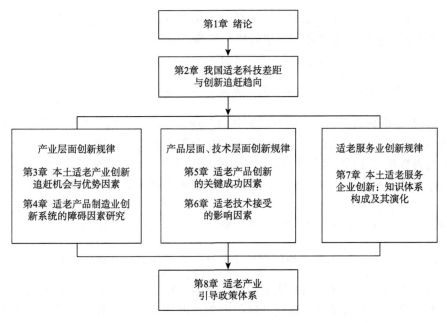

图 1.1 研究内容框架示意图

和《关于促进老年用品产业发展的指导意见》确定 22 个中高端适老产品制造业作为适老产业创新系统案例样本，**重点选择上市企业（多家企业为新三板上市公司）**作为适老服务企业考察样本。

1.4.2 主要观点

概括来说，本书的理论贡献体现在以下几点：其一，在中观层面，归纳适老产业创新系统"失灵"因素，构建优化适老产业创新系统的理论分析框架。其二，在微观层面，揭示适老产品创新的实现机理，提出"情境管理—具身认知—创意组合"螺旋提升的精益迭代创新理论模型。其三，揭示综合性适老服务企业的知识系统的复杂程度并不弱于一般的专业技术服务行业，适老服务行业可以归类为知识服务行业。其四，将近年来最新的创新管理理论成果，如非对称创新、逆向创新（reverse innovation）和非研发创新（流程利基创新）引入适老产业创新管理领域。其五，指出有必要对传统的适老产业市场边界范围重新进行界定。许多情况下，老年产品和照护设备由家人、护工及医护人员单独使用，或者由相关人员和老人共同使用。本书认为，现有研究对家庭成员、照护人员的特定需求关注远远不够。本书将着重关注广义的老年市场需求，一定程度上，这也是本书研究的特点或者说特色。考察适老产业的本土特定市场需求不能仅关注中国老年人同国外老人的需求差异，本土家庭成员、照护人员也存在特定的使用需求（从广义老年市场来看，我国适老产业创新追赶机会更为广泛）。

现将各个章节的主要研究结论归纳如下。

1. 识别国际适老科技前沿动态，我国需重视交叉学科领域进行追赶

第 2 章识别适老科技领域的研究热点与前沿动态，得到以下研究结论：①与发达国家相比，我国适老科技发展存在的差距不容忽视。在国际适老科技领域，文献发表数量前 10 和专利产出前 10 的核心机构中，均未出现中国机构的身影。②适老科技领域具有多学科交叉的特点，我国未来创新追赶的方向应侧重交叉学科领域。适老科技以临床医学为核心，综合了公共卫生与预防医学、计算机科学与技术、生物学、生物医学工程、社会学等多个学科的相关研究内容。

2. 市场利基、技术利基和创新机会并存，我国拥有综合性的追赶优势

由于欧洲、日本和美国的适老产业发展相对较早，早些年国内对适老产业技术创新的报道大都选择来自这些地区的案例。但是近年来，我国企业的技术创新事例日益受到关注，许多适老企业及其产品日益为公众所熟知。第 3 章选择若干企业为典型案例，考察我国适老产业技术创新存在哪些创新机会，这些企业存在哪些优势因素。

本书研究表明，我国适老产业的创新追赶机会是多元的，既存在庞大的市场利基，也存在丰富的工艺流程利基。优势因素体现在国家、产业和企业三个层面。值得强调的是，国家和产业层面的优势是外生的，企业层面的优势是内生的。产业创新能力的切实提升最终还是需要依靠企业内生因素。

3. 从主体、环境和交互三个方面破解适老产品制造业创新系统障碍

第 4 章以产业创新系统失灵理论作为依托来指导案例研究，从主体、环境和交互三个方面指出适老产品制造业创新系统存在的六个失灵因素。主体失灵是指创新主体完备程度（perfection of innovation subject）和核心创新主体能力强度（capacity strength of innovation subject）有待提高；环境失灵是指基础设施完善程度（perfection of infrastructure）和制度激励（institutional incentives）存在不足；交互失灵是指主体交互强度和锁定惯性程度（degree of locking inertia）存在缺陷。

本书进一步从以上方面提出若干建议，包括加强企业在产业创新系统的主体地位、加大知识生产机构的研发投入、建立完备的创新服务体系、加强 STI（science，technology，innovation，科学、技术和创新）学习、发挥地方特色培育产业集群等。

4. "情境管理—具身认知—创意组合"螺旋提升是适老产品创新的关键成功因素

第 5 章选取美国硅谷 IDEO 设计公司（以下简称 IDEO）、深圳嘉兰图设计有限公司（以下简称嘉兰图）作为典型案例，借鉴扎根分析的流程归纳实现适老产品创新的关键成功因素，得到以下研究结论：一是归纳了适老产品创新的两个突出特征。适老产品创新更要求进行精益式创新。优秀的适老产品大都是"情境管理—具身认知—创意组合"不断精益化迭代的结果；建设高水平的适老创新公地是实现适老产品创新的关键。这两大特征也是适老产品创新活动的复杂所在。二是强调了情境管理对于实现适老产品创新的前置作用，情境管理是适老产品创新的重要来源。三是阐明了具身认知、创意组合对于实现适老产品创新的关键作用。具身认知的构成维度包括功能认知和采用认知。只有在老年用户真实的工作、生活情境下，才能发展出较高水平的适老产品功能认知和采用认知。

5. 我国老年人对适老"技术接受"的特质表现

第 5 章侧重企业（供给者）的角度，考察企业"实现"产品创新的特征。第 6 章则从侧重老年人（需求者）的角度，考察老年人的需求特征和"接受"产品或技术的特征。在技术接受模型的基础上，切合老年人的需求特征，加入技术焦虑和抗拒改变两个因素，得到了以下结论：一是发现同经验上的判断不同，老年人尽管面临新技术时存在焦虑情绪，但是老年人具有跟上时代的愿望，焦虑情绪并未导致认同感减弱。二是发现适老产品、技术的"易用性"对技术接受具有特别重要的影响。从现实意义上来讲，厂家需要高度关注适老产品、技术的易用程度。三是发现技术焦虑的负面作用机制。与学习新技术的努力相比，老年人克服对生活方式等方面变化的消极认知和情绪反应需要付出更多努力。四是发现中国老年人权衡技术、产品价值时考量的特殊性。相比于对隐私安全和经济因素的关心，本土老年人对因误用或机器故障而伤害自己或家人的可能性最为敏感。

6. 适老服务企业的知识体系构成与演化路径

第 7 章考察了适老服务企业。适老产业包括产品制造业和服务业。前几章的考察对象侧重适老产品制造行业。传统上，适老服务行业往往被认为技术含量不高，不能归属到知识服务行业。本书指出综合性适老服务企业知识系统的复杂程度、精细化管理要求的复杂程度并不弱于一般的专业技术服务行业，也可以归类为知识服务行业。一是通过对雅达国际控股有限公司（以下简称雅达国际）和山东青鸟软通信息技术股份有限公司（以下简称青鸟软通）两家典型企业进行案例分析，总结了适老服务企业的知识体系演进过程；二是发现适老服务企业的知识积累更加依赖于寓境性和予境性学习活动。

7. 推动适老产业创新发展的引导政策体系

第 8 章考察了引导适老产业发展的政策体系，具体包括组织政策、财税政策、科技政策及教育政策等。当前，对适老产业政策体系的研究成果尚且不够丰富，专门的适老产业政策还不够系统，需要从资金、创新激励、人才及市场环境等方面引导适老产业发展。

第2章 我国适老科技差距与创新追赶趋向

我国适老科技发展起步较晚，需要认清存在的差距和创新追赶的趋向。本章从文献和专利两方面梳理国际适老科技研究进展，识别适老科技领域的研究热点与前沿动态，有利于相关学者和科研机构了解适老科技发展动态、寻找合作对象，也为政府制定相应引导政策提供参考。

2.1 研 究 综 述

2.1.1 研究方法、工具

研究方法包括科学知识图谱方法和社会网络分析方法。科学知识图谱是指以科学知识为计量研究对象，在数学模型表达科学知识单元及其关系的基础上，通过可视化的方式把知识领域、发展关联结构直观展现出来（刘金金等，2018）。科学知识图谱分析综合运用科学计量学中的引文分析、共现分析等，对某一研究领域的经典文献、代表作者、学科分布、研究热点等进行展示，还可以通过关键词的突变性识别研究前沿（胡泽文等，2013）。

社会网络分析方法是由社会学和社会心理学研究者创立的一种正式的、多学科交叉的分析方法（邵云飞等，2009）。它的基础是认为每个行动者都与其他行动者存在关系，不同行动者之间的关系构成了网络，社会网络分析方法研究的是这种网络的结构特点、网络中不同行动者（节点）的特点与功能、不同行动者之间的关系及网络结构对行动者（节点）的影响（孙立新，2012）。通过与数学、统计学、计算科学、系统科学等学科结合，社会网络分析方法已经广泛运用于挖掘社会网络关系、发现网络支配类型、跟踪信息流等方面，在知识传播、战略与创新等领域发挥了重要作用（吴慧和顾晓敏，2017）。社会网络分析工具十分丰富，主要包括 UCINET、Pajek、NetMiner 等软件。

2.1.2 数据来源、检索方式

国际适老科技领域的文献数据来源于 Web of Science 数据库，国际适老科技领域的专利数据来源于德温特创新索引数据库。

Web of Science 数据库是全球最大的、涵盖学科内容最广的综合性学术信息数据库，收录了世界范围内超过 8 700 种具有影响力的核心学术期刊，覆盖自然科学、工程技术、生物医学、社会科学等全部学科领域，具有强大的检索分析功能，能帮助研究者快速、全面地了解某一学科、某一领域、某位学者、某个研究机构等的研究信息。

德温特创新索引数据库是目前世界上最大、收录国际专利信息最全面的专利文献数据库，在国际上具有最高的权威性和广泛的认可度。该专利数据库整合了德温特世界专利索引（Derwent World Patents Index）和德温特世界专利引文索引（Patents Citation Index）。截至目前，该数据库共收录了自 1963 年以来全球 40 余个专利授权组织的三千余万项专利，涵盖化学（chemical section）、电子电气（electrical & electronic section）和工程技术（engineering section）三个领域内综合全面的专利信息。

合适的检索方式有助于更加全面、准确地获取国际、国内适老科技领域文献数据或专利数据，在确定检索式的过程中，笔者广泛参考了不同学者的检索思路、相关产业研究报告的分类标准，咨询了适老科技领域的专家学者，并进行了数次预检索，通过不断调整检索式，力求获得最佳检索式，使获取的文献、专利数据最全面准确。

国际适老科技领域文献检索时间为 2020 年 4 月 18 日，检索区间为 1953~2019 年，共获得国际适老科技领域文献数据 61 779 条。国际适老科技领域专利检索时间为 2020 年 4 月 18 日，检索区间为 1966~2019 年，共获取国际适老科技领域专利数据 64 886 条。

2.1.3 适老科技领域文献与专利概况

国际适老科技发展可划分为两个阶段：第一阶段是从 1953 年开始到 1990 年结束，该阶段的发展速度极为缓慢，每一年发表的文献数量不超过 10 篇；第二阶段是 1991 年至今的快速发展阶段。

1. 文献学科类别与国别

学科是一种学术分类标准，一般是指某一科学领域或一门科学的分支，如社会科学中的法学、经济学、管理学、政治学、社会学等，自然科学中的天文学、数学、力学、化学、生物学、物理学等（卓杰和王续琨，2017）。学科是与知识体系密切相关的一个学术概念，是两大知识板块自然科学和社会科学，或三大知识板块自然科学、社会科学与人文科学概念的下位概念（王续琨和冯茹，2015）。考察国际适老科技文献的学科类别，可以帮助我们了解适老科技领域文献发表的学科属性，为进一步深入挖掘适老科技领域学科的理论来源提供重要的参考依据，以及随着社会经济和科学技术的发展，为学科不断交叉融合等发展态势提供重要的参考依据。

笔者采用 SCI（Science Citation Index，科学引文索引）、SSCI（Social Science Citation Index，社会科学引文索引）、A&HCI（Arts&Humanities Citation Index，艺术与人文引文索引）数据库中的学科分类方法 Web of Science 学科类别，对国际适老科技领域文献发表的学科分类进行统计分析，如表 2.1 所示。Web of Science 学科类别包括生命科学与生物医学、自然科学、应用科学、艺术人文和社会科学五大类。Web of Science 核心合集（包括 SCI、SSCI、A&HCI 三大数据库）所收录的每一份期刊和书籍都属于至少一个学科类别。因此 Web of Science 核心合集的每一条记录中都有一个"Web of Science Category"字段，其中包含了它的来源出版物所属的学科类别。

表 2.1　国际适老科技领域文献学科类别（Top30）

排序	Web of Science 学科类别	中文翻译	论文数量/篇
1	geriatrics gerontology	老年医学	7 462
2	surgery	外科学	6 350
3	gerontology	老年学	4 911
4	clinical neurology	临床神经病学	3 874
5	medicine general internal	内科学	3 871
6	cardiac cardiovascular systems	心脏心血管系统学	2 997
7	public environmental occupational health	公共环境职业卫生学	2 934
8	orthopedics	骨科学	2 769
9	neurosciences	神经科学	2 488
10	health care sciences services	保健科学服务学	2 375
11	psychiatry	精神病学	2 304

排序	Web of Science 学科类别	中文翻译	论文数量/篇
12	rehabilitation	康复学	2 208
13	oncology	肿瘤学	2 174
14	nursing	护理学	1 963
15	pharmacology pharmacy	药理学	1 695
16	sport sciences	体育科学	1 388
17	nutrition dietetics	营养学	1 371
18	peripheral vascular disease	外周血管疾病学	1 289
19	endocrinology metabolism	内分泌代谢学	1 146
20	radiology nuclear medicine medical imaging	医学成像学	1 145
21	medicine research experimental	医学研究实验学	1 116
22	respiratory system	呼吸系统学	1 076
23	health policy services	健康政策服务学	1 068
24	urology nephrology	泌尿肾学	1 065
25	psychology	心理学	1 038
26	multidisciplinary sciences	多学科科学	1 022
27	engineering biomedical	工程生物医学	984
28	dentistry oral surgery medicine	口腔外科学	908
29	ophthalmology	眼科学	858
30	gastroenterology hepatology	胃肠肝病学	848

表 2.1 中显示了国际适老科技领域论文数量 Top30 的学科类别，其中排名前五的学科类别分别是包含 7 462 篇文献的老年医学、包含 6 350 篇文献的外科学、包含 4 911 篇文献的老年学、包含 3 874 篇文献的临床神经病学和包含 3 871 篇文献的内科学。不难发现，国际适老科技领域文献的学科类别大多集中在医学领域，对适老产品、技术的研究相对较少。

考察国际适老科技领域文献发表的国家分布状况，主要是为了了解和把握国际适老科技领域不同国家的科研实力和科研产出状况。国际适老科技领域 1953~2019 年发表的 61 779 篇文献的国家分布（论文数量 Top10）统计结果如表 2.2 所示。

表 2.2 国际适老科技领域发文数量 Top10 国家

排序	国家	中文翻译	论文数量/篇
1	USA	美国	17 857
2	England	英国	5 165
3	Japan	日本	4 062
4	Italy	意大利	3 912
5	Canada	加拿大	3 395
6	Germany	德国	3 261
7	Australia	澳大利亚	3 111
8	China	中国	3 075
9	France	法国	2 361
10	Netherlands	荷兰	2 350

如表 2.2 所示，国际适老科技领域发表文献数量最多的国家是美国，共发表 17 857 篇论文，占全部发表总量的 28.90%，遥遥领先于其他国家/地区。该领域论文发表数量排在第二位和第三位的国家分别是英国和日本：英国的论文发表数量为 5 165 篇，占比为 8.36%；日本的论文发表数量为 4 062 篇，占比为 6.58%；意大利在该领域的论文发表数量为 3 912 篇，占比为 6.33%，排在第四位；排在第五位的加拿大在该领域发表论文 3 395 篇，占比为 5.50%。

2. 专利技术领域分布

检索 1966~2019 年共 54 年的 64 886 个专利，将其视为国际适老科技领域的专利产出，绘制了该领域专利年度发展趋势图，并确定其发展阶段，如图 2.1 所示。

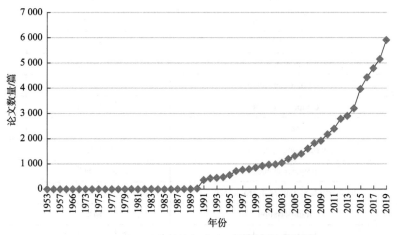

图 2.1 国际适老科技领域专利数量的演变趋势

由图 2.1 可知，与国际适老科技领域文献发表情况一致，专利公开情况在相当长的一段历史时期内发展速度十分缓慢。整体上笔者也将其划分为两个阶段：第一阶段是从 1966 年开始到 1992 年结束，该阶段的发展速度十分缓慢；第二阶段是 1993~2019 年，其专利产出曲线在小幅震荡中上升，该阶段为快速发展阶段。不难发现，与前文国际适老科技领域文献划分的时间区间稍有不同，笔者认为这是因为专利公开时间具有一定的滞后性，一般为 18 个月，因此可以大胆推测 1991 年第一届老年科技国际会议举办后，发明人在同年发表的专利将于 1993 年或 1993 年之后公开，这便可以合理解释图 2.1 中 1993 年明显为第二阶段的起始年份。

1966~2019 年，国际适老科技领域公开的专利共涉及 26 个学科，其中专利数量排名第一的学科是仪器仪表学（instruments instrumentation），其包含专利数量为 16 137 个，占总专利数量比例为 24.87%；工程学（engineering）共包含 13 164 个专利，专利数量排名第二；专利数量排名第三的学科是普通内科学（general internal medicine），其包含专利数量为 7 537 个，占比 11.62%。此外，专利产出数量超过 500 的学科还包括电信学（telecommunications）、计算机科学（computer science）、化学（chemistry）、药理学（pharmacology pharmacy）、高分子科学（polymer science）、应用微生物学与生物技术（biotechnology applied microbiology）、运输学（transportation）、食品科学技术学（food science technology）、体育科学（sport sciences）、建筑施工技术学（construction building technology）、材料科学（materials science）和自动化控制系统学（automation control systems）（表 2.3）。不难发现，与国际适老科技领域文献的学科类别不同，该领域的专利并不集中于医学领域，而是涉及多个领域。

表 2.3　国际适老科技领域专利的学科类别

排序	学科类别	中文翻译	专利数量/个
1	instruments instrumentation	仪器仪表学	16 137
2	engineering	工程学	13 164
3	general internal medicine	普通内科学	7 537
4	telecommunications	电信学	4 926
5	computer science	计算机科学	4 288
6	chemistry	化学	3 992
7	pharmacology pharmacy	药理学	3 178
8	polymer science	高分子科学	2 141
9	biotechnology applied microbiology	应用微生物学与生物技术	1 672
10	transportation	运输学	1 583
11	food science technology	食品科学技术学	1 544

续表

排序	学科类别	中文翻译	专利数量/个
12	sport sciences	体育科学	1 077
13	construction building technology	建筑施工技术学	1 073
14	materials science	材料科学	786
15	automation control systems	自动化控制系统学	541
16	agriculture	农学	465
17	energy fuels	能源燃料学	279
18	electrochemistry	电化学	238
19	imaging science photographic technology	成像科学摄影技术学	135
20	acoustics	声学	130

2.2　适老科技文献与专利核心机构识别

2.2.1　文献发表核心机构识别

采用发文量和中介中心度这两个重要指标来识别该领域的文献发表核心机构。首先，将满足高产指标筛选出来的高产文献发表机构作为文献发表核心机构候选机构，同时，将满足高中介中心度指标的高中介中心度文献发表机构筛选出来作为文献发表核心机构候选机构，然后综合考虑发文量和中介中心度进行指标权重设计，将得到的综合指数作为核心发明人的评价指标，对满足前两个条件的候选机构进行评价，确定文献发表核心机构。

首先根据普莱斯定律来确定高产文献发表机构：

$$M = 0.749 \times \sqrt{N_{\max}}$$

高产文献发表机构的门槛等于文献发表数量最多的机构在该领域的文献数的平方根乘以 0.749，如果研究机构的发文数量高于该门槛，则可认为该机构是高产文献发表机构。1991~2019 年，在国际适老科技领域内发表文献数量最多的机构是哈佛大学，其在该领域发表文献数量为 750 篇。计算 $M = 0.749 \times \sqrt{750} = 20.512$，根据取整数的原则，确定高产文献发表机构的门槛为 21，即发表文献数量大于等于 21 篇的机构可认为是适老科技领域的高产文献发表机构，篇幅所限，仅列出发表数量大于 100 篇的机构，如表 2.4 所示。

表 2.4 1991~2019 年国际适老科技领域高产文献发表机构（大于 100 篇）

排序	初现年份	机构	国家	论文数量/篇
1	1991	Harvard University（哈佛大学）	美国	750
2	1993	University of Toronto（多伦多大学）	加拿大	657
3	1992	University of Washington（华盛顿大学）	美国	575
4	1991	University of Pittsburgh（匹兹堡大学）	美国	536
5	1991	University of California, San Francisco（加州大学旧金山分校）	美国	472
6	1991	The University of Michigan（密歇根大学）	美国	454
7	1998	Karolinska Institute（卡罗林斯卡学院）	瑞典	390
8	1992	Duke University（杜克大学）	美国	381
9	1999	The University of Sydney（悉尼大学）	澳大利亚	363
10	1991	University of California, Los Angeles（加州大学洛杉矶分校）	美国	357
11	1998	Johns Hopkins University（约翰斯·霍普金斯大学）	美国	345
12	1998	University College London（伦敦大学学院）	英国	320
13	2000	University of Pennsylvania（宾夕法尼亚大学）	美国	297
14	2001	Mayo Clinic（梅奥医学中心）	美国	294
15	1998	Universidade de São Paulo（巴西圣保罗大学）	巴西	276
16	1991	University of North Carolina at Chapel Hill（北卡罗来纳大学教堂山分校）	美国	264
17	1998	McGill University（麦吉尔大学）	加拿大	259
18	1991	Stanford University（斯坦福大学）	美国	259
19	2002	The University of Queensland（昆士兰大学）	澳大利亚	243
20	1998	Columbia University（哥伦比亚大学）	美国	224
21	2009	Monash University（蒙纳士大学）	澳大利亚	220
22	1998	University of British Columbia（不列颠哥伦比亚大学）	英国	206
23	2009	The University of Melbourne（墨尔本大学）	澳大利亚	184
24	2009	King's College London（伦敦国王学院）	英国	176
25	2012	University of Groningen（格罗宁根大学）	荷兰	168
26	2001	University of Montreal（蒙特利尔大学）	加拿大	164
27	2006	Vrije University Amsterdam（阿姆斯特丹自由大学）	荷兰	164
28	1998	University of California, San Diego（加州大学圣地亚哥分校）	美国	163
29	2017	The University of New South Wales（新南威尔士大学）	澳大利亚	160

续表

排序	初现年份	机构	国家	论文数量/篇
30	1998	University of Illinois（伊利诺伊大学）	美国	157
31	1992	University of Texas System（得克萨斯大学）	美国	156
32	2009	Universiteit Maastricht（马斯特里赫特大学）	荷兰	154
33	1998	McMaster University（麦克马斯特大学）	加拿大	150
34	1998	University of Wisconsin（威斯康星大学）	美国	134
35	2010	Northwestern University（西北大学）	美国	124
36	2002	Lund University（隆德大学）	瑞典	121
37	1992	University of Minnesota（明尼苏达大学）	美国	112
38	1998	The University of Manchester（曼彻斯特大学）	英国	111
39	2004	Florida State University（佛罗里达州立大学）	美国	107
40	1996	New York University（纽约大学）	美国	100

确定高产文献发表机构之后，还需要从中介中心度的角度对国际适老科技领域的研究机构进行评价，筛选出高中介中心度文献发表机构。

构建国际适老科技领域文献发表机构合作矩阵，导入 UCINET 6.0 软件中，对各机构的中介中心度进行测度。首先利用普莱斯定律计算高中介中心度文献发表研究机构门槛，1991~2019 年国际适老科技领域中介中心度数最高的机构是美国国家老龄化研究所，其中介中心度为 9 682.005。计算 $M = 0.749 \times \sqrt{9\,682.005} = 73.699$，即高中介中心度文献发表机构的门槛为 9 682.005，即中介中心度大于等于 73.699 的机构可被视为适老科技领域的高中介中心度文献发表机构。

高中介中心度文献发表机构共有 58 个，其中相对中介中心度大于 1%的机构有 21 个，相对中介中心度最高的三个机构分别是美国国家老龄化研究所（17.515%）、哈佛大学（Harvard University）（7.023%）、加州大学旧金山分校（University of California, San Francisco）（6.415%）；相对中介中心度在 0.5%~1%的机构共有 19 个；相对中介中心度小于 0.5%的机构也有 19 个。

综上，国际适老科技领域具体指标设计如下。

（1）按照取整数原则，将适老科技领域发表文献数量在 21 篇及以上的机构确定为高产文献发表机构，并将其视为该领域文献发表核心机构候选机构。

（2）将中介中心度大于等于 73.699 的机构确定为高中介中心度文献发表机构，并将其视为该领域文献发表核心机构候选机构。

（3）对同时满足上述两个条件的机构进行筛选，将其确定为国际适老科技领域文献发表核心机构候选机构。按照文献数量权重为 0.5，中介中心度权重为 0.5 的标准，采用前述构建综合指数的方法计算得到每一个文献发表核心机构候选机构的综合指数。

对运用综合指标法得到的国际适老科技领域文献发表核心机构候选机构的综合指数进行排序，筛选出综合指数最高的前 20 个研究机构，将其确定为国际适老科技领域文献发表核心机构，如表 2.5 所示。

表 2.5　1991~2019 年国际适老科技领域文献发表核心机构

排序	首次发表年份	机构	国家	发文量	中介中心度	综合指数
1	1993	National Institute on Aging（美国国家老龄化研究所）	美国	43	9 682.005	10.716
2	1991	Harvard University（哈佛大学）	美国	750	3 881.945	7.870
3	1991	University of California, San Francisco（加州大学旧金山分校）	美国	472	3 546.167	6.150
4	1992	University of Washington（华盛顿大学）	美国	575	2 054.52	5.033
5	1991	The University of Michigan（密歇根大学）	美国	454	2 411.63	4.831
6	1993	University of Toronto（多伦多大学）	加拿大	657	830.551	4.105
7	1991	University of Pittsburgh（匹兹堡大学）	美国	536	1 231.889	3.951
8	1991	University of California, Los Angeles（加州大学洛杉矶分校）	美国	357	1 539.673	3.412
9	1992	Duke University（杜克大学）	美国	381	1 426.061	3.405
10	1998	Johns Hopkins University（约翰斯·霍普金斯大学）	美国	345	1 251.62	3.041
11	1991	Stanford University（斯坦福大学）	美国	259	1 233.693	2.602
12	1991	University of North Carolina at Chapel Hill（北卡罗来纳大学教堂山分校）	美国	264	1 178.44	2.566
13	1998	University College London（伦敦大学学院）	英国	320	889.125	2.525
14	1998	Karolinska Institute（卡罗林斯卡学院）	瑞典	390	497.154	2.441
15	1992	University of Texas System（得克萨斯大学）	美国	156	1 291.387	2.162
16	2000	University of Pennsylvania（宾夕法尼亚大学）	美国	297	585.856	2.084
17	1996	New York University（纽约大学）	美国	100	1 470.608	2.083
18	1999	The University of Sydney（悉尼大学）	澳大利亚	363	114.337	1.894
19	1998	Columbia University（哥伦比亚大学）	美国	224	735.02	1.890
20	2001	Mayo Clinic（梅奥医学中心）	美国	294	398.698	1.866

如表 2.5 所示,1991~2019 年在国际适老科技领域,综合指数排名前五的文献发表核心机构分别是美国国家老龄化研究所、哈佛大学、加州大学旧金山分校、华盛顿大学、密歇根大学。特别值得注意的是,在 20 个文献发表核心机构中,只有多伦多大学,加拿大;伦敦大学学院,英国;卡罗林斯卡学院,瑞典;悉尼大学,澳大利亚四个机构不属于美国,其余机构均来自美国,足以见得,美国的相关研究机构在国际适老科技领域具有十分重要的作用,美国在该领域走在了世界前列。

综合指数排名第一的文献发表机构是美国国家老龄化研究所,虽然该机构的发文数量并不多,但是该机构具有极高的中介中心度,稳居第一核心机构的位置。美国国家老龄化研究所于 1974 年成立,旨在领导老龄化研究、培训、健康信息传播及有关衰老和老年群体等项目发展,而后美国国会修改立法,美国国家老龄化研究所被指定作为联邦政府进行阿尔茨海默氏症研究的主要机构。美国国家老龄化研究所的使命是发现可能有助于健康老龄化的因素及理解和解决与老龄化相关的疾病和残疾。为了实现这些目标,美国国家老龄化研究所的研究项目涵盖了广泛的领域,从随年龄增长带来的基本细胞变化研究到年龄相关的生物医学、社会及行为方面的探究,其中也包括阿尔茨海默氏症。除了研究所内的优先研究重点外,美国国家老龄化研究所还参与了许多扩展和增强其使命的特殊项目,这些项目通常是由美国国立卫生研究院(National Institutes of Health,NIH)的其他院所、中心及参与健康和老龄化领域研究的其他组织和机构共同合作的。

综合指数排名第二的文献发表核心机构是地处美国马萨诸塞州波士顿都市区剑桥市的哈佛大学,它是一所享誉世界的私立研究型大学,是著名的常春藤盟校成员,是美国本土历史最悠久的高等学府。哈佛大学建立于 1636 年,最早由马萨诸塞州殖民地立法机关创建,初名新市民学院,为了纪念在成立初期给予学院慷慨支持的约翰·哈佛牧师,学校于 1639 年 3 月更名为哈佛学院(Harvard College),1780 年哈佛学院正式改称哈佛大学。哈佛大学拥有世界上最顶尖的医学院,该医学院诞生出 18 位诺贝尔医学奖获得者,其主要学位课程设置分三个方向:免疫学、神经科学与病毒学,因高超的医学技术与每年最少的学生录取数量,哈佛大学医学院闻名世界。

综合指数排名第三的文献发表核心机构是加州大学旧金山分校。它位于美国加利福尼亚州旧金山,是美国加州大学系统的第二所公立大学,是世界著名的生命科学及医学研究教学中心。加州大学旧金山分校的前身是 1864 年于旧金山建立的托兰医学院(Toland Medical College),该医学院于 1873 年加入加州大学,成为伯克利加州大学附属的医学院,在伯克利、旧金山等地均有设点。1952 年加州大学开始体制改革后,加州大学旧金山分校逐渐成为一所独立的公立大学,学校设施均迁入旧金山。加州大学旧金山分校是加州大学系统中唯一的只专注于健康和生命科学的大学，也是加州大学系统中唯一的只进行严格的研究生教育的大学，以医学和生命科学而闻名世界。2018~2019 年度，在世界大学学术排名中，加州大学旧金山分校临床医学位列世界第 2 名、生命科学位列世界第 3 名；在 US News 美国最佳医院排名中，UCSF 附属医院（UCSF Medical Center）位列全美第六、美国西部第一。

综合指数排名第四的文献发表核心机构是位于美国西海岸西雅图的华盛顿大学。华盛顿大学创建于 1861 年，拥有一百多年的历史，是世界著名的顶尖研究型大学，AAU（Association of American Universities，美国大学协会）和环太平洋大学联盟、国际大学气候联盟成员，也是闻名遐迩的公立常春藤盟校之一。华盛顿大学医学院创建于 1946 年，同哈佛大学医学院齐名，是世界上最顶尖的医学院。华盛顿大学医学院现任院教授中拥有 4 位诺贝尔医学奖得主，32 位美国科学学院院士，33 位美国医学科学院院士。该医学院在临床医学、家庭医学、生物医学研究、医学治疗、临床治疗和医药学各个领域均占据全球领导地位。

综合指数排名第五的文献发表核心机构是密歇根大学。密歇根大学是世界著名的美国公立大学系统，通常亦指该系统的旗舰分校——密歇根大学安娜堡分校。校园坐落于美国密歇根州安娜堡，是世界顶尖的公立研究型大学，享有"公立常青藤"的美誉，另有迪尔伯恩和弗林特两个规模较小的卫星校区。密歇根大学于 1817 年 9 月 24 日建校于底特律市，后于 1837 年将校址迁往安娜堡，是密歇根州最早的大学，其创校时间早于密歇根州创立的年份（1837 年），是美国历史最为悠久的研究型大学之一。密歇根大学医学院实力强劲，在全美排名前五位。

2.2.2 专利产出核心机构识别

从专利产量和中介中心度两个指标出发，识别国际适老科技领域的专利产出核心机构。首先，将满足高产指标筛选出来的高产专利产出机构作为专利产出核心机构候选机构，再将满足高中介中心度指标的高中介中心度专利产出机构筛选出来作为专利产出核心机构候选机构，再综合考虑专利数量和中介中心度进行指标权重设计，将得到的综合指数作为专利产出核心机构的评价指标，对同时满足上述两个条件的候选机构进行评价，确定核心机构。

首先根据普莱斯定律来确定高产专利产出机构：

$$M = 0.749 \times \sqrt{N_{\max}}$$

高产专利产出机构的门槛等于该领域专利产出数量最多的机构的专利数的平方根乘以 0.749，即如果专利产出机构的专利产出数量高于该门槛，则可以认为该机构是高产专利产出机构。

1991~2019 年，在国际适老科技领域发表专利数量最多的机构是松下电器（Matsushita Denki Sangyo KK），其在该领域累计发表专利数量 457 个。计算 $M=0.749\times\sqrt{457}=16.012$，根据取整数的原则，将高产专利产出机构门槛确定为 17，即发表专利数量大于等于 17 个的机构可确定为适老科技领域的高产专利产出备选机构。1991~2019 年，在国际适老科技领域发明专利数量大于等于 17 个的机构共有 69 个，其中发明专利数量在 100 个及以上的有 9 个机构，分别是松下电器、飞利浦（Konink Philips Electronics NV）、日立（Hitachi Ltd.）、三洋（Sanyo Electric Co. Ltd.）、东陶（Toto Ltd.）、奥绩（Og Giken KK）、雀巢（Nestec SA）、三星（Samsung Electronics Co. Ltd.）、东芝（Toshiba KK），发明数量在 50~100 个的机构有 15 个，发明专利数量在 50 个以下的有 45 个机构。对高产专利产出机构的国家进行分析，可以发现，在 69 个高产专利产出机构中，属于日本的机构有 41 个，属于美国的机构有 7 个，来自中国的机构有 5 个，来自韩国的机构有 3 个。此外，丹麦、法国、荷兰、瑞士、英国各有 2 个高产专利产出机构，爱尔兰、比利时、德国各有 1 个高产专利产出机构。

筛选出高产专利产出机构后，还需要从中介中心度的角度识别出高中介中心度的专利产出机构，作为专利产出核心机构候选机构。

构建国际适老科技领域专利产出机构合作矩阵，将数据导入 UCINET 6.0 软件中，测算各机构的中介中心度，继续按照上述确定高中介中心度文献发表机构的方法确定高中介中心度专利产出机构。在 1991~2019 年，国际适老科技领域中介中心度数最高的专利产出机构是松下电器，其中介中心度为 142，计算 $M=0.749\times\sqrt{142}=8.925$，因此，高中介中心度专利产出机构的门槛为 8.925，即中介中心度大于等于 8.925 的机构可视为适老科技领域的高中介中心度专利产出机构。

高中介中心度专利产出机构共有 22 个，其中相对中介中心度大于 0.1% 的机构只有松下电器（0.119%）；相对中介中心度大于 0.05% 的机构只有日立（0.092%）；相对中介中心度在 0.05% 以下的机构有 20 个。

综上，国际适老科技领域具体指标设计如下。

（1）按照取整数原则，将在适老科技领域发明专利数量达 17 个及以上的机构确定为高产专利产出机构，并将其视为该领域专利产出核心机构候选机构。

（2）将在适老科技领域中介中心度大于等于 8.925 的机构确定为高中介中心度专利产出机构，并将其视为该领域专利产出核心机构候选机构。

（3）将同时满足上述两个条件的机构确定为国际适老科技领域专利产出核心机构候选机构。按照专利数量权重为 0.5，中介中心度权重为 0.5 的标准，采用与前述相同的方法计算得到每一个专利产出核心机构候选机构的综合指数。

　　运用综合指标法可以得到国际适老科技领域专利产出核心机构候选机构的综合指数，同时满足以上两个指标的机构只有 19 个，因此笔者将这 19 个研究机构确定为国际适老科技领域专利产出核心机构，如表 2.6 所示。

表 2.6　1991~2019 年国际适老科技领域专利产出核心机构

排序	首次发表年份	机构	国家	专利量	中介中心度	综合指数
1	1994	Matsushita Denki Sangyo KK（松下电器）	日本	457	142	26.421
2	1993	Hitachi Ltd.（日立）	日本	155	110	14.603
3	2005	Toyota Jidosha KK（丰田）	日本	67	58	7.266
4	1995	Sanyo Electric Co. Ltd.（三洋）	日本	127	11	4.746
5	1995	Toto Ltd.（东陶）	日本	125	11	4.687
6	2013	Nestec SA（雀巢）	瑞士	109	14	4.489
7	2006	Aisin Seiki KK（爱信精机）	日本	39	35	4.343
8	1997	Nippon Telegraph & Telephone Corp（日本电报电话公司）	日本	54	27	4.055
9	1997	Novartis AG（诺华公司）	瑞士	86	14	3.811
10	1994	Toshiba KK（东芝）	日本	100	9	3.768
11	2004	Sanofi-Aventis Deut Gmbh（赛诺菲-安万特集团）	法国	76	9	3.060
12	2007	Dokuritsu Gyosei Hojin Sangyo Gijutsu SO（独立行政法人产业技术所）	日本	25	24	2.926
13	2013	Univ. Tokyo（东京大学）	日本	20	25	2.870
14	2001	Novo Nordisk AS（诺和诺德）	丹麦	61	10	2.710
15	2009	Electronics & Telecom Res Inst（韩国电子通信研究院）	韩国	61	9	2.618
16	1994	France Bed KK（日本法兰西床集团）	日本	49	10	2.356
17	2014	Aron Kasei KK（阿隆化成）	日本	48	10	2.327
18	1997	Pfizer INC（辉瑞制药）	美国	21	11	1.622
19	1996	Banyu Pharm Co. Ltd.（万有制药）	日本	17	9	1.322

　　如表 2.6 所示，1991~2019 年在国际适老科技领域，综合指数排名前五的专利产出核心机构全部来自日本，分别是松下电器、日立、丰田、三洋、东陶。综合分析这 19 个核心机构，其中属于日本的机构共有 13 个，来自瑞士的机构有 2 个，法国、丹麦、韩国、美国各有 1 个专利产出核心机构，由此可见日本的研究机构在国际适老科技领域的专利方面具有极为重要的地位，在世界上处于领先地位。

特别值得注意的是，与前述介绍的在国际适老科技领域的文献方面拥有重要地位的美国相比，可以推测，在该领域美国侧重于基础理论研究，而日本则侧重于应用研究。

综合指数排名第一的专利产出机构是松下电器。松下电器是日本的大型电器制造企业，总部设于大阪。松下电器于 1918 年由松下幸之助在大阪创立，创业初期主要生产电灯灯座，1927 年开始制作自行车用的车灯。1951 年松下幸之助到美国，打开了松下电器在美国的市场，这使得松下电器从 20 世纪 50 年代到 70 年代有突破性的成长。松下电器的产品线极广，除了家电以外，还生产数位电子产品，如 DVD、DV（数位摄影机）、MP3 播放机、数码相机、液晶电视、笔记本电脑等，还扩及电子零件、电工零件（如插座盖板）、半导体等，间接或直接投资的公司有数百家。2008 年 12 月松下电器和日本另一电器大厂三洋电机达成协议，松下电器以公开股票收购方式对三洋电机进行并购，并购三洋电机后的松下电器，成为日本最大、世界第二大的电机厂商（仅次于通用电气）。松下电器在适老科技领域被引次数最多的一个专利是在 2003 年公开的《用于移动电话的扬声器系统，通过在显示面板和透明面板之间的空间中传递扬声器产生的声音，使覆盖显示面板的透明面板振动》（Speaker system for cellular phones，vibrates transparent panel that covers display panel by passing sound produced by speaker in space between display panel and transparent panel），专利号为 EP1271998-A2。该专利在显示图像的相同位置产生声音，从而产生逼真的声音图像输出。由于声音是透明面板产生的，用户可以更容易听到声音，因此，即使是老年人也可以简单地使用该系统，这样就提高了扬声器系统在电子设备或移动设备中的位置自由度，简单而言，该专利可以被认为是手机振动模式的开创性专利。截至 2020 年 4 月 18 日，该专利在德温特专利索引（Derwent Innovations Index）中被引用了 95 次。

综合指数排名第二的专利产出机构是日立。它是来自日本的全球 500 强综合跨国集团，该公司 1979 年在北京成立了第一家日资企业的事务所。目前日立在中国已经发展成为拥有约 150 家公司的企业集团，事业领域涉及能源系统、铁路等交通系统、运用大数据进行创新的信息系统，以及通过健康管理、诊断、医疗技术等提供健康生活的医疗保健系统等。日立的企业宣言"创新无极限"代表着日立为社会奉献，为新时代注入新活力的决心，以"最好的解决方案合作商"为目标，为实现富有而便利的生活做出自己的贡献。日立在适老科技领域被引次数最多的一个专利是在 1993 年公开的《具有语音传输功能的无线寻呼系统-将语音信息从模拟格式转换为数字格式，压缩数据，将其存储在内存中，并通过隐私功能部分进行加密传输》（Radio paging system with voice transfer function-converts voice information from analog to digital format，compresses，stores data in memory and scrambles by privacy function part for transmission）, 专利号为 EP552051-A2。该专利构建的无线寻呼系统符合当前的无线寻呼系统规范, 其消耗功率低, 能够在当前建立的窄带上有效地传输语音消息以用于无线寻呼目的。截至 2020 年 4 月 18 日, 该专利在德温特专利索引中被引用了 63 次。

综合指数排名第三的专利产出机构是丰田。丰田是一家总部设在日本爱知县丰田市和东京都文京区的日本汽车制造公司, 属于三井（Mitsui）财阀。它是第一个达到年产量千万台以上的车厂, 亦是雷克萨斯、斯巴鲁品牌的母公司及富士重工的最大股东。丰田在适老科技领域被引次数最多的一个专利是于 2007 年公开的专利号为 JP2007307216-A 的《在髋部和膝部有机动连接的助行工具, 用于老年人自由活动, 有伸缩自如的膝盖支撑、髋部支撑和足部支撑的连接》（Walking-aid tool with motorized links in hip and knee for free movement of e.g. elderly people, has links connecting knee support, hip support and foot support which expand and contract freely）。该专利用于辅助老年人步行运动, 该行走辅助工具不受动作限制, 从而使老年人能够自由行走, 减少出行困难。截至 2020 年 4 月 18 日, 该专利在德温特专利索引中被引用了 9 次。

综合指数排名第四的专利产出机构是三洋。三洋是日本的一家有 70 多年历史的大型企业集团, 总部位于日本大阪, 产品涉及显示器、手机、数码相机、机械、生物制药等众多领域。三洋公司由井植岁男于 1947 年成立, 并于 1950 年组成株式会社, 创办人为松下幸之助的内弟及松下电器前雇员。该公司的名字在日语中意思为"三个海洋", 指的是该公司的创办人有将他们的产品销售到世界各地, 横跨大西洋、太平洋与印度洋的抱负。2008 年被松下电器并购, 成为松下旗下的电器公司, 在全球拥有 324 间办公室及工厂与约 100 000 名雇员。三洋在适老科技领域被引次数最多的一个专利是在 2004 年公开的《老年人安全监控装置, 在最后一次按键操作经过预定时间后, 向预定地址发送紧急信息》（Monitoring device for safety of elderly people, sends emergency message to predetermined address on elapse of preset period from last key input operation）, 其专利号为 CA2460599-A1。该专利可用于监视人们（尤其是独居老人）的安全, 若老人未在预定时间内（如 24 小时）操作手机按键, 则会将紧急情况通知消息发送到预定地址。截至 2020 年 4 月 18 日, 该专利在德温特专利索引中被引用了 49 次。

综合指数排名第五的专利产出机构是东陶。东陶集团是以卫生陶瓷为中心, 提供住宅厨卫设备、公共设施设备仪器的综合性设备仪器厂商。它由日本人大仓和亲于 1917 年创立, 最初名为东洋陶器株式会社, 随后更名为东陶机器株式会社。在近百年的发展过程中, 东陶以其尖端的科技、卓越的性能、致力于环保的企业理念, 在世界上具有较高的知名度。无论是体现尖端技术实力的诺锐斯特·间, 还是带来水洗健康体验的卫洗丽；无论是带动行业节水风潮的 4.8 升节水坐便器,还是水力发电龙头、海洁特瓷砖；无论是智洁技术、超漩式冲洗，还是 SMA 恒温、EcoMAX 技术，东陶的产品和技术给用户带去智能卫浴体验的同时，更将环保与节能融入生活之中，并获得了节水贡献奖、环保贡献奖等众多奖项。东陶在适老科技领域被引次数最多的一个专利是在 1999 年公开的《老弱病残人士坐便器的马桶圈升降装置-包括弹簧加载气缸，用于在上升过程中沿振动方向为其中一个平行连杆供电》（Seat raising mechanism for toilet used by physically handicapped person-includes spring loaded cylinder to energize one of parallel link along oscillation direction during ascent），其专利号为 JP11169406-A。该专利通过防止升降马桶座时出现晃动来确保高安全性，马桶座圈和扶手的整体升降移动有助于更加安全舒适地使用，其扶手高度调节装置也可使使用者获得最舒适的姿势，从而减轻使用者和护理人员的负担。截至 2020 年 4 月 18 日，该专利在德温特专利索引中被引用了 11 次。

2.3　国际适老科技的研究热点演进与前沿

词频分析法是一种常用的技术热点分析方法，该方法通过研究从文献中提取的能代表文献核心内容的关键词或主题词的词频分布，来判断该领域的技术热点与研究动向。词频是指所分析文献中词语出现的频次，在科学计量研究中，可以按照学科领域建立词频词典，对学者的创造活动进行定量分析（侯海燕，2006）。

共词分析方法出现于 20 世纪 80 年代，是一种从词的共现模式中来提取更高层次研究的方法。这种方法的特点是使分析的结果更加直观，即研究者可以直接通过共词分析方法，对其研究领域的科技文本进行知识挖掘，从而得到该领域的研究热点与发展动向（冯璐和冷伏海，2006）。

本节拟采用共词分析方法进行分析。选取 1991~2019 年的文献数据，共计56 360 篇，使用 CiteSpace 进行可视化，将"时间区间（time slice）"设置为 1，选择"节点类型（node type）"为"被引文献（keyword）"，将"Top N"选取为每个时间段前 50 个关键词并进行分析，"主题词来源（term source）"默认全部勾选，"主题词类型（term type）"下选择"突现词（burst terms）"、"修剪算法（pruning）"，采用"pathfinder（寻径算法）"对网络进行裁剪，简化网络结构并突出其重要的结构特征，最终得到国际适老科技领域关键词共现图。为进一步识别适老科技领域的研究热点，将图中的关键词节点分别按照共现频次、中介中心度、突发值由大到小排序。

2.3.1 关键词及热词演进

梳理关键词还可以发现，国际适老科技领域文献的研究热点主要集中在老年医学与老年病学，对产品技术等涉及较少。国际适老科技领域文献中，共现频次超过 2 000 的关键词有 older adult（老年人）、elderly（老年人）、mortality（死亡率）、dementia（痴呆）、age（年龄）、risk（风险）、health（健康）、elderly patient（老年病人）、management（管理）、prevalence［流行（多指某种疾病）］、adult（成人）、quality of life（生活质量）、people（人）、care（照顾）、Alzheimer's disease（阿尔茨海默氏症）。在上述共现频次较高的关键词中，无实义关键词包括 older adult（老年人）、elderly（老年人）、elderly patient（老年病人）、adult（成人）、people（人）等。这些关键词体现出国际适老科技领域文献大多围绕着一个主题，即随着年龄的增长，老年人的身体健康问题、罹患痴呆等疾病的问题及死亡率的问题。

中介中心性大于等于 0.1 的关键词有 risk（风险）、management（管理）、mortality（死亡率）、dementia（痴呆）、elderly patient（老年病人）、trial（试验）、stroke（一击，轻抚）、therapy（治疗）、exercise（锻炼），分析这些关键词的共现频次可以发现，虽然这些词汇的共现频次不一定高，但是它们都能够起到连接不同学科领域的关键枢纽作用。上述词汇中的无实义关键词有 elderly patient（老年病人）等。

突发值大于 50 的关键词有 frailty（虚弱）、hip fracture（髋部骨折）、impairment［（身体或智力）的缺陷，损伤］、meta-analysis（元分析）、men（男性）、rehabilitation（康复）、technology（技术）、system（系统）、age（年龄）、community（社区）、association（协会）、hypertension（高血压）、carcinoma（癌）、predictor（预测器）、elderly women（老年女性）。上述无实义关键词包括 men（男性）、age（年龄）、elderly women（老年女性）等。分析突发性关键词的目的是探析某项技术的前沿，具体内容将在本章的最后一节介绍。

同时具备高共现频次、高中介中心性的关键词有 17 个，分别为 older adult（老年人）、elderly（老年人）、mortality（死亡率）、dementia（痴呆）、age（年龄）、risk（风险）、elderly patient（老年病人）、management（管理）、prevalence［流行（多指某种疾病）］、adult（成人）、people（人）、care（照顾）、aging（衰老）、validation（验证）、performance（表现，性能）、diagnosis（诊断）、women（女性）；同时具备高中介中心性、高突发值的关键词有 7 个，分别是 hip fracture（髋部骨折）、age（年龄）、hypertension（高血压）、carcinoma（癌）、human（人类）、follow up（跟进）、stroke（一击，轻抚）。梳理这些具有多重特点的

一般关键词（即出现重合的一般关键词），不难发现，这些一般关键词大多集中在老年病学领域的研究。

1991~2019 年，在国际适老科技领域中，每一年都出现了研究 dementia（痴呆）的相关文献，且对该关键词的研究呈逐年增加态势。不难发现，近几年对该关键词关注的增长速度加快，增长曲线逐步陡峭，特别是在 2019 年，该关键词的共现频次更是达到了 358 次。这说明关于 dementia（痴呆）的问题，一直是国际适老科技领域关注的重点问题，并且近年来随着全球老龄化趋势日益明显，对老年痴呆问题的关注度也日益提高。

1991~2019 年，在国际适老科技领域的相关研究中，每一年都出现了研究 depression（抑郁症）的相关文献。从时间趋势上看，depression（抑郁症）的共现频次曲线呈锯齿形上升，并于 2019 年达到了顶峰，共现频次为 187 次。这说明关于 depression（抑郁症）的问题一直是国际适老科技领域关注的重点问题，虽然个别年份的关注度有所下降，但整体趋势是上升的。

关于 disability（残疾）的相关研究是从 1996 年才开始的，起初该关键词的共现频次增长速度较慢，2003 年之后关键词的共现频次增长速度逐渐加快，并于 2019 年达到了顶峰，这说明国际适老科技领域对残疾的关注时间虽然稍晚于前两种疾病，但关注度整体呈上升趋势。

关于 hip fracture（髋部骨折）的起始研究时间是 1994 年，结束时间是 2010 年，在 1994~2010 年，hip fracture（髋部骨折）共现频次曲线呈小幅震荡型上升趋势，并于 2009 年达到顶峰，共现频次为 38 次，而在 2010 年骤降为 0 次，此后一直没有相关研究成果产出。

关于 hypertension（高血压）的相关研究起始于 1991 年，结束于 2003 年，且从 2003 年至今未有相关研究成果产出。在 1991~2002 年的 13 年中，hypertension（高血压）的共现频次呈大幅震荡型上升趋势，这说明国际适老科技领域对高血压的关注度不够稳定，且近几年的关注度较少，研究热度下降。

国际适老科技领域的发展过程是动态变化的，研究热点也在不断变化。根据现有文献数据对适老科技领域的研究热点演化路径进行分析，能够为该领域探索技术创新方向提供借鉴。

笔者使用 CiteSpace 软件的 Timezone 功能绘制时区图，即关键词主题路径图，对国际适老科技领域的研究热点演化情况进行分析。

国际适老科技领域研究热点的演化路径如下。1991 年：surgery（外科手术）、mortality（死亡率）、elderly patient（老年病人）、health（健康）、women（女性）、older adult（老年人）、risk（风险）、prevalence［流行（多指某种疾病）］、therapy（治疗）、dementia（痴呆）、survival（生存）、aging（衰老）、depression（抑郁症）、elderly（老年人）、management（管理）、performance（表现，性能）、

disease（疾病）、diagnosis（诊断）—1992 年：Alzheimer's disease（阿尔茨海默氏症）、care（照顾）—1993 年：impact（影响）、quality of life（生活质量）、risk factor（风险因素）—1994 年：people（人）—1995 年：association（协会）—1996 年：disability（残疾）—1997 年：reliability（可靠性）、validity（有效性）—1999 年：physical activity（体育活动）—2001 年：older people（老年人）—2006 年：intervention（干预）—2008 年：meta-analysis（元分析）—2011 年：replacement（代替，替换）—2016 年：frailty（虚弱）—2019 年：tool（工具）。不难发现，大部分关键词在早期就已经出现，但后期的发展过程中并没有出现突出节点，这说明近年来国际适老科技领域的基础研究发展进度较为缓慢，没能与互联网、人工智能等新兴技术结合进行技术革新。

2.3.2 国际适老科技领域研究前沿

某项科学与技术的研究前沿是指现阶段本领域内最新的研究进展，是研究动态变化频繁的内容，通常表现为某个关键词的突然出现或在较短时间内该关键词出现的频次大幅变化，即表现出突变性，这种突变性能够反映某一个主题词、关键词衰落或者兴起的情况，进而代表某项技术的研究前沿（赵丹群，2012）。在 CiteSpace 软件的使用中，识别技术前沿的常用方法是使用 Burst detection 的功能来探测在某一时段内引发学术界集中关注、频次激增的节点，即高突现性节点。突现性高意味着其在相应的时间区间里受到了格外的关注，一定程度上代表了所在研究领域在相应时间区间的研究前沿。因此，笔者使用 CiteSpace 软件，利用突现算法探测关键词的突发性来探析技术前沿。

通过对共现的关键词进行突发性探测来追踪前沿，将突发探测时间的最小时间单位设置为 5 年，以期提高检测的精准度，避免出现"昙花一现"的突发词。

本节对突发强度前 40 位的关键词进行分析，有以下发现。

1991~2019 年，在国际适老科技领域中，突发性较强的 40 个关键词首次出现的时间都是在 1991 年，这说明它们实际的初现时间都是在 1991 年以前(包括 1991 年)。osteoporosis（骨质疏松）、hypertension（高血压）、human（人类）、disease（疾病）、cell（细胞）、carcinoma（癌）、tumor（肿瘤）、disorder（紊乱）、anesthesia（麻醉）、infection（感染）、expression（表情）、computed tomography（计算机断层扫描）、geriatrics（老年医学）等关键词均在首次出现年份便具有突现性。

在突发性较强的 40 个关键词中，突发开始时间最晚的三个关键词分别为 1998 年出现的 education（教育）与 1999 年出现的 rehabilitation（康复）和 women（女性），其中 education（教育）和 rehabilitation（康复）的突现时间跨度为 6 年，women（女性）的突现时间跨度为 7 年。这说明随着社会的不断进步，老年人的基本生活需要得到更充足的保障，在此基础上，老年人对生活品质有了更高的追求，如老年教育等。这要求当下的适老科技发展视角不能局限于满足基本生活需要，更应关注老年人日益丰富的工作需求、娱乐需求等。此外，随着女性地位的不断提高，社会各界对女性的关注逐渐增多，这在适老科技领域也有所体现。

在突发性较强的 40 个关键词中，突发结束时间最早的关键词是 1995 年结束的 geriatrics（老年医学）、children（儿童），之后是在 1996 年结束的 infection（感染）、expression（表情）和 computed tomography（计算机断层扫描）。这 5 个关键词的突发开始时间最早，突发结束时间也最早，时间跨度较短。突发结束时间较晚的关键词是 2010 年结束的 community（社区）和 2014 年结束的 rehabilitation（康复）。不难发现，rehabilitation（康复）的突发出现时间和结束时间均是最晚的。

在突发性较强的 40 个关键词中，突发时间跨度大于 10 年的关键词如下：osteoporosis（骨质疏松）（1991 年突发开始，2008 年突发结束，时间跨度为 18年）、follow up（跟进）（1992 年突发开始，2007 年突发结束，时间跨度为 16年）、rehabilitation（康复）（1999 年突发开始，2014 年突发结束，时间跨度为 16年）、men（男性）（1993 年突发开始，2006 年突发结束，时间跨度为 14 年）、community（社区）（1997 年突发开始，2010 年突发结束，时间跨度为 14 年）、age（年龄）（1991 年突发开始，2003 年突发结束，时间跨度为 13 年）、cancer（癌症）（1992年突发开始，2004 年突发结束，时间跨度为 13 年）、hip fracture（髋部骨折）（1997年突发开始，2009 年突发结束，时间跨度为 13 年）、hypertension（高血压）（1991年突发开始，2002 年突发结束，时间跨度为 12 年）、human（人类）（1991 年突发开始，2001 年突发结束，时间跨度为 11 年）、disease（疾病）（1991 年突发开始，2000 年突发结束，时间跨度为 10 年）、blood pressure（血压）（1992 年突发开始，2001 年突发结束，时间跨度为 10 年）、patient（病人）（1994 年突发开始，2003 年突发结束，时间跨度为 10 年）。

根据上述分析可知，osteoporosis（骨质疏松）、age（年龄）、hypertension（高血压）、human（人类）、disease（疾病）、cell（细胞）、carcinoma（癌）、tumor（肿瘤）、disorder（紊乱）、anesthesia（麻醉）、aged（老年人）、infection（感染）、expression（表情）、computed tomography（计算机断层扫描）、geriatrics（老年医学）、children（儿童）代表着国际适老科技发展早期的研究前沿；follow up（跟进）、men（男性）、cancer（癌症）、blood pressure（血压）、patient（病人）、symptom（症状）、myocardial infarction（心肌梗死）、fracture（脆弱）、brain（大脑）、morbidity（发病率）等代表着国际适老科技发展过渡期的研究前

沿；rehabilitation（康复）、community（社区）、hip fracture（髋部骨折）、bone mineral density（骨密度）、education（教育）和 women（女性）等代表着国际适老科技发展近期的研究前沿。

2.4　适老技术领域中的学科交叉分析

2017 年 2 月，国家印发《智慧健康养老产业发展行动计划（2017-2020 年）》，计划用新兴技术全面改造养老产业结构。为此，面向老年社会的技术创新研究尤为重要。

适老技术具有综合性，综合了现代老年学与信息技术、老年养护技术、老年医学、生命科学、中医药学、康复辅具等科学技术手段，涉及临床医学、计算机科学与技术、电气工程、社会学等诸多学科，且这些学科间也存在交叉。学科交叉性和创新性是判断项目是否属于研究前沿的决定性因素。目前已有国内外学者进行了老年福祉技术领域学科交叉相关研究，如曾尔亢（2014）对老年医学领域多学科交叉的形成与发展进行了研究。Fairhall 等（2014）研究了多学科干预对老年人跌倒率的影响。上述文献多针对老年福祉技术部分领域的学科交叉情况进行分析，徐雨森和李思卓（2019）从学科交叉共现和学科与关键词交叉共现两方面对老年技术领域的学科交叉开展研究。

借助社会网络分析学科交叉中心性，测度适老福祉技术领域中不同学科、不同主题的重要程度，由此探究老年福祉技术与其他学科的学科交叉特征，有助于探究老年技术研究领域的核心重要学科，为今后适老技术研究方向提供借鉴。

将检索结果中文献涉及的 Web of Science 学科类别进行统计，与我国的学科门类、一级学科（国务院学位委员会 2018 年 4 月更新的《学位授予和人才培养学科目录》）匹配。然后统计每一个一级学科对应的所有 Web of Science 学科类别的文献数量、文献关键词，再利用 UCINET 软件分析数据的中心性和中介性并绘制学科交叉网络图，最后得出老年技术研究领域的学科交叉特征。

为了解文献对应学科总体分布及学科属性，笔者将检索的 15 689 篇文献对应的前 100 个 Web of Science 学科类别划归我国的一级学科（学科科学和学科工程未对应我国学科分类，故归类至 Web of Science 学科类别）。经统计，100 个 Web of Science 学科类别分属于 8 个我国学科门类，35 个我国一级学科，学科间交叉现象明显。

2.4.1　中心性分析

中心性是社会网络分析的重要组成部分，它衡量一个人或者组织在社会网络中的权力地位（刘军，2009）。一个人或组织对他人影响力越大，在社会网络中的地位就越高，与别人之间的联系就越紧密。在学科交叉研究中，借助中心性分析可以探究不同学科在学科交叉网络中的地位，进而得出各个学科间的联系紧密程度。

中间中心性测度行动者的中介能力。如果一个人在社会网络中居于众多网络路径的交汇点，可以认为这个人在社会网络中居于重要地位，因为大多数人需要经过他与其他人发生关联。中间性这一概念用于测量一个点位于图中其他点"中间"的程度。在学科交叉研究中，中间中心度可以测度某一学科对学科交叉网络中其他学科的影响程度，中间中心度越高，学科处于中介程度越高，学科对其他学科影响程度越高。

将在 Web of Science 学科类别中检索的数据整理录入 UCINET 软件中，通过网络中心性和权力自由人之间节点中介性分析老年福祉技术学科共现中介性（表 2.7 列举中间中心度较高的几个学科）。从表 2.7 可看出，中间中心度排名前 6 的学科依次是临床医学、公共卫生与预防医学、计算机科学与技术、生物学、生物医学工程、社会学。这说明这 6 个学科在老年福祉技术相关学科中占据重要地位，是学科间联系的主要媒介。

表 2.7　老年技术研究中学科中间中心度分析部分结果

学科	中间性	非中间性
临床医学	95.700	15.190
公共卫生与预防医学	41.101	6.524
计算机科学与技术	27.142	4.308
生物学	23.521	3.734
生物医学工程	23.392	3.713
社会学	14.290	2.268

接近中心性测度一点与其他点之间的最短距离之和。如果某一点与网络中其他点之间的距离都较短，说明该点的接近中心度较高。在学科交叉研究中，接近中心度可以测度某一学科与学科交叉网络中其他学科的交叉程度，接近中心度越高，学科之间距离越近，学科间交叉内容越多（吴娟，2011）。

通过网络中心性和权力紧密性分析老年福祉技术学科接近中心性（表 2.8 列举

接近中心度较高的几个学科）。从表 2.8 可看出，临床医学、计算机科学与技术、公共卫生与预防医学、生物医学工程、社会学、工商管理学科接近中心度最高。这说明这几个学科距离其他学科更近，与其他学科之间的交叉程度也更高。

表 2.8　老年技术研究中学科接近中心度分析部分结果

学科	远离度	非中心接近度
临床医学	36.000	100.000
计算机科学与技术	44.000	81.818
公共卫生与预防医学	46.000	78.261
生物医学工程	49.000	73.469
社会学	50.000	72.000
工商管理	51.000	70.588

通过对老年技术学科进行共现中介性和接近中心性分析，可以了解到临床医学、计算机科学与技术、公共卫生与预防医学、生物医学工程、社会学在老年福祉技术学科交叉研究中处于重要地位。学科交叉内容方面，临床医学交叉程度最高。

2.4.2　学科交叉共现分析

共现分析是指通过分析研究对象之间的共同特征项以揭示彼此的关联程度。通过学科交叉共现分析可探究老年技术交叉学科特点和老年技术相关领域的重点学科。将在 Web of Science 学科类别中检索的数据整理录入 UCINET 软件中，用 Netdraw 绘图，通过无分析中心性度量—按中介性设置节点大小得到老年技术学科交叉共现图。

临床医学、公共卫生与预防医学、计算机科学与技术、生物学、生物医学工程、社会学 6 个学科的节点相对最大，说明同这 6 个学科存在学科交叉共现的其他学科数量相对最多。节点间共现强度由节点间连线的粗细表示，将节点间共现强度赋予权重，筛选出共现强度大于 200 的节点（为便于观察隐去共现强度小于 200 的节点）。共现强度较高的学科大多以临床医学为核心，其中临床医学和心理学之间的连线最粗，共现强度为 374，说明这两个学科共现强度最高。其次是计算机科学与技术和电气工程，共现强度为 359。连接技术类学科和医学类学科的中介学科为医学技术学科。在网络图的边缘部分，学科节点较小、学科间连线也较细，这说明这些学科与其他学科共现少且共现强度低。

核心部分学科如临床医学、公共卫生与预防医学、计算机科学与技术、生物学、生物医学工程、社会学等与其他学科交叉联系较密。边缘部分学科虽然也与其他学科交叉共现，但是数量较少，且多与核心部分学科交叉或借助核心部分学科为中介与其他学科交叉。核心部分学科主要为医学类、技术类和社会学学科，这是因为老年技术本身涉及计算机科学技术，同时这些学科也将老年医疗作为主要研究问题之一，而适老技术研究本身就是从老年养老这一社会问题衍生出来的。

边缘学科多为机械工程、控制工程、光学工程、物理学等理工类基础学科，这是因为适老技术的研究通常涉及具体理工类某一学科的研究领域，同时老年技术的研究会扩展与之相关的理工类学科的研究范围。核心部门的医学类、计算机类和社科类学科辅以理工类部分学科，恰恰是适老技术从理工类基础研究向老年技术专业化探究的过程，也是适老技术领域从核心技术基础向外部价值延伸的发展过程。

综上所述，在适老技术研究领域中，临床医学、公共卫生与预防医学、计算机科学与技术、生物学、生物医学工程、社会学等学科占据重要地位，是学科间联系的主要媒介。交叉内容方面，大多数学科与临床医学存在交叉，且交叉强度较大。因此以临床医学为核心，结合公共卫生与预防医学、计算机科学与技术、生物学、生物医学工程、社会学等学科在医学、技术和社科方面的研究，是老年技术研究进一步发展的正确方向。

2.5　本　章　小　结

本章综合运用科学知识图谱和社会网络分析等研究方法，选择 Web of Sciences 学科类别、德温特数据库，从文献和专利两方面梳理了国际适老科技研究进展的现状，识别了适老科技领域的研究热点与前沿动态，分析了适老科技领域重要的科学合作关系，主要研究结论如下。

一是与发达国家相比，我国适老科技发展存在差距。从适老科技领域文献发表与专利申请数量上看，美国、日本、德国等较早进入老龄化社会的发达国家位居前列。美国重视基础理论研究，在国际适老科技领域，文献发表数量位列前 20 的核心机构中，有 16 个来自美国。日本则侧重于应用研究，19 个国际适老科技领域的专利产出核心机构中，属于日本的机构共有 13 个。然而，在上述的文献发表与专利产出的核心机构中，均未出现中国机构的身影。可见，我国在适老科技领域的文献发表与专利产出两方面，仍与发达国家有着不小的差距。

二是适老科技领域具有多学科交叉的特点。在老年技术研究领域中，临床医学、公共卫生与预防医学、计算机科学与技术、生物学、生物医学工程、社会学等学科占据重要地位,是学科间联系的主要媒介。

我们也发现适老科技领域专利产出机构合作网络中,大多数机构都是独立申请专利,机构间合作数量比较少。适老科技领域作者与发明人合作网络中,存在较多的孤立点。未来我国创新追赶的重点领域是交叉学科,恰恰需要多主体合作。因此,我国在适老科技创新追赶过程中,需要采取适当措施,引导合作网络构建。

本章的现实意义在于,指出美国、日本、德国等较早进入老龄化社会的发达国家在适老科技领域已经走在世界前列,而我国适老科技的发展起步较晚,技术创新追赶的任务十分艰巨。之后又识别了适老科技领域的研究热点与前沿动态,提供了创新追赶的趋向。此外,还揭示了适老科技领域的多学科交叉特征,为政府确定政策引导方向提供参考,有助于相关学者和科研机构了解适老科技发展动态,拓宽研究方向,开展跨学科合作,同时促进本土相关企业关注适老科技领域,积极开展产学研合作。

第3章 本土适老产业创新追赶机会与优势因素

正如前所述，尤其是自 2017 年，央视连续三年在重阳节这一天的《对话》节目中，持续关注养老制造业，许多适老企业及其产品日益为公众所熟知。例如，嘉兰图的老年产品设计、上海卡布奇诺电子科技有限公司（老龄手机）、常州市钱璟康复股份有限公司（以下简称钱璟康复）、衡水祥宇医疗器械有限公司（老年照护用具）和永爱养老（设计、生产多款老龄产品，详见下述案例分析）等。这些企业快速发展的成功经验显然值得关注。

本章拟以这些企业为例，重点考察以下问题：我国适老产业技术创新存在哪些机会？这些企业快速创新发展的驱动力或者说优势因素有哪些？

创新机会和驱动因素识别是产业创新管理研究的重要内容。从经验上判断，本土老年市场的特定需求意味着存在本土利基市场机会，那么本土老年利基市场机会具体体现在哪些方面？此外，尽管我国适老产业发展整体水平落后，但是当前我国整体产业技术水平实力已经显著提升，因此有必要考察除了市场机会，在我国适老产业中是否还存在一定的技术机会？

3.1 创新追赶机会、综合驱动因素相关研究

3.1.1 创新追赶机会

从经验上判断，后发企业在起步期往往依托利基市场在产业中立足。利基市场作为边缘市场，市场规模较小，通常被跨国公司忽视或者放弃。对新兴市场企业而言，根据自身的资源和能力，选择一个利基市场，集中投入，往往也能取得全球市场的优势地位（Kim and Mauborgne，1999）。相对于领先企业，后发企业

初始资源和能力存量少，研发能力弱，也只有采取利基策略才可以避免与领先企业正面竞争，逐步实现经验积累和技术能力提升（江积海，2006）。有研究表明，利基策略是新兴市场企业构建核心技术能力的有效途径，可以逐步推动企业进入主流市场和新的技术领域（张米尔和田丹，2005）。利基可以使企业通过提供很少有其他企业能生产的产品来建立差异（Stuart，1998），或者通过其他企业所没有实行的业务运营流程来创建差异（Baum and Oliver，1996）。

Chatterjee（1998）根据不同的利基定位将利基策略分为产品利基和流程利基。基于产品利基，企业通过提供不同于竞争者的产品，增加获取竞争优势的可能性。流程利基则在于实施了一种专有的、独特的运营方式，包括以一种创新的方式管理与它的价值链活动相关的流程，且主要引起企业内部组织的变化，而这种变化多以缄默知识的形式存在于企业设备、人员、组织和日常操作规程内，竞争者通常无法立即发现。基于流程利基，企业致力于通过改进产品的加工过程、工艺路线或设备提高产品质量、降低产品成本，从而建立竞争优势。

将利基进一步细分为产品利基和流程利基显然具有很好的现实意义。现实中，后发企业的竞争优势不仅来自具有独特性能的新产品，还来自企业内部的过程、组织和运作管理。基于利基策略研究后发企业的创新追赶机会时，需要考虑不同的利基定位。

3.1.2 创新追赶的外生因素

后发企业创新发展的驱动因素是多元的，对这一点许多研究人员已经基本形成共识。杨忠等（2007）、朱吉庆和薛求知（2010）、裴长洪和樊瑛（2010）等将驱动因素归纳为外生因素和内生因素，分别称为国家特定优势和企业特定优势。

之所以有必要把外在优势与企业内在的优势区分开来，是因为诸多影响因素混杂在一起，不利于揭示企业特定优势是企业获得创新持续竞争优势的根本。因为在一定情况下，不具有企业层面内生优势或能力的企业，依靠国家或产业层面的强力支持，部分企业也能够实现一定程度的创新追赶。

国家特定优势，即后发企业创新发展过程中，政府发挥了强大的促进作用。政府不仅为企业创造和维护比较有利的政策和市场环境，还提供技术、信息服务、资金补贴等直接支持。追赶企业所在国政府采取有力的政策体系引导并建设完善的服务体系，比领先企业所在国家更加必要。国家对后发产业的扶持，不仅有利于吸引外来技术和投资，也是加速本土企业特定优势形成的基本条件。在本国后发产业起步阶段，国家给予差别化支持也是国际通行的做法。

徐雨森等（2014）指出除了关注国家特定优势和企业特定优势，还需要对产业层面的影响因素给予关注。他们认为，产业层面因素是企业所在行业的共同特征。例如，低成本的配套资源和人力资源是行业内其他企业也能够获得的，这些因素归入国家层面特定优势不完全准确，同时也不是企业所独有的特定优势。又如，国家为了扶持特定行业发展，往往会支持行业共性技术开发组织的发展，如组建了产业共性研发联盟，这也是行业内所有企业都可获得参与的有利机会或因素。因此，还有必要把产业层面的因素从国家特定优势和企业特定优势中进一步分离开来，这样能更深刻、更细致地发现企业创新追赶的驱动因素，有利于指导实践。

现有研究虽然指出国家政策扶持的重要性，但是没有细分中央政府的扶持政策和地方政府的扶持政策。事实上，地方政府的扶持政策更为灵活和直接，对企业创新追赶的作用更大。此外，这些政策需要通过作用于产业和企业两个层面来间接或直接影响后发企业的创新追赶，现有文献对政策的作用路径分析也不够深入。

3.1.3　创新追赶的内生因素

内生因素即企业的能力因素，可以称为企业特定优势，具体体现在以下几个方面。

其一，后发学习优势。后发企业具有向领先企业学习的广阔空间和强烈的学习动力。后发企业技术处于弱势，而且各类产业资源有限，只有通过对领先企业的全面学习，才能获得技术、管理知识溢出，有利于低成本地在市场立足和进一步开辟市场。技术学习能够产生新产品和新信息，提高搜索现有信息并对其加以消化吸收和利用的能力。

其二，产业集群合作优势。随着分工细化，集群合作在创新中的地位越来越重要。集群优势既有规模经济优势，也有合作学习优势。集群中的同位企业、上下游企业以松散或紧密的合作形式加强知识、信息、技能的交流，使企业的知识来源渠道和知识结构更为丰富，知识获取的成本更低、速度更快。

其三，技术搜索、技术与市场匹配能力。动态能力和开放式创新理论表明，外部资源整合能力日益成为创新活动的重要驱动因素。后发企业通过主动、有效地对领先企业的技术、市场动向进行跟踪，进而实现对技术性质和商业潜力的科学预测。后发追赶企业需要具有技术选择和匹配的能力，即直接将领先企业的技术引入国内并不能够带来持续的竞争优势，还需要根据当地客户的需求明确所需技术，根据当地的经济和资源等条件，重新构架产品概念或减少不必要的产品设计，在降低产品生产成本的同时维持产品的耐用性和易用性。

其四，后发企业还具有受刚性约束较少的优势。邓亚玲和王朝全（2006）指出，与领先企业相比，后发企业历史短，因此受核心能力刚性的约束也较低。

其五，成功的创新离不开企业家因素，更具体地说，企业家团队的技术和市场认知能力、创新意愿、特定行业知识宽度和深度是推动企业创新的关键内生因素。此外，创新追赶阶段必然面临比较多的技术、市场风险，企业家团队风险认知、预警和风控能力也是非常重要的。

以上这些研究成果为考察适老产业创新机会、内外部优势因素提供了借鉴。本书拟采用探索性案例研究方法来考察以上两方面问题。从经验上判断，以上研究的部分观点显然同样适用于适老产业。因此，按照不重复研究的原则，本书将对本土适老产业中所存在的特殊创新机会和内外部优势因素给予重点分析。

3.2　典型案例分析

3.2.1　案例选择与素材收集

案例分析的主要过程是进行多级编码。编码过程中遵循连续比较的原则，即基于企业实践，通过不间断的概念提炼与比较总结新的规律，形成新的概念，总结概念之间的关系。

选择合适的案例对象是研究工作能够成功的前提。一是样本选择要符合典型抽样的原则（不能是极端的、特殊的案例，而是能够代表一组案例的某些个案）；二是关注样本的信息丰富程度而不是样本数量多少。

选取的典型案例内容来自公开文献和对有关人员的直接访谈。为了确保研究的信度与效度，本书在数据收集、数据分拆环节都遵循三角测量法的要求。

数据收集方面，采用四种途径：一是文献收集。通过中国知网收集发表在期刊、学术会议及报刊上的资源（鉴于参考资料较多，篇幅所限，不一一列示）。同时，查阅了专利数据平台（如 Incopat、Patsnap 数据库）、主流新闻媒体报道、适老产品研究书籍及报刊资料（如《中国老年》《中国老年报》）等。二是访谈。对企业任职的不同部门（销售、研发设计和工程部门）的中高层人员进行访谈，请其提供核实相关信息。除通过网站获取公开资料外，还对销售人员进行访谈。通过网站收集设计顾问、总经理等的发言、访谈记录等公开资料（如央视《对话》《消费主张》的主题报道）。三是案例企业内部资料与外部资料，内部资料主要包括经营分析报告、项目可行性报告、年度总结、企业大事记和内部报刊等；外部资料包括媒体报道等。四是同行业创新活动比较和行业专家咨询。参加行业博览会，观看同行业产品的展示，听取产品介绍，对同行业参展人员进行访谈。

3.2.2　典型案例：佛山市顺康达医疗科技有限公司

顺康达的正式注册创立时间是 2005 年。但事实上，该公司的前身可追溯到成立于 1992 年的佛山南海医疗辅具工厂（主要业务是代工）。该公司的创新发展历程被《南方日报》多次报道，报道的题目包括"顺康达：从代工生产到智能养老的转型之路""顺康达：拐杖大王挺进全域智能养老""顺康达从代工制造到创新智造"。该公司的创新发展经验也被央视《对话》节目屡次提及。该公司是中国康复辅助器具协会副会长单位，创始人杨荣洪被誉为拐杖大王，通过了 TUV ISO 9001：2008 及 ISO 13485：2003 质量管理体系认证，通过欧盟 CE 认证及美国 FDA（Food and Drug Administration，食品和药物管理局）认证。公司拐杖类产品就达 80 多种，年产轮椅车 30 万辆，四轮助行车、拐杖及助行架 500 万台/套，浴室洗澡椅、扶手等 300 万套。产品远销世界 50 多个国家和地区，有一定的国际声誉。2014 年通过高科技企业认定。

1. 1992~2004 年：流程利基起步，代工生产过程中全面学习

杨荣洪是技术人员出身，早期在佛山市南海区一家飞行风扇厂工作。20 世纪 90 年代在国外考察过程中，发现轮椅、拐杖、助行器等康复辅具类用品得到西方老年群体的广泛应用，而我国老年人需求和普及率比较低，生产企业基本是空白。

1992 年，公司决定从原始设备制造商（original equipment manufacturer，OEM）起步（引自创始人表述："客人把产品要求和品牌标识给我们，委托我们进行生产。然后，我们贴好牌，将产品销去海外"）。即获得德国、日本辅具用品的委托生产加工权，按照国外企业的生产订单要求，贴牌加工生产。在代工产品类型的选择上，依循先易后难的原则渐次扩大产品序列，首先从拐杖、轮椅、老人购物车起步，进一步再生产复杂助行器、洗澡椅等。

全面开展技术、管理学习。顺康达引进国外的泰勒科学管理体系、全面质量管理等管理规范，海外市场的高标准规范性也要求顺康达在技术学习的过程中不断创新。例如，为避免老年人使用出现擦伤的情形，德国企业要求洗澡椅坐板排水孔直径小于 7 毫米，日本企业要求伸缩拐杖塑料接口打磨光滑。顺康达引进飞速自动拉钉设备，提高拐杖组装效率，掌握拐杖产品外围组装技术，出口加工的产品均获得欧盟 CE 认证、美国 FDA 认证。

之所以能够顺利地承接并比较好地完成代工活动，一定程度上是依托了佛

山南海区制造业产业集群中的协作能力，南海区政府也给予了政策扶持。企业不但积累了康复辅具制造的经验，而且生产和技术合作网络也日益成熟。技术、市场经验和资金有了一定积累后，创始人开始创立自己的品牌，走自主研发的道路。

2. 2004~2015 年：深挖本土产品利基，开发系列化自主创新产品

2005 年，杨荣洪注册成立顺康达医疗科技有限公司，开始自主研发产品。

企业深挖本土利基，将开发更具有本土适用性的产品作为突破口。企业对本土市场特定需求的认知具体体现在以下两个方面。

一是我国经济社会快速发展，造成不同年代的老年群体需求差别也比较大，这一点是我国老年市场同国外比较大的一个区别。例如，20 世纪三四十年代的老年群体经历了我国经济比较艰苦的年代，积蓄也比较少，因此消费能力相对薄弱。20 世纪五六十年代的老年人经历过改革开放和计划生育，相较于老一辈老年人，消费能力明显更强，也更愿意接受新生事物。因此，面向本土的产品要比面向国外的产品系列更加细分，价格层次更多。尤其是针对 20 世纪三四十年代的老年人需要依循朴素式创新的指导思想进行产品设计。

二是发现了中国本土老年市场消费决策的特殊性。我国老年人往往更希望甚至依赖家庭成员帮助其对是否购买、购买哪类产品进行抉择（尤其是对于价格比较高的产品）。这同国外老年消费群体更倾向自主决策有所不同，因此，将部分产品的营销对象从老年人调整为整体家庭成员。

为了更好地识别本土老年市场的特定需求，顺康达与广东省医学会、广东省康复医学会等本土老年科研机构建立合作关系。企业开展了多项价值工程分析，通过将原来出口产品适当去功能化（非必要功能）削减不必要成本。

同国外企业相比，顺康达更了解中国老年群体的实际需求，产品丰富，价格又低，于是越来越多的国内代理商也开始从进口产品转向经销顺康达的产品。企业主打拐杖、老年购物车、助行器、洗澡椅四类产品。

引自创始人表述："相比代工生产，走自主品牌的道路更为艰辛……公司成立第一年，完全是亏损状态。直到公司注册时的资金全部亏损完，董事会无法再提供资金时，我只能拿出自己积蓄，来维持公司运营……客户对于本土产品还不是很信任，需要先发样品，经客户认可后才能收到定金，资金回笼速度慢……直至 2008 年，顺康达终于熬过了艰难的'考核期'，凭借优良的产品质量在客户中树起了口碑。"

3. 2015 年至今：进一步深挖国际利基，实现产品逆向创新输出

稳固了国内市场，顺康达尝试将自主创新的产品系列全面推向国际市场。辅

具的客户群体可分为活动、半失能、全失能三类。国外领先企业往往侧重开发功能更复杂、满足全失能老人的产品，品类单一。这些产品对于活动、半失能老人来说，存在功能过度的问题（价格比较贵，但是功能又浪费），也就是说国外存在针对活动、半失能老人的缝隙市场。

顺康达在国内多层次需求市场练就的品类丰富的特点，在国际市场上恰恰成为其特有的优势。例如，顺康达不仅针对全失能老年人研发出卧床活氧洗护机、床椅分离护理床，还针对活动老年人研发出简单的辅助用具，针对半失能老年人研发出智能护理床，这些产品序列完全可以复制到国际市场。

正如前所述，顺康达在代工阶段，依托产业集群配套形成了流程利基优势。在深耕国内市场阶段，又进一步形成了产品齐全的产品利基优势。这两方面叠加的特定优势在国际市场上帮助企业占据了有利的地位，因此可以将这两方面优势称为国际利基或者说国际化的流程与产品利基。

为切实把握国际利基，顺康达克服了许多难题，实现了一系列的技术创新。在技术战略上，提出聚焦"卧床护理、室内行走、最后一公里范围活动"，深入挖掘三类老年人生活场景的现实需求。为防止长时间使用轮椅导致血流不畅，在轮椅的主架底部安置了可伸缩的电动推杆。为避免伸缩拐杖固定装置不耐久的问题，在伸缩接口处改进了锁定结构，还对颈椎保健理筋床中的推揉装置、升降丝杆等关键技术模块进行改进，新开发了自助定时翻身活动的护理床、多功能电动轮椅、带 GPS（global positioning system，全球定位系统）的电动老年代步车。

引自创始人表述："在拓展海外市场的过程中，顺康达还是遇到了瓶颈。价格战终究不是长久之计，精准判断消费者的痛点，研发出高质量的产品，才能推动企业的可持续发展……德国和日本对于产品质量要求极高。面对德国和日本客户，验货不过关的现象时有发生，这也倒逼我们不断提升产品质量……为此，2016年，扩充研发团队，组建了顺康达专业康复医疗技术研发中心，并建立起内部研发奖励机制，从品质部、生产部、研发部中挑选出骨干成员，组建为一个小组，对于产品质量进行严格把控。同时，公司还成立了产品提升团队，旨在根据客户反馈的需求对产品不断优化。"

顺康达在成长过程中，除了国家各类优惠政策外，还获得了佛山市的有力支持。2017 年组建佛山南海区工程技术研究中心，2018 年成立顺康达智能养老工程技术研究中心，这些机构均获得了佛山市研发经费补助。

3.2.3　典型案例：广东永爱养老产业有限公司

永爱养老于 2012 年成立，总部位于顺德广东工业设计城。企业主要业务特色是提供集养老设施研发设计、线上和线下销售及相关配套服务的整体性解决方案。企业已经成为国内养老院用品配置行业的著名企业，多次被中央电视台新闻频道、财经频道等国家级媒体报道。早在 2014 年 11 月，《人民日报》就以"为老人订制一个家（直击改革前沿·关注养老改革）"为题报道了企业发展情况。2017 年中央电视台财经频道针对养老产品和服务供给侧结构性改革采访了总经理崔晶雪。2019 年央视 2 套《消费主张》栏目以"当你老了，哪些用品值得拥有？"为题，对企业自主开发设计的无障碍通道、浴室把手、起身助力架、爬楼机等创意产品进行介绍。

自 2012 年成立以来永爱养老在产品研发上投入巨资，自主设计产品百余类，拥有高水平专利 36 个，在全国范围内配置养老项目近 500 个，并且通过国家高新技术企业认证，是养老用品配置业中首个国家认证的高新技术企业。

1. 2012 年：整合产业集群创新资源起步

2012 年，永爱养老起步阶段就直接面向本土市场。这一点同顺康达在 1992 年通过代工起步明显不同。这是因为，1992 年国内适老产品市场尚未形成，而 2012 年国内市场需求已经开始逐渐上升。庞大的国内市场需求足以构成其创新追赶的强大驱动因素。

从聚焦本土需求来看，产品利基构成了企业创新机会。从企业所处的产业集群环境来看，企业还拥有流程利基机会。企业所在的佛山顺德区是世界最大的家电产业集群，是全球闻名的空调器、电冰箱、热水器、消毒碗柜生产基地，拥有"中国家电之都""中国燃气具之都"美誉。同时，拥有世界级的家具产业集群，乐从家具市场是全球最大的家具销售中心，延绵十余里，从业人员超过五万人，展示各式家具两万多种。总部所在的广东工业设计城是国内著名的工业设计集聚园区。

显然，作为世界级"泛家居（家电+家具）"产业集群，完善的产业分工必然会形成优越的流程利基创新机会。不难理解，这也是企业聚焦六大核心产品的重要原因（依次是家具、家居、卫生沐浴、康复护理、智能系统、休闲娱乐）。

2. 2012~2015 年：深挖本土市场需求

为挖掘本土适老家居行业的特殊需求，企业设计师深入养老服务公司、养老院、社区实地观察老年人的真实行为习惯及特征，如邀请老年人或护理人员拍十张生活照片。企业还研发了情景式穿戴体验模拟装置，产品设计师穿戴头戴式耳机、特殊眼镜或手脚重物、膝盖护具等装备来模拟、体验老年人平时的身体负重状况，如听力、视力、体力等身体变化。

为了促进社区养老上门服务的精准化，企业开发了便携版的老年人能力评估工具箱；为了机构养老更为准确地匹配或调整照护等级，在民政部门颁发的老年人能力评估标准体系基础上，开发设计了健康评估室。企业提出"不摔跤的家"的设计理念，结合中国家庭几代同堂的现实情况，以组合、嵌套方式研发出无障碍通道、浴室把手、起身助力架等辅具和家具，满足老人不影响中青年辈家庭生活需要和兼顾室内美学设计感受。例如，在居家氛围营造和配色上，满足老年人低调沉稳的偏好，同时在家具面板、软装修饰上搭配一些亮色点缀其间，满足中青年家庭成员的需求。

企业聘请我国台湾地区养老产业建筑设施规划专家、台湾发展研究院-老龄事业发展推广中心主任杨印丞先生担任顾问。2020 年企业参考国外成熟的蒙特利尔系列（Montreal collection）养老机构家具，结合中国家庭的习惯加以改良，推出的产品在广州老博会上受到了欢迎。例如，所有柜体、抽屉的拉手与面板存在对比色，便于老年人找到拉手；将酒店常见的酒店柜创新性地引入养老居室空间，满足老人收纳空间的需求；座椅采用布艺面料并采用防水防渗措施，符合永爱养老"易清扫""易搬运"等运营设计；沙发采用人体工程学设计，使用回弹力好的材料，扶手设计得圆滑宽大，便于老人起身；餐桌采用翻折板设计，方便轮椅老人或多个老人就座和进餐；同时在桌面边缘区域设计了凹槽，防止桌面的洒水外溢，凹槽还与桌面存在差色设计，起到提醒作用；卫浴融入了大量智能化设计，如浴室柜引入了脱水、消毒二合一"消毒宝"智能设备，方便老人快速、省力地甩干毛巾、贴身衣物等。

随着对本土需求的深入掌握，企业的创意设计能力全面提升。借助珠江三角洲的制造产业基础，外包部分产品生产加工任务，聚焦订制化设计，企业的战略导向也由养老用品服务商转向整体方案设计、供应链服务商。

3. 2015 年至今：整合国际创新资源，拓展国际市场

永爱养老于 2015 年开始举办国际养老沙龙，邀请日本、美国等地设计专家、养老专家分享养老服务经验。

企业通过与荷兰、日本等认知症服务组织交流了解到，患认知症障碍的老人短时记忆能力虽弱，但是对时间久远的事情记忆却比较清晰。根据这一特征，荷兰、日本一些公司设计了具有 20 世纪五六十年代特色的"认知症小屋"。受这一设计启发，永爱养老认识到全体老年人均有心灵呵护、自尊等高层次需求，进而形成"永爱之家"服务理念。将老年人年轻时熟悉的虚拟场景和记忆转变为小屋内的实际个人物品，激发老年人对旧时光的回忆；将小屋内的躺椅改造为摇椅，缓解老人焦虑情绪同时锻炼平衡能力。小屋内的餐盘采用了颜色鲜明的色彩搭配，帮助老人区分食物和餐盘的界限，增强了餐盘的易用性，还针对最终的场景设计开发出了样板屋，邀请老年人进行场景的使用体验测试。

永爱养老与日本卫浴企业建立国际合作，对其产品进行本土化改进，开发了可以直接在护理房间内为老人提供助浴服务的纳米级水雾洗澡机，老人无须起床、无须洗发水即可在睡眠状态下，全自动完成全身洗浴工作。同时，企业引进了国际先进的人工软骨泡沫（artificial cartilage foam，ACF）仿生材料，该材料能够吸收 90%以上的冲击力，最大限度地保护人体免受冲击力损伤，并将这一材料运用到老年人防摔伤内裤中，有效解决老人生活摔伤的难题；针对老年人经常忘记佩戴监测设备的问题，企业与海康威视建立技术战略联盟，利用人工智能和物联网等技术，合作开发出无佩戴式的智能监测系统，隐形监测老年人摔倒、行动轨迹等生活情况。

通过整合国际创新资源，永爱养老不但站稳了国内市场，它的部分产品也成功进入了国际市场。

同样地，国家和地方相关部门提供了技术指导和相关支持，尤其是顺德区，在税收、土地、金融、就业补贴、岗位补贴等方面给予企业优惠倾斜。

3.2.4 典型案例：常州市钱璟康复股份有限公司

1. 1996~1998 年：通过产学研合作和标杆学习，以产品改进实现初期立足

钱璟康复于 1996 年成立，创建之初就高度重视产学研合作。1998 年，钱璟康复与南京大学签署合作协议，共同研发出 B-PHY 型人体平衡功能检查训练系统。钱璟康复也注重对行业标杆企业的学习。例如，借鉴泰亿格公司的 Dr. Speech 系列产品研发理念，对该类产品的语言康复系统、听觉康复系统、语言功能检测系统进行局部改进或进行整体系统架构改进，设计出企业自有的系统产品，并添加了语言测量仪、语言矫治仪等功能，其中所添加的功能也符合国家医疗康复仪器设备配备标准。

2. 1998~2015 年：以社区康复作为核心产品利基，完成核心产品开发

钱璟康复所在的江苏省是全国老龄化程度最高的省份。企业通过调研发现，社区康复成本仅为机构养老的 10%，故决定将社区康复作为主要市场，从原来面向养老院开发产品转向关注家庭、社区养老机构的产品需求。

我国面向社区康复市场的技术力量薄弱，可直接借助的研发力量不足。因此，企业广泛搭建技术合作网络和信息合作网络，与中国康复医学会等公共科研机构建立技术、信息分享合作机制；与社区养老中心、养老院等养老服务机构建立业务合作，将自主研发的康复器械设备在服务机构进行测试与应用；与老年家庭建立直接联系，了解老年患者的康复训练需求。同时，企业掌握了本土老年人在步态训练、自行车模式、秋千模式等康复训练模式方面的需求偏好。

2010 年通过与多所国内知名院校、科研机构合作,攻克多项关键模块技术难题,自主研发出 Flexbot 多体位智能康复训练机器人,打破国外企业在该类产品的市场垄断。该机器人成为全国第一台通过国家食品药品监督管理总局认证的下肢康复机器人,在全国 100 多家医院和康复机构中得到广泛应用。

3. 2015 年至今:持续扩展产品系列,深耕本土社区康复市场

钱璟康复为有不同康复需求的老年人提供定制化的多体位式康复训练方案,产品也将从传统的康复医疗器械向智能康复云服务转变,技术开发模式也演变为多源有序适用性开发。针对康复器械产品品种多受众小、专业性要求高的特点,钱璟康复整合自身积累的康复大数据优势,构建自主研发团队成功上线"璟云"平台。老年康复患者仅需输入自身身体状况,平台就会量身定做不同难度、功能导向的康复训练方案。

企业致力于为社区养老中心提供"家门口"的康复服务,建设面向社区的康养小屋,将自己研发的康复设备引入康养小屋,为在康养小屋的老年人提供定制化的康养服务方案。

2017 年钱璟康复与国家康复辅具研究中心建立战略合作联盟,并成立智能康复辅具联合重点实验室,开展康复辅具共性技术研发、技术标准制定、自主知识产权产品与产业化。同时,企业先后参与编制了 9 项康复器材的国家和行业技术标准,与中国香港城市大学、中国科学院、加拿大西安大略大学等知名高校建立技术研发联盟。

3.3 案例质性数据分析过程

3.3.1 开放式与主轴编码

在开放性编码与主轴编码阶段,我们借助质性分析软件 Mindmap 对资料进行概念化及范畴化。

(1)通过详细阅读访谈记录和公开文献等质性资料(并不限于前述内容,前一小节仅是对案例企业发展历程的简述,部分资料将在下述案例分析中进行表述),抽取出追赶机会、优势因素相关的部分,以摘记或誊写的方式建立文本。

(2)通过信度检验的 3 组编码者(归类的一致性较高),参照主题将段落分解成一个或两个小单位,用一句话进行简述,然后加以编码形成初始化概念。

（3）依照初始化概念内容和性质的相近程度对资料加以整理和互换审查，形成类别，即将第一次编码中被分割的资料，依据各个概念与此概念之间关系性质的陈述加以聚类或连续比较，形成副范畴和主范畴。

在这个过程中共去除不相关编码，编码结果如表 3.1 所示。

表 3.1　开放式与主轴编码

范畴化编码	文献与访谈记录（概念化编码）	典型事例
C1 中央政府政策引导	国务院办公厅、国家发展和改革委员会（以下简称国家发展改革委）、工业和信息化部、民政部、国家卫生健康委员会、国家市场监督管理总局、全国老龄工作委员会办公厅	例如，《国务院办公厅关于印发社会养老服务体系建设规划（2011-2015 年）的通知》（国办发〔2011〕60 号）；《关于加快发展养老服务业的若干意见》（国发〔2013〕35 号）；《工业和信息化部民政部 国家卫生健康委员会 国家市场监督管理总局 全国老龄工作委员会办公室印发〈关于促进老年用品产业发展的指导意见〉的通知》（工信部联消费〔2019〕292 号）（第 8 章对各类政策进行了详细分析）
C2 省级政府政策引导	各个省落实中央政府文件的工作要求，地方政府产业规划	广东省、江苏省在五年规划中，明确扶持适老产业发展
C3 市、区政府扶持	纳入产业规划，领导视察，领导现场办公，批示，财政补贴，税费减免	南海区、顺德区给予具体财政扶持
C4 代工过程中重构生产工艺	材料替代，优化工艺，本地化采购，上下游协作，质量认证	借助本地企业协作，解决拐杖、洗澡椅打磨、部件配合问题；部件实现了南海区、顺德区本地采购
C5 学习、吸收国际领先技术	为德国、日本企业代工，吸收工艺技术，借鉴产品设计，引入质量管理流程，引进工艺、设备、技术许可	依循先易后难的原则渐次扩大产品序列
C6 本土产业集群的强大支持	本地产业类型齐全，质优价廉，本地配套企业比较熟悉	南海区、顺德区为"广东四小虎"（另两个为东莞、中山）；两家企业主打产品均可在本地找到配套厂家
C7 资源整合、拼凑	与配套厂商建立技术联盟、产业集聚配套，模块拼接或嫁接（生产技术、设计技术）	顺康达和永爱养老均高度重视合作及合作伙伴关系维护
C8 低成本实现产业立足	低成本人力资源、低成本制造资源、低成本材料、比较低的交易成本	价格同进口产品相比具有绝对优势
C9 深挖本土老年市场体制（特殊需求）	老年人类学调查，建立模拟实验室，同照护机构联合进行调查，入户跟踪调查	本土老年人消费决策习惯同国外不同，喜欢由家庭决策；东方老年人的体型、生活习惯同西方不同
C10 构建创新组织网络（超本地网络）	扩展技术联系、拓展营销体系、组织体系调整	均注重同国家级行业协会的联系，同国内同行和上下游企业均有合作。顺康达是中国康复器具协会副会长单位

续表

范畴化编码	文献与访谈记录（概念化编码）	典型事例
C11 非对称性组织学习	国外企业忽视的小规模（不经济）的市场，在我国则可达到规模经济；集成美日欧多渠道技术，实现自主的集成创新产品；比国外企业更了解中国老年人需求；比国外企业了解中国家庭、照护人员的需求	基于本土老年人身体信息数据建立专有数据库，基于中国人口数量积累的数据信息远远超过国外企业
C12 充分利用国家和地方产业政策	出口补贴、退税	优惠政策帮助企业建立市场信心；政府的鼓励政策也帮助企业激发上下游产业链进入适老产业
C13 形成具有企业特质的创新资源	发展面向国外小规模市场的技术和产品；拥有性价比优势	所拥有的专利数据在行业内居于前列
C14 国内产学研合作	同高校院所建立合作	在起步期和发展期均重视产学研合作
C15 准确把握国内、国际"共同市场"	国内外市场均要求产品系列细分；国内外家庭结构均缩小，独居老人数量增大	均发挥了中国市场的规模优势，基于更为细分的利基市场进入国际市场，发展面向国外小规模市场的技术和产品
C16 构建创新组织网络（全球网络）	产业链上下游企业国际化、跨国项目合作、国外先进技术引进、国外专家引进	顺康达、永爱养老均同欧洲、日本等国际适老设计、研发企业建立了联系；这些机构也具有进入中国市场的愿望
C17 持续加强核心技术能力	技术地方化，成立研发机构，加大研发投入，小规模技术	顺康达、永爱养老的大部分产品达到国际先进的水平
C18 基于综合优势拓展国际市场	出口补贴、退税，技术地方化，本土产业集群支持，国际订单反应迅速，借助中国本土庞大市场拉动产品细分	综合优势是在国际市场拓展的主要依托
C20 企业家团队自主创新意识	技术突围策略、国际市场意识、持续研发投入	企业家团队均有推动我国适老产业自主的意愿；重视国际市场调查合作；亲自主持国际市场考察
C21 小规模技术	我国市场规模优势，集群配套优势，同类工艺组合	因为规模经济因素，国外老年照护、康复器具市场细分程度不够，顺康达有能力将产品序列扩展为活动、半失能老人、全失能老人三类需求群体

3.3.2 选择性编码

选择性编码是对主轴编码阶段产生的主范畴进一步整理，发现并命名核心范畴（core category），共得到 8 个核心范畴，将其命名为各级政府政策层面优势、本地网络连接优势、超本地网络连接优势、全球网络连接优势、流程利基机会、本土产品利基机会、全球利基与主流市场机会和企业家对适老产业的深度认知

（表 3.2）。

表 3.2 核心范畴与主范畴

核心范畴	主范畴
各级政府政策层面优势	C1 中央政府政策引导 C2 省级政府政策引导 C3 市、区政府扶持
本地网络连接优势	C4 代工过程中重构生产工艺 C5 学习、吸收国际领先技术 C6 本土产业集群的强大支持 C7 资源整合、拼凑 C8 低成本实现产业立足
超本地网络连接优势	C9 深挖本土老年市场体制（特殊需求） C14 国内产学研合作 C7 资源整合、拼凑
全球网络连接优势	C15 准确把握国内、国际"共同市场" C16 构建创新组织网络（全球网络） C18 基于综合优势拓展国际市场
流程利基机会	C4 代工过程中重构生产工艺 C5 学习、吸收国际领先技术 C6 本土产业集群的强大支持 C7 资源整合、拼凑 C8 低成本实现产业立足 C21 小规模技术
本土产品利基机会	C6 本土产业集群的强大支持 C11 非对称性组织学习 C12 充分利用国家和地方产业政策 C17 持续加强核心技术能力 C18 基于综合优势拓展国际市场
全球利基与主流市场机会	C6 本土产业集群的强大支持 C15 准确把握国内、国际"共同市场" C11 非对称性组织学习 C12 充分利用国家和地方产业政策 C17 持续加强核心技术能力 C18 基于综合优势拓展国际市场 C21 小规模技术
企业家对适老产业的深度认知	C12 充分利用国家和地方产业政策 C9 深挖本土老年市场体制（特殊需求） C20 企业家团队自主创新意识 C21 小规模技术

这些范畴之间的系统关联就是把握企业创新机会、发挥各类优势因素的"故

事线"（story line）或者说故事脉络，围绕创新机会、优势因素将各个核心范畴之间的关系梳理如图 3.1 所示。

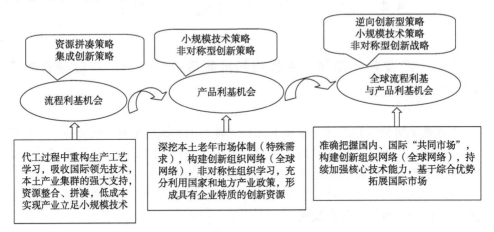

图 3.1　适老产业创新机会与创新策略

关于适老产业的创新追赶机会，我们有以下两点发现。

其一，适老产业创新追赶的起步阶段，同我国大多数产业的创新追赶历程类似，均把握了流程利基的机会。例如，顺康达依托南海的产业集群优势，以为德国企业代工起步，在吸收国外技术和模仿国外产品设计的基础上，基于本土消费者偏好改进产品，并改进加工过程、工艺路线及设备，实现产品质量提高、成本降低，以高性价比建立对跨国企业的竞争优势。从起步阶段的创新机会把握、创新策略来看（均表现为全球资源拼凑、整合型战略），适老产业并没有表现出同其他产业具有差异性的特征。

其二，鉴于我国适老产业整体水平同国外差距比较大，因此许多文献认为我国适老企业难以进入国际市场。现实中，同这一经验性判断不同，三家企业在企业平稳发展后，均比较早地谋划了非对称创新和逆向创新战略，而且均取得了成功。我们认为，这些企业之所以能够成功把握住创新机会，主要的原因是这些企业充分依托了产业集群的优势。下面将给予更详细的解读。

本章通过两种方法进行理论饱和度检验：一是自我重新校核，对资料和概念、范畴进行再次梳理；二是咨询专家，即把"故事线"提供给创新管理领域的多位专家，征询其意见。大部分专家均认为模型中的范畴归纳恰当并未有新的发现，"故事线"合理。

3.4　创新机会与核心策略匹配关系

3.4.1　产业起步初期：流程利基机会与资源拼凑、集成创新战略匹配

流程利基机会来自产业（企业）比竞争者的工艺流程更有效或者在组织生产要素方面成本更低。经验上判断，我国适老产业发育程度不够，生产要素并不丰富，企业也没有工艺流程的经验，因此应该鲜有流程利基的机会。

但是，现实中并不乏适老企业挖掘并把握了这类创新机会，总结这些案例企业的成功经验，有以下几点发现。

1. 充分借助了集群优势，发挥了范围经济效应、协作效应

顺康达在缺少适老产品设计、生产经验的情况下，之所以能够获得代工机会，主要原因是顺康达向委托方展现了企业所在广东佛山市南海区的产业集群优势。

南海区 20 世纪 80 年代起，在改革开放热潮中成为"广东四小虎"之一，该集群的特点是有色金属、机械装备、纺织服装、小五金等产业在国内占据重要地位。显然，机械装备、纺织服装、小五金等行业的生产工艺流程设计、开发经验完全可以"迁移"到拐杖、轮椅、老人购物车及助行器、洗澡椅等产品生产活动中来，行业之间的技术知识和生产人员具有共通性。

尤其值得强调的是，同一般的产业集群相比，南海区产业集群具有更好的协作性。同广东的另一个四小虎东莞地区的产业集群拉动力偏重依靠香港及海外地区的外协外包不同，南海区许多企业是本地企业家创立，内生性和本地根植性比较强，集群内部联系与外向联系并重。此类产业集群的特殊性就是，不仅拥有一般产业集群所具有的专业化分工效应，还拥有比较强的协作效应，更有利于追赶初期的企业实施资源拼凑和整合战略。

南海区产业集群已经形成了"追求适用"、"专注"和"产业社区化"的特点。英国经济学家 Lall（1983）将后发企业在既有技术基础上针对本土市场需求所发展出的特色"适用"技术称为"技术地方化"。顺康达所在的南海区、永爱养老所在的顺德区的产业集群在技术发展取向上不追求"高""新"，采用"技术地方化"策略，进行适用性改进。这种集群文化恰恰有利于老年辅具、家居产品类型的起步和创新发展。类似地，钱璟康复所在的江苏省常州市早期产业集群也是以纺织、强化地板和灯具等传统产业为主，也拥有强化发展适用性技术的良好

文化。案例企业均避免盲目求大，而是向专精方向发展。2009 年，南海区在全国筛选提出了"产业社区"的概念，强调产业集群分工协作过程中要像社区一样融洽。产业集群中精心谋划便捷的交通、居住、文化、教育等要素，建设科技成果转化、技术交易、产权交易、知识产权、专业技术咨询、生产力促进等中介服务机构，以及各类工程技术研究中心、重点实验室、新型研发组织等科技服务机构，以城市化的社区培育产业链。

2. 企业内在战略得当，实施创造性的资源拼凑、集成创新战略

Baker 等（2003）率先将资源拼凑概念引入基于资源视角的创新创业研究领域，特别强调了资源拼凑（主动和创造性利用现有资源）和资源利用搜寻（被动、非创造性地获取资源）的区别。Baker 和 Nelson（2005）还提出了创业拼凑概念。资源拼凑和资源搜寻是两种策略，选择不同将会导致企业后期资源配置差异（梁强等，2013）。

综合诸多学者对该概念的解读，课题组认为资源拼凑表达了一个积极、被正向肯定的概念，强调利用手头一切可利用的资源来完成任务；强调就地取材式的资源利用；强调突破资源传统利用方式，通过创新性地利用资源来解决新问题和开发新机会。

不难发现，以上案例企业在创新追赶初期贯彻了这一策略。例如，顺康达、永爱养老借助了产业集群中合作伙伴的资源，通过就地取材以低成本、高效率的方式完成创新创业起步。顺康达、永爱养老拓展了产业集群的业务类型，挖掘了集群内资源要素的新价值，拉动了集群层面的范围经济。顺康达、永爱养老在资源拼凑的过程中，不断进行基于模仿的研发和反求工程。顺康达在代工过程中就建立了内部技术部门，密切跟踪国外合作方的技术发展，从而快速掌握了委托方的生产工艺流程、设计流程，也掌握了委托方图纸上并未清晰明示的隐性知识，提高了对适老产品技术的认识和对相关技术的判断。

3.4.2 本土拓展市场期：产品利基机会与小规模技术战略匹配

1. 我国庞大的老年人群体市场规模创造了更多的产品利基机会

我国老年群体具有规模庞大，需求层次多元化的特点。这一市场结构使本土企业与国外的竞争对手相比拥有更多的产品利基机会。北欧国家、日本、德国的适老产业虽然起步比较早，技术和产品成熟，但是市场规模比中国要小很多，相应地，利基市场机会必然也要少一些。这种市场需求结构的非对称性无疑构成本土企业创新追赶难得的优势。

顺康达、永爱养老和钱璟康复均无一不是把握了本土众多的利基市场实现了成长壮大。上述已经提及顺康达对老年群体在拐杖、轮椅、老人购物车及助行器、洗澡椅等方面的需求划分比进口产品更为细致，多层次产品序列需求驱动也造就了顺康达成长。永爱养老和钱璟康复则是抓住了中国养老服务市场的特殊性，即同国外相比，中国虽然是家庭养老、社区养老、机构养老并举，但是现阶段更多依靠的是家庭养老、社区养老，机构养老处于补充的地位，欧洲国家则更多依赖专业养老机构，日本则是社区养老和机构养老并重。钱璟康复认识到社区康复成本仅为机构养老的 10%，因此将社区康复训练设施作为其利基市场机会。钱璟康复自主研发的多体位智能康复训练机器人逐步取代国外产品并打破了市场垄断，将产品业务范围不断拓展，在照护人员使用、老年人自用等多个系列领域也取得了成功。

还需要强调的是，市场特性认知能力是把握产品利基机会的前提和基础。陈劲和俞湘珍（2010）指出，企业研发实力相对薄弱时，企业需要具有强大的市场特性认知能力，才能把握住利基市场机会。前述案例企业均具有强大的市场认知能力。例如，永爱养老专门开发了老年人需求评估和新产品评价系统，切合本土需求准确地提出以"不摔跤的家""兼顾跨代家庭需求"为主题进行的产品开发。又如，永爱养老将桌案的两侧设计成卷起状（明清桌椅的风格），既有避免物品掉落的实用性，又使老人产生内心文化身份的认同感。

2. 把握产品利基机会需要掌握小规模技术

小规模技术是指为小市场需要服务的小规模生产技术。这一概念是由美国学者威尔斯 1977 年在《发展中国家企业的国际化》一文中提出的，并在 1983 年出版的《第三世界跨国企业》一书中进行了详细阐述。威尔斯认为："发展中国家的收入低，相应会造成需求量有限，大规模生产技术无法从这种小市场需求中获得规模效益，许多发展中国家正是开发了满足小市场需求的生产技术而获得竞争优势。"

课题组认为，我们在采用小规模技术这一概念解释我国适老产业创新追赶时，必须对其概念进行拓展或者说重新界定。其一，小规模技术所对应的市场的地理范围需要拓展，即不仅发展中国家存在小规模市场，发达国家同样存在小规模市场。其二，小规模技术并不意味着缺乏新技术开辟和新市场开辟，小规模技术的发展离不开新技术的创造和市场的创新。

顺康达、永爱养老关注到了中国市场的特殊性，用现实眼光来看，当前的市场需求规模是小市场，但是用发展眼光来看，潜在的则是一个大市场，不但存在规模经济效应，还存在范围经济效应。

基于长远战略思考，这些企业均在企业发展之初就高度重视切合本土适老市场的技术开发投入。这些企业还将我国本土市场需求同发达国家市场需求统一进行分析，即挖掘全球市场范围内的小市场（事实上，统一考虑全球市场需求累加，规模已经得到了扩大），力求占据面向全球小市场的小规模技术优势。3.2 节已经介绍了案例企业在新产品品类开发、新工艺设计方面的努力，这里不再赘述。

2018 年浙江大学魏江教授提出了非对称战略这一概念来解释中国本土企业近些年来的创新追赶历程，认为中国企业可以借由组织设计的非对称战略、学习方式的非对称战略、追赶路径的非对称战略及制度设计的非对称战略，来进行以弱胜强、以小博大性质的追赶与超越。课题组认为，小规模技术这一概念能够从技术、市场两方面来归纳创新追赶的实践，但对组织设计、优惠政策等方面如何驱动创新追赶缺乏总结。非对称战略这一概念能够比较全面地归纳适老产业把握利基机会的驱动因素，因此拟引入非对称战略这一概念对案例企业利基机会把握、综合性驱动因素进行更为全面的分析（详见下述）。

以上案例企业的一个突出特点是，持续在小规模技术领域专注地加强研发和市场拓展。无论顺康达、永爱养老还是钱璟康复，均位于经济比较活跃的广东、江苏地区，具有开展多元化经营的便利条件，但是案例企业坚持聚焦适老产业，而且在细分的技术领域进行了持续、高强度的研发投入。

一定程度上，这些企业的行动也间接表明适老产业技术、市场的复杂性并非中低程度，其复杂程度需要引起产业界人士的关注，进入该产业需要具有专注、集中投入的韧性。

3.4.3　国际市场开拓期：全球利基机会与逆向创新、非对称创新策略匹配

1. 我国适老企业拥有广泛的全球利基机会

经过前述的分析，已经基本说明在全球范围内，存在包括流程利基和产品利基的全球利基机会（在现有文献中，鲜有见到全球利基这一概念，本书将全球市场存在的流程利基和产品利基称为全球利基。随着中国市场的高度开放，一定含义上，中国市场已经成为全球市场，因此这些企业在中国本土市场上成功的利基开发行动也就比较容易扩张到全球市场）。

经过前期技术积累，本土适老企业建立起自己独特的核心技术能力，逐步拓展国际创新网络，借助创新网络吸收外部的市场、技术知识并不断培育自主技术，关键技术能力达到了行业领先水平，已经具备通过新技术、新设计及新的商业模式把握全球化更高端市场机会的综合实力。

如果说利基市场是一种"补缺"策略，全球高端市场的同步开发则是一种"领

先"策略。"补缺"导向通常是企业在资源能力较为薄弱阶段的选择，此时产品差异化程度、技术壁垒尚且不高，竞争优势容易被模仿，占据高端市场则要求更强、更综合的创新能力，尤其是国际创新资源治理能力。

面向高端市场的创新所需技术的复杂性、新颖度更高，不能通过外部市场引入，也不宜过度依靠自身独立研发。企业需要建立超越组织边界的技术开发网络体系，广泛利用全球技术和研发资源。随着技术能力的提升，企业应加强与国际专家合作，同跨国企业建立广泛的技术联盟。一是采用多种形式同第三方研发设计组织（国内外高校、研发设计公司）建立技术合作关系。二是企业内部建立国际化研发队伍，全球范围内选聘技术人才。三是同国际同行、上下游企业建立竞合关系，全面学习领先企业在研发、生产、质量、销售和市场等方面的知识，通过技术联盟、产品联盟及合资合作等方法共同开拓国际市场。

2. 中国适老产业有条件实施逆向创新战略

逆向创新的概念最初是由 Immelt 等（2009）在《哈佛商业评论》中提出的，文中以通用电气的产品作为案例详细阐明了逆向创新的过程。2002 年，通用电气在宁波建立的研究开发团队根据中国本土市场的需求，成功开发出便携式的成像仪产品。同时，此款产品经过改进升级后成功地"回输"到了美国，在急诊室、事故现场等细分市场非常受欢迎，甚至逐渐地成为部分医生的必备品之一。逆向创新的提出完善和修正了产品生命周期理论。与传统的先由发达国家企业完成，而后再顺向地推广到发展中国家的创新不同，便携式成像仪的创新过程正好相反，率先在新兴市场完成，进一步扩散到其他新兴市场乃至"回输"到发达市场，所以称为逆向创新。

徐雨森和徐娜娜（2016）对逆向创新理论进行了拓展，指出逆向创新强调的是创新机遇发现、商品化和产业化发生在发展中国家，发展中国家企业所完成的此类创新才是真正更纯粹意义上的逆向创新。Schuster 等（2012）完成的专著中也提出了这一观点。

随着网络信息技术日新月异的发展，在全球范围内，消费习惯、消费观念日益融合，国家间对各类产品差异性需求的区别程度也在逐渐缩小，共性需求不断扩大。显然，全球性标准化产品需求的不断增加，也为逆向创新追赶提供了更有利的条件。中国适老企业越来越倾向基于自主的全方面深入调研和实验，对适老产品进行重新定义或再设计，摆脱对外国产品设计和技术方案的盲从，并利用国际创新网络进行先进技术的集成和新技术的研发。

正如前所述，先发企业往往会拥有能力刚性，尤其体现在研发思维惯性上，先发企业研发人员适应了开发满足发达国家市场标准的产品，更倾向于开发更复杂的产品，而一时难以适应"反向而行"，即调整产品的定位，开发价格低廉、技术含量适当的产品。后发企业则较少受思维惯性的约束，在这一方面后发企业也具有明显的比较优势。同时发达市场的客户对于低成本高质量的创新产品（技术）同样具有需求，后发企业以适应性产品（技术）开发为导向也是其创新产品（技术）能够实现逆向扩散的重要保证。

我们从案例企业发现，我国许多适老企业在本土、海外华人区不断占据原先由发达国家企业占据的市场。在产品设计理念、产品功能和质量方面并不逊于领先企业，正在被越来越多的发达国家市场所接受。

3. 我国适老产业具有开展非对称创新策略的条件

魏江和刘洋（2017）指出，中国后发企业创新追赶历程，与其他新兴经济体，特别是新兴工业化国家和地区有着显著的不同。正是市场要素、制度要素和技术要素的不对称，带来了追赶路径和发展道路的不对称，形成非对称追赶战略模式，并把这种模式称为非对称创新战略。具体地，在大市场、强政府、弱技术的情境下，中国企业在创新追赶道路上认真进行制度安排设计、组织设计、追赶路径设计和学习机制的设计并实现赶超。

魏江教授还专门强调中小企业出海经营，非对称战略的作用在中小企业出海经营环节上体现尤其明显，并以海康威视创新全球化的经历阐述了其海外市场拓展过程中对非对称创新的运用。海康威视在 2005~2010 年的高速发展时期，主动与供应商、技术提供者展开合作，如与德州仪器达芬奇（DaVinci）等企业共建跨国实验室与研发中心。2010 年以后，海康威视在选取创新资源整合对象时，已逐步突破了行业边界，并在洛杉矶、阿姆斯特丹、迪拜等各地与当地企业共建创新中心，通过不断进化的组织设计，使自身从产品制造商，转型为整体解决方案提供商。海康威视就是创新网络全球化的典范。

孙世会和刘敬富（2021）进一步指出，非对称赶超是根据国内外创新环境变化，利用自身资源禀赋的优势和结构性特点，坚持"有所为有所不为"的原则，采用不为对手所知的技术轨道、策略战术，赶超发达国家的一种指导思想。

显然，顺康达、永爱养老及钱璟康复等案例企业很好地践行了非对称创新战略。将大市场、强政府的优势充分发挥了出来。课题组认为，大市场优势不仅是指需求市场大，而且具有要素供给市场大而便捷的优势。强政府的优势不仅指国家、各地方政府针对适老产业产品、服务供给出台了直接优惠政策，所采取的规划引导、集中采购催化等措施更是在克服"后来者劣势"方面发挥了巨大的作用。以上企业不再仅是引进消化吸收，而是通过全球研发网络的构建，在产品出口过程中克服了"外来者劣势""来源国劣势"，即通过利用全球知识弥补不足，践行了学习的不对称策略。

以上案例企业在海外寻求战略合作伙伴，通过设置独立运行的研发机构等来实现非对称组织设计。在现阶段市场和技术环境急速变革的情境下，基于平台型组织的设计理念来构建企业组织网络生态体系，在产业生态系统中占据有利的生态位。企业实现了以本土企业总部为中心，使自身的影响力逐步辐射全球，通过模块化、网络化、生态化的组织架构设计践行了组织体系的非对称创新。

以往的创新研究和传统国际化理论认为往往过度强调人力成本优势、低廉的产业配套资源、产业政策扶持等外在客观条件是后发企业创新追赶的优势。一般认为，后发企业创新追赶需要依照循序渐进的进程，后发企业是逐渐进入国际市场的，需要经历产品国内扩散、国际扩散、国际经验积累、最终联通国际市场渠道等，需要一定的时间才能从本土市场走向全球市场。非对称创新倾向强调企业自身的积极作用，认为在自身综合能力仍然比较弱的形势下，积极对外部创新资源充分利用，将现有技术与本土市场差异化需求相结合，借助全球市场需求趋同的态势快速开发出新产品，并针对发达国家市场需求快速对产品进行改进升级，能够缩短在全球化范围内创新追赶的进程。

3.5　本 章 小 结

已有创新管理研究揭示，在创新追赶阶段创新活动的驱动因素是综合性的，即除了市场拉动、技术推动，还必然存在其他驱动因素（或者说优势因素）。本章拟将这些驱动因素进行分层次考察，即依次从国家层面、产业层面和企业层面分别进行考察。

本章的主要研究结论或者说核心观点可以归纳为以下四点。

其一，当前存在认为适老产业创新机会已经被领先企业占据，中国本土适老产业创新机会缺乏的悲观观点。我们对此事持相反态度，认为中国本土适老产业拥有多重利基机会且富有潜力。

我国适老产业的创新追赶机会是多元的，不仅存在庞大的市场利基，而且借助我国产业配套齐全、国际技术联系多元的优势，技术利基（尤其是工艺流程利基）也比较明显，市场利基与技术利基并存，而且二者之间互相促进。

我们认为，除了技术密集的医药产品、医疗器械外，本土适老产品同国外技术并不存在特别突出的技术代差，创新追赶的进程有加速的可能性。

其二，徐雨森等（2014）曾指出我国后发企业快速追赶的驱动因素是多重的，认为可以从国家特定优势、产业特定优势及企业特定优势三个层次来识别更细致的相关因素。我们发现，这一框架同样适用于分析我国本土适老产业创新追赶的优势驱动因素。

研究发现，我国中央及各级政府近年来已经采取有力的激励政策并建设完善的服务体系，这构成了适老产业创新追赶的国家特定优势；国内便捷的产业集群配套优势、低成本配套优势、国内上下游联合优势、广泛的国外技术渠道构成了产业层面的特定优势。企业家对市场机会的把握和优秀的资源匹配能力构成了企业层面的特定优势。

其三，认为渐进论和比较优势论对案例企业的创新追赶进程解释力有限，"大市场、强政府、产业集群"综合优势论更具有解释力。以永爱养老、钱璟康复为例，这些企业的创立时间并不算长，渐进论的解释力被削弱。这些企业所在的行业技术密集程度并不弱（均被认定为高新技术企业），单纯依靠低成本并不足以支撑其创新追赶，比较优势论的解释力也是薄弱的。课题组认为，对于我国本土适老产业来说，支撑起创新追赶的优势，除了具有魏江教授所总结的大市场、强政府这两方面外，更具备产业集群这一优势。尤其是目前基础较好的产业集群所构建的"本地网络—超本地网络—全球化网络"的创新网络能够为企业把握创新机会提供有效支撑。

其四，为依次把握创新机会，企业需要采取适宜的创新战略。国家和产业层次的优势是外生的，企业层面的优势是内生的。在创新追赶的起步阶段，依赖外生因素可以启动追赶的进程，但是产业创新能力的切实提升和产业地位走稳或者说持续稳固，最终还是需要依靠企业内生因素。企业需要采取适宜的创新战略才能准确把握创新机会。例如，在产业起步初期，需要通过资源拼凑、集成创新策略把握流程利基机会；在本土拓展市场期，要通过小规模技术策略来把握产品利基机会；在国际市场开拓期，要通过逆向创新、非对称创新策略把握全球利益机会。

本章的研究也具有一定的现实意义。本章所归纳的创新机会、驱动因素有利于产业管理者、企业家审视评估是否全面把握了市场利基、技术利基；启示企业家主动甄别国家、产业、企业层次的优势因素，不能把外生因素视为自身的优势，在产业日益开放的背景下，这些因素所提供的机会对国内外企业是均等的，适老企业最终需要切实提升自身的技术和管理能力。

第4章 适老产品制造业创新系统的障碍因素研究

在政策的大力推动与市场需求的拉动下，中国适老产品制造业快速发展，产品种类不断丰富，科技含量也逐渐提升。值得指出的是，适老产品制造业涉及的产业链、创新链环节比较多，创新主体多元。多元和多环节的产业创新系统在发展阶段往往会存在某种程度上的"失灵"。那么究竟是什么因素影响了我国适老制造产业创新系统的运行？这些因素之间是如何作用的？我国适老制造产业怎样才能迅速发展？

首先借助产业创新系统失灵的理论分析框架，梳理适老产品制造产业创新系统的影响因素（重点关注障碍因素），再进一步通过 fsQCA（fuzzy set qualitative comparative analysis，模糊集定性比较分析）方法考察影响因素之间的组态关系，揭示适老产品制造产业创新系统的各种影响因素对创新绩效的多重作用路径。

4.1 相关研究与理论依托

4.1.1 适老产品制造产业相关研究

对于适老产品的范围理解角度有三个：消费对象、产品功能和产品范畴，即为谁所用、做什么用、有什么可用。国内学者多将适老产品的消费对象设定在老年对象为主要群体的范围内。适老产品的功能是满足老年人因残障、疾病、体弱或其他特殊的身体、心理特点而产生的对物品的特殊需求。例如，王曼（2012）将养老产品定义为：以老年人为主要消费对象的各种机械、器具、用品等。伍小兰等（2015）在王曼（2012）的基础上把适老产品的定义做了一定的拓展，将相应所需的软件也纳入进来。耿香玲（2016）将老龄产品定义为满足老年人物质和精神需求的一切产品和服务的总称，包含器械、器具等用品和生活照料、康复服务等养老服务。

相应地，一些学者将适老产品制造产业界定为为满足老年人特殊的物质和精神需求，研发、制造、销售老年产品的企业和部门的集合（罗晓梅等，2020）。工业和信息化部 2019 年发布的《关于促进老年用品产业发展的指导意见》中将适老产品制造产业定义为，提供老年服装服饰、日用辅助产品、养老照护产品、康复训练及健康促进辅具、适老化环境改善等产品的制造业。

本书认为，传统的适老产品、适老产品市场的边界范围有必要被重新进行界定。传统上，当提及适老产品一般指代的是老年人需求。本书通过田野实地调查，发现老年产品的使用者不仅是老年人，许多情况下照护设备是由家人、护工及医护人员单独使用，或者相关人员和老人共同使用。因此，分析适老产品市场时，不能仅关注中国老年人同国外老人的需求差异，本土家庭成员、照护人员也存在特定使用需求。

我们也发现，现有研究对家庭成员、照护人员的特定需求关注远远不够。只关注老年人自身需求的市场可称为狭义的老年市场，包括老年人、家庭成员、照护人员的市场需求可定义为广义的老年市场（本书将着重关注广义的老年市场需求，一定程度上这也构成了本书研究特点）。从广义老年市场来看，前一章所分析的市场利基机会将更为广泛。

梳理相关文献发现，近年来关于适老产品制造业发展的文献日益增多，但总体上文献数量尚且不够丰富。郑俊亮（2015）对我国老龄市场规模与老龄产品市场发展现状进行了描述，并对佛山市顺德地区的老龄制造业发展提出建议。赵慧（2018）分析了我国养老制造业供给侧乏力的原因，并给出提高养老制造业供给侧能力的建议。田超（2020）从进入壁垒角度出发探讨中国养老制造业存在的困局，并以老年手机公司为例，探究养老制造业企业如何有效面对进入壁垒，打破养老制造业的困局。

4.1.2　产业创新系统相关研究

创新系统的概念自被提出以来，便被众多学者广泛应用于不同领域。依据研究对象的差异，学者基于不同的研究视角，形成各自的系统范式。基于地理位置视角的研究主要有国家创新系统和区域创新系统，随着经济全球化的不断深化，一些学者认为创新系统活动不应该受到地理位置因素的限制，进而提出了产业创新系统和技术创新系统。随着创新系统的演进，学者又提出集群创新系统、全球创新系统、企业创新系统等概念。这些不同视角的创新系统方法的核心理念在于强调创新的系统范式。创新系统框架被广泛用于分析创新政策，包括一系列要素并强调各要素之间的互动作用。

目前普遍认为，产业创新系统的概念由 Malerba 和 Breschi（1995）首先提出，随后该理论奠基人 Malerba 又不断对其进行深入研究。Malerba（2002）将产业创新系统定义为由相互关联的产品群，以及为这些产品群提供一系列关于市场和非市场的相关服务的产业机构共同组成的一个多层面、综合、动态交互的复杂系统。在结构上，Malerba（2005）对产业创新系统构成框架不断进行着修改，认为产业创新系统包括三个主要部分：知识和技术、主体和网络、制度。Malerba 和 Mani（2009）进一步细化为企业、企业以外的其他行为者、网络、需求、制度、知识基础、系统运行过程与协同演进七个方面，意在凸显行为者的细分和整个系统的协同演变的动态机制。

产业创新系统的理论一经提出之后便被国内外学者广泛应用于各种领域。周喜君和郭淑芬（2016）将产业创新系统研究演进置于相应的社会经济变化之中，考察产业创新的社会生态原因。高德步和王庆（2020）利用产业创新系统理论探究中国高铁产业成功实现技术引进并高质量完成技术赶超这一现象背后的原因。

梳理文献发现，基于产业创新系统视角对适老产品制造业进行考察的研究成果尚且有待丰富。

4.2 产业创新系统的关键因素识别

4.2.1 案例研究设计

本章的目的在于探索适老产品制造产业创新系统的关键因素，适合采用案例研究的方法进行探讨。因此，本章选用案例研究方法，借鉴程序化扎根分析的流程对案例材料进行整理归纳。

遵循典型性抽样原则和理论性抽样原则，结合资料的可得性、全面性、行业信息的丰富程度与拟研究主题的匹配程度进行筛选，确定两个比较有代表性的行业——康复辅助器具制造业与康复机器人制造业作为案例样本。与单案例相比，多案例样本间互相印证、比较，在一定程度上可增强研究的信度和效度。

本章采用结构化访谈、直接观察法、二手数据等多种方法进行原始资料收集，提高案例研究的信度和效度。

主要数据来源有三个方面：一是实地调研，对行业内多名行业协会成员进行半结构化访谈，请其提供和核实有关信息并就本章的主要研究结果提出看法；

二是行业内部工作资料、年度总结、统计年鉴、行业资讯和内部报刊等；三是外部资料，来自行业协会网站、媒体报道、协会主要成员的媒体访谈、相关学术文章等。

将收集到的所有案例资料整合转化为文字形式的原始材料，约为 10.2 万字。为使研究结论科学可靠，本章组建了由研究者、业界人士组成的编码小组，五位小组成员均具有产业创新系统的研究背景，且对本章主题有较为清晰的认识。从所有资料中随机抽取部分资料作为前测分析样本，对五位编码员的编码结果依据相互同意度及信度公式进行计算，五位编码员信度值大于 0.8，归类一致性较高，可正式进行编码。本章借用 MindManager 2020 软件对数据材料进行整理。

4.2.2　案例资料编码

1. 开放式编码

开放性编码是通过贴标签、概念化和范畴化等方式，对获取资料进行简化和提炼的过程。具体来讲，就是先对全部原始资料进行逐句研读并贴上标签，然后把标签提炼为关键词，即概念化，最后将概念聚敛成初始范畴（李志刚，2007）。概念和范畴的命名来源广泛，为了保证提炼的准确性，本章借助目前较为成熟的文献内容和国家相关政策文件，结合研究问题来确定关键词，作为概念和范畴命名的重要参考依据。

借助 MindManager 2020 软件整理资料。首先将康复辅助器具制造业和康复机器人制造业两个案例行业的原始资料按照时间顺序进行整理，并逐句贴标签，再进行概括、分解，初步从康复辅助器具制造业的案例资料中提炼出 78 个概念（表4.1），从康复机器人制造业的案例材料中提炼出 71 个概念（表 4.2）。以 a 标注康复辅助器具制造业的编码，以 b 标注康复机器人制造业的编码。

表 4.1　康复辅助器具制造业的开放式编码

发展历程	原始数据	概念化
起步期	1980 年 6 月，在山东济南召开第一届假肢订货会，此后逐渐形成惯例，每年举办一届，到 2022 年发展成为集产品展示、高端论坛、政策解读、招商引资于一体的国际性盛会：中国国际康复辅助器具产业暨国际福祉机器博览会。该盛会由成立于 1986 年的中国康复辅助器具协会（原为中国假肢矫形器协会）主办	a1 举办产业博览会 a2 创办行业协会
	2011 年 11 月，科学技术部发布《医学科技发展"十二五"规划》，明确要围绕保健康复需求，重点开展老年人适用的康复辅具等研究与技术推广，之后在《医疗器械科技产业"十二五"专项规划》明确指出：加快前沿技术突破和创新产品开发	a3 加强技术推广力度 a4 加快产品研发速度

发展历程	原始数据	概念化
起步期	2015年9月，国家制造强国建设战略咨询委员会发布《〈中国制造2025〉重点领域技术路线图（2015版）》，将智能型康复辅具等列为高性能医疗器械的发展重点	a5 列为重点发展对象
	2016年10月党中央、国务院印发《关于加快发展康复辅助器具产业的若干意见》	a6 政策支持
成长期	政策支持是智能康复制造业快速发展的直接推力。近些年来，自上而下的康复辅助器具制造业发展领导体系和工作机制基本形成。在国家层面，2017年1月国务院批准成立了加快发展康复辅助器具产业部际联席会议，主要职能为研究协调康复辅助器具制造业发展重大问题，研究拟订加快产业发展的政策措施、行业规划和年度工作计划，加强政策扶持、行业指导和监督管理工作。地方层面，北京、河北等22个省、区、市建立联席会议制度	a7 组织领导体系形成 a8 工作机制形成 a9 成立产业部际联席会议 a10 加强政策扶持、行业指导、监督管理 a11 建立联席会议制度
	在研发创新方面，科学技术部将康复辅助器具研发创新和应用示范纳入相关重点专项支持范围，通过自然科学基金项目资助康复辅助器具领域基础研究和前沿探索；符合条件的康复辅助器具企业可依法享受研发费用加计扣除政策 在生产制造方面，财政部、税务总局、民政部联合修订了生产和装配伤残人员专门用品企业免征企业所得税优惠政策	a12 研发创新和应用示范专项支持 a13 自然科学基金项目资助 a14 享受研发费用加计扣除政策 a15 修订免税政策
	在推广应用方面，国家发展改革委通过"十三五"社会服务兜底工程支持养老服务机构配备康复辅助器具；民政部安排彩票公益金支持康复辅助器具配置服务机构能力提升，实施"福康工程"经济困难残疾人免费配置康复辅助器具公益项目；人力资源和社会保障部指导地方落实康复辅助器具工伤保险支付制度；海关总署进行免征进口关税和进口环节增值、消费税；江苏、安徽等地已将部分康复辅助器具纳入基本医保报销范围，北京、上海等地残疾人联合会组织已推动建立经济困难残疾人基本型康复辅助器具配置补贴制度	a16 社会服务兜底工程支持 a17 彩票公益金支持 a18 实施公益项目 a19 落实工伤保险支付制度 a20 免征进口关税 a21 纳入基本医保报销范围 a22 补贴制度
	在人才队伍方面，教育部批准了16所高等院校增设康复辅助器具相关专业；人力资源和社会保障部将"假肢装配工""矫形器装配工"等列入国家职业资格目录	a23 增设相关专业 a24 相关职业列入国家职业资格目录
	在行业监管方面，市场监管总局开展康复辅助器具国家监督抽查工作。民政部、国家标准化管理委员会组建全国残疾人康复和专用设备标准化技术委员会，制定了113个国家标准和11个行业标准。中国康复辅助器具协会等行业组织通过团体标准试点和行业自律签约等活动，积极开展行业自律	a25 开展监督抽查工作 a26 产品质量安全风险监测 a27 组建标准化技术委员会 a28 制定国家标准 a29 制定行业标准 a30 行业自律签约
	2017年11月民政部、国家发展改革委等6部门在石家庄市等12个地区开展国家综合创新试点。2019年6月又在北京石景山区等13个城市开展康复辅助器具社区租赁服务试点	a31 开展国家综合创新试点 a32 开展社区租赁服务试点

续表

发展历程	原始数据	概念化
	2014 年开展第四届全国民政行业职业技能竞赛暨全国首届矫形器师职业技能竞赛。在 2017 中国国际康复医疗器具/辅具及健康管理展览会胜利召开期间，中国-俄罗斯-孟加拉国首届 Ilizarov 技术与肢体重建国际论坛圆满落下帷幕。同一时间，中国康复辅助器具协会足部辅具专业委员会和美国足部矫形健康协会就成立"足部矫形师岗位教育认证中美合作中心"达成共识	a33 举办创新创业竞赛 a34 举办国际论坛 a35 举办座谈会 a36 成立中美合作中心
	2018 年中国康复辅助器具协会召开国家康复辅助器具产业试点地区专场招商对接会，为 9 个国家康复辅助器具制造业综合创新试点地区和近百家康复辅助器具企业代表搭建供需对接平台	a37 召开专场招商对接会 a38 提供供需对接平台
成长期	四川省将成都温江和攀枝花西区联合打造成康复辅助器具综合产业园区。强化研发培育，依托成都医学城三区创新中心四期孵化载体，以残疾筛查技术、诊断技术、治疗技术、康复技术、设备生产适配技术等技术研发、引进为重点，攻克一批关键核心技术。目前，医疗康复机构、知名企业、研究院所与四川大学、电子科技大学等高校正在联建重点实验室、工程研究中心、产业共性技术研究院等创新平台，联合开设医疗康复、辅具适配、研发中心。研发设计上，要求研究者充分了解消费者需求后，围绕不同消费需求开展柔性设计，开发原创性新产品。目前已经聚集了一批产业吸附力强、规模效应优的重点企业	a39 打造产业园区 a40 打造生产制造集群 a41 打造设备开发集群 a42 研究院所参与 a43 产学研合作 a44 联建重点实验室 a45 共建工程研究中心 a46 共建产业共性技术研究院 a47 联合开设医疗康复中心 a48 联合开设辅具适配中心 a49 联合开设研发中心 a50 了解消费者需求 a51 重点企业集聚
	建设了康复辅助器具展销配置服务区、普适型康复辅助器具加工区、大健康钛产品高新引领区。借助拥有国家钒钛检中心、全国钒钛磁铁矿综合利用标委会的标准制（修）定优势，积极争取国家政策资金支持，吸引社会资本，建设辐射西南地区的康复辅助器具检验检测认证中心。加大招商引资力度，推动以钛为原材料的康复辅助器具生产企业、医疗设备产品企业等入驻，着力打造以钛材为原料的康复辅助器具生产基地。吸引高分子材料、电机、塑料、橡胶等支撑康复辅助器具的关键部件生产上下游企业入驻。重点发展融资租赁、科技服务、信息技术服务、检验检测认证、现代物流、电子商务、服务外包等生产性服务。在三区协同发展方面，三区根据自身条件和优势明确发展定位，共建了一个协同发展的康复辅助器具产业园区，目前三区企业之间已搭建起沟通合作桥梁，双方企业在生产技术、经营管理、上下游产业链配套、基地建设等多个方面进行密切合作	a52 建设展销配置服务区 a53 建设设备加工区 a54 建设高新引领区 a55 吸引社会资本 a56 建设检验检测认证中心 a57 加大招商引资力度 a58 推动企业入驻 a59 打造设备生产基地 a60 吸引上下游企业入驻 a61 发展生产性服务 a62 共建协同发展产业园区 a63 搭建外部企业合作桥梁 a64 生产技术合作 a65 经营管理合作 a66 产业链配套合作 a67 基地建设合作
	在宣传推广方面，充分利用广播、电视等媒介宣传康复辅助器具知识，提高消费者对康复辅助器具的认识，还通过线上线下相结合的方式搭建康复辅助器具交易平台	a68 提高消费者认识 a69 搭建线上线下交易平台

发展历程	原始数据	概念化
成长期	行业内知名企业上海科生假肢有限公司成立于 1992 年，是我国首先进入国外市场的高新技术假肢公司，此后的十年间，在世界假肢大会上，上海科生假肢有限公司多次参展，深受国内外用户欢迎	a70 产品出口海外市场 a71 多次参加展会
	此后数十年，上海科生假肢有限公司不断加大科研投入，建立实验室，进行技术创新，提高生产效率。2011 年研发了中国第一代肌电控制仿生手和科生现代仿生手系列，2014 年推出世界首创有人体感觉反馈的假手产品，2019 年创新研制了世界首创 8 自由度肌电控制智能仿生手和 9 自由度智能仿生臂	a72 加大科研投入 a73 建立实验室 a74 进行技术创新 a75 提高生产效率 a76 推出系列产品
	上海科生假肢有限公司还十分注重与高校进行科研合作，如与上海交通大学神经康复工程实验室合作，与匹兹堡大学合作研制了用猴脑生物电信号控制的机械臂。此外，上海科生假肢有限公司还积极参与科研项目，凭借肌电控制前臂假肢、上臂假肢、全臂假肢和智能仿生手等成果，先后获得上海市重大科技成果奖、中国科学院科技成果奖二等奖和国家科技进步奖三等奖等奖	a77 重视科研合作 a78 积极参与科研项目

表 4.2　康复机器人制造业的开放式编码

发展历程	原始数据	概念化
起步期	在政策支持方面，我国相关部门陆续出台了各种政策性文件及相应的指导意见。2016 年工业和信息化部、国家发展改革委、财政部三部委联合发布《机器人产业发展规划（2016-2020 年）》，该规划特别提出要积极推动康复医疗机器人、康复训练机器人等实现批量生产及广泛应用。"十三五"规划指出，大力发展机器人创新技术并推动相关技术产业化，同时将提升残疾人员服务水平	b1 国家政策支持 b2 加强政策扶持 b3 发展创新技术 b4 推动技术产业化 b5 提升服务水平
成长期	北京 2018 年 9 月建立了医疗机器人产业创业中心，并于 2019 年 12 月发布了《北京市机器人产业创新发展行动方案（2019-2022 年）》，提出加快骨科手术机器人、神经外科机器人等医疗机器人技术和产业布局，推动智能康复机器人的研发生产。在康复机器人研究平台建设方面，深圳在康复机器人制造业处于起步阶段时就颁发了《深圳市科学技术发展"十二五"规划》和《深圳市机器人、可穿戴设备和智能装备产业发展规划（2014—2020 年）》，并于 2016 年 10 月成立了罗伯医疗机器人研究所。上海交通大学于 2017 年 12 月成立了医疗机器人研究院	b6 建立产业创业中心 b7 加快产业布局 b8 推动研发生产 b8 研究平台建设 b9 成立研究院所 b10 承办国际会议 b11 高校参与

续表

发展历程	原始数据	概念化
	虽然国内康复机器人的应用研究起步较晚，但是随着近几年机器人技术和人工智能技术的基础科研投入力度加大，我国康复机器人在机器人关键技术领域不断取得重大突破，表现在专利上，即国内康复机器人与全球康复机器人专利申请数量的比例逐年升高。尤其是在传感器技术领域，正在逐渐缩小与国外康复机器人的技术差距	b12 加大研发投入 b13 加大基础科研投入 b14 关键领域突破 b15 专利申请数量提高 b16 技术差距缩小
	由于技术门槛较高，康复机器人制造业领域具有非常明显的产学研特征，领域内龙头企业多为高校科研成果转化发展而来。例如，深圳市罗伯医疗科技有限公司、旗瀚科技有限公司、哈工大机器人集团等均由哈尔滨工业大学孵化，"妙手 S"手术机器人是天津大学转化的重点项目。 此外，在康复机器人制造企业发展的各个阶段，产学研联系也非常紧密，企业通过与领域内具有技术前沿性的高等院校、研究机构联合设立实验室、研究中心，形成良好的科技成果转化、产品技术升级发展通道。例如，科远股份与东南大学机器人研究所签订康复机器人技术产学研合作协议，楚天科技与国防科技大学联合开发医疗机器人	b17 科研成果转化 b18 产学研联系紧密 b19 联合设立实验室 b20 联合设立研究中心 b21 形成产品技术升级通道 b22 联合设立实验室 b23 联合设立研究中心 b24 签订合作协议 b25 联合开发机器人
成长期	2018 年 12 月，针对不同时期用户的康复训练需要，上海傅利叶智能科技有限公司（以下简称傅利叶智能）首次面向市场推出"智能康复港"理念，它的创新点是基于智能康复机器人技术打造一体化精准康复平台，让设备、用户、机构互联互通，助力三级康复网络建设。它包含 10 余种康复机器人，操作逻辑一致，界面交互一致，报告式样一致，因此学习成本低，治疗医师和用户能够快速上手，其功能涵盖整体的上肢肩肘腕前臂、髋膝踝步行功能、平衡能力、手功能等，结合游戏视听触觉反馈等，对整体的康复服务能力和服务效率提升都具有重要意义。相比于传统的被动训练与助力训练，康复机器人能通过先进的脑机接口、力反馈、多维传感器、高性能伺服电机、机器人算法等技术，让传统枯燥的人工训练变得高效有趣，以高端的信息化手段实现不同设备、不同康复机构之间的互联互通，助力三级康复服务网络建设。与以往的康复服务相比，现代化智能康复服务主要表现为康复期全覆盖、训练全程数据化、丰富的训练方案、简单易用	b26 了解消费者需要 b27 打造一体化精准康复平台 b28 康复网络建设 b29 操作逻辑一致 b30 界面交互一致 b31 报告式样一致 b32 服务能力提升 b33 服务效率提升 b34 技术升级 b35 信息化手段实现互联互通 b36 全程数据化 b37 训练方案丰富
	傅利叶智能积极利用云平台、大数据等先进技术进行数字化与专业化升级，如目前已和上海交通大学医学院附属瑞金医院、阿里巴巴网络技术有限公司合作做脑卒中知识图谱。此外，将穿戴手部外骨骼康复机器人结合一些电子化的模块进行一些传统康复训练的升级，把它变得娱乐化，使患者不放弃康复训练。在有氧训练、主动训练和被动训练上，利用设备上的训练数据打造智能化网络。为了促进康复机器人制造业的良性发展，傅利叶智能积极承办"傅利叶"杯中国康复人创意大赛，为中国的康复工作者们提供一个量身定制，打造创意和想法的孵化平台	b38 数字化升级 b39 专业化升级 b40 娱乐化升级 b41 打造智能化网络 b42 承办创意大赛 b43 提供孵化平台

发展历程	原始数据	概念化
成长期	傅利叶智能核心模块已经实现产业化。截至目前，公司已先后完成多轮融资。这些融资主要用于智能康复领域的技术研发、市场推广及康复生态体系建立。一方面傅利叶智能在全球范围内寻找前沿技术，与全球知名机构建立了联合实验室。例如，2018 年 7 月傅利叶智能与澳大利亚墨尔本大学合作协同开发创新的机器人与机器人控制策略，并成立了联合实验室。后来又与美国国家仪器（National Instruments，NI）有限公司、墨尔本大学联合打造外骨骼机器人开放平台（exoskeleton & robotics open platform system，EXOPS），无论是学校、研发机构，或是临床中心都可以在此平台上进行外骨骼机器人的二次开发。企业还与芝加哥康复中心、苏黎世联邦理工学院、英国帝国理工学院建立了联合实验室，把最先进的技术引进来。此外，还与超过 100 家全球顶尖的医院和康复机构建立学术交流和研究合作，链接全球合作伙伴，共享学术资源，培养医工结合领域人才。另一方面努力打通产业链，目前傅利叶智能主要的生产基地集中在长江三角洲、珠江三角洲。2020 年 6 月，傅利叶智能成功收购珠海市瑞和康医疗有限公司（以下简称瑞和康医疗），意味着公司经营范围将从智能器械提供扩展至服务运营等。傅利叶智能是康复产业链上游器械提供商，已形成丰富的产品矩阵，包括上下肢智能机器人、单关节机器人等智能康复系列产品。瑞和康医疗作为一家三级康复网络建设服务商，协助医院构建区域化康复中心，各县级市基层医院能通过瑞和康医疗提供的康复医疗设备、专业的技术运营服务、三级网络的信息化服务，在最短的时间内快速建立康复科。此次收购瑞和康医疗，傅利叶智能完善的智能康复产业链资源及系列高端智能设备，与瑞和康医疗的线下渠道资源相互叠加，将助力"智能康复港"、三级康复网络迅速在全国落地，通过数字化康复诊疗系统、医疗技术与运营服务、医疗物联网设备为更多的基层诊疗机构赋能并惠及更多的患者。此外，傅利叶智能还积极布局海外市场，2018 年在新加坡成立了全球海外事业部，之后在马来西亚等地也建立了子公司。傅利叶智能的康复机器人产品已经进入全球 20 个国家，批量出口欧美等国的医疗机构、社区康复中心，为当地用户提供优质的智能康复服务	b44 实现产业化 b45 完成多轮融资 b46 技术研发 b47 市场推广 b48 康复生态体系建立 b49 全球范围内寻找前沿技术 b50 联合打造开放平台 b51 引进国外先进技术 b52 与外界建立学术交流 b53 与外界进行研究合作 b54 链接全球合作伙伴 b55 共享学术资源 b56 培养领域人才 b57 打通产业链 b58 收购其他公司 b59 拓展经营范围 b60 形成丰富的产品矩阵 b61 构建区域化康复中心 b62 完善智能康复产业链资源 b63 打造系列高端智能设备 b64 整合线下渠道资源 b65 三级康复网络落地 b66 打造数字化康复诊疗系统 b67 赋能基层诊疗机构 b68 布局海外市场 b69 成立海外事业部 b70 建立全球销售服务网络 b71 建立子公司

通过对概念的类属进行划分，共得到 36 个范畴：AB1 制造企业（a51、a58）；AB2 专业人员（a24、b56）；AB3 高校参与（a23、b11）；AB4 科研院所参与（a42）；AB5 消费者参与（a50、b26）；AB6 采购商参与（a37、a38）；AB7 金融机构参与（a55、a57、b45）；AB8 租赁服务机构（a32）；AB9 生产服务机构（a61）；AB10 建立行业协会（a2）；AB11 研发创新能力（a72、a73、a76、b9、b12、b13、b14、b15、b16、b44、b46）；AB12 升级转换能力（b21、b26、b27、b28、b29、b30、b31、b32、b33、b34、b35、b36、b37、b38、b39、b40、b41、b63、b66、

b67）；AB13 拓展经营范围（a70、b47、b48、b59、b60、b64、b65、b70）；AB14
拓展组织规模（b58、b68、b69、b71）；AB15 参与课题项目（a78）；AB16 参与
学术论坛（a34、a35、a71、b10）；AB17 参与竞赛（a33、b42、b43）；AB18 生
产制造集群（a39、a40、a53、a59）；AB19 研发集群（a41、a54）；AB20 产品
博览会（a1、a52）；AB21 供需交易平台（a69）；AB22 技术监测平台（a27、a56）；
AB23 共性技术研发平台（a46、a49、b8）；AB24 公共实验平台（a44、a45、b6）；
AB25 组织领导体系（a6、a7、a8、a9、a10、a11、b1、b2）；AB26 研发创新政
策支持（a3、a4、a5、a12、a13、b3、b7、b8）；AB27 财政政策支持（a14、a15、
a20）；AB28 推广应用政策支持（a4、a16、a17、a18、a19、a21、a22、b4、b5）；
AB29 标准体系建设（a25、a26、a28、a29、a30）；AB30 社会文化（a68）；AB31
政产学研用合作（a43、a47、a48、a64、a65、a77、b17、b18、b19、b20、b22、
b23、b24、b25、b50、b53、b54、b55）；AB32 产业链协同合作（a60、a66、b57、
b61、b62）；AB33 学习国外先进技术（a36、b49、b51、b52）；AB34 商业模式
创新（a31）；AB35 技术创新（a74、a75）；AB36 建立新的合作关系（a63、a62、
a67）。

2. 主轴式编码

通过归纳和考察不同初始范畴间的潜在关系，在开放性编码的基础上进行主
轴编码，将 36 个初始范畴再进一步归纳为制造企业、知识生产机构、创新产品扩
散促进者、行业服务机构、组织创新能力、市场拓展能力、组织学习能力与意愿、
产业园区、展销平台、科技创新平台等 17 个副范畴。

接着综合考虑本章的研究目的和被研究行业所处背景，进一步提取创新主体
完备程度、核心创新主体能力强度、基础设施完善程度、制度激励、创新主体交
互效率、对领先企业技术、品牌的锁定惯性程度 6 个主范畴。主轴式编码结果如
表 4.3 所示。

表 4.3　主轴式编码结果

主范畴	副范畴	初始范畴
创新主体完备程度	制造企业、知识生产机构、创新产品扩散促进者、行业服务机构	制造企业、专业人员、高校参与、科研院所参与、消费者参与、采购商参与、金融机构参与、租赁服务机构、生产服务机构、建立行业协会
核心创新主体能力强度	组织创新能力、市场拓展能力、组织学习能力与意愿	研发创新能力、升级转换能力、拓展经营范围、拓展组织规模、参与课题项目、参与学术论坛、参与竞赛
基础设施完善程度	产业园区、展销平台、科技创新平台	生产制造集群、研发集群、产品博览会、供需交易平台、技术监测平台、共性技术研发平台、公共实验平台
制度激励	政策支持、标准体系构建、文化导向	组织领导体系、研发创新政策支持、财政政策支持、推广应用政策支持、标准体系建设、社会文化

主范畴	副范畴	初始范畴
创新主体交互效率	组织间合作、外部资源获取	政产学研用合作、产业链协同合作、学习国外先进技术
对领先企业技术、品牌的锁定惯性程度	路径依赖程度、组织间开放程度	商业模式创新、技术创新、建立新的合作关系

3. 选择式编码

选择性编码的目的是将抽象化的主范畴进一步提炼为更具概括性、统领性的核心范畴，并将核心范畴规律地联系起来。该过程要点是发现范畴间的关系以概括出全部案例资料的信息，形成理论架构。

结合案例行业对 6 个主范畴及其之间的关系进行探索，不难发现创新主体完备程度和核心创新主体能力强度都属于适老产品制造产业的创新主体因素，因此将二者命名为主体因素这一核心范畴。

基础设施完善程度和制度激励体现了适老产品制造产业中创新主体所处的外部环境因素，故将两者命名为环境因素。

创新主体交互效率和对领先企业技术、品牌的锁定惯性程度表现为适老产品制造产业中创新主体之间相互联系、互动和合作程度，故将二者命名为交互因素。选择式编码结果如表 4.4 所示。

表 4.4 选择式编码结果

核心范畴	主范畴
主体因素	创新主体完备程度；核心创新主体能力强度
环境因素	基础设施完善程度；制度激励
交互因素	创新主体交互效率；对领先企业技术、品牌的锁定惯性程度

选择性编码完成后，请教适老产品制造产业相关研究领域的专家和学者对编码结果进行理论饱和度验证，重新梳理全部范畴后，并未发现新的要素，因此可以认为本章得到的适老产品制造产业创新系统关键因素是饱和的。

4.2.3 六类关键因素

经过案例分析得出，适老产品制造产业创新系统关键因素是主体因素、环境因素和交互因素构成的，再次梳理案例资料，进行比较分析后发现，主体因素、环境因素和交互因素在适老产品制造产业的整个发展过程中都是必不可少的，并且在不同发展阶段各因素所占的比重不同。

　　下面基于本章得到的核心范畴，结合前述的样本案例对适老产品制造产业创新系统关键因素进行详细的阐述。

1. 主体因素

1）创新主体完备程度

　　赵黎明和冷晓明（2002）认为产业创新系统中的创新主体有企业、科研机构、大学、政府部门和中介机构等，并指出产业创新系统的效率和功能除了取决于主体的完备程度外，还取决于主体之间的相互作用。李春艳等（2006）认为产业创新系统实际上是一个网络体系，其创新主体要素包括企业、研究机构、高等教育机构、政府机构和中介服务机构等。杨利锋（2013）认为产业创新系统中的主体主要是企业、科研院校、金融机构、中介组织和政府等，每一个主体都具有各自的功能和价值，与系统的创新绩效密切相关。杜明月（2020）认为产业创新系统的行为主体包括企业组织和非企业组织，非企业组织包括消费者、高等院校、研究机构、服务组织、政府部门等，这些主体之间形成一定的网络关系，共同作用于知识与技术资源。

　　结合案例研究结果，不难发现创新主体完备程度是影响适老产品制造产业发展的关键因素，这些创新主体在适老产品制造产业发展的各阶段中发挥着重要作用。例如，在案例样本康复机器人制造业中，康复机器人制造企业是从事创新活动最重要的行为主体，在整个产业创新活动中占主导地位；有关康复机器人的知识生产机构（高校、研究院所）为企业提供相应的知识资源与技术资源；创新产品扩散促进者为企业提供关于康复机器人的真实用户需求；服务机构为康复机器人制造企业创新提供经纪、评估、服务和咨询等专业化及社会化服务；政府一方面为促进产业创新提供必要的基础设施建设，另一方面为康复机器人制造企业提供相应的制度激励和政策引导。可见，康复机器人制造业在起步阶段与成长阶段的一些出色表现，离不开完备的创新主体。

2）核心创新主体能力强度

　　企业作为产业中核心创新主体的地位受到普遍认同。企业作为创新主体，最善于发现和把握市场对创新的需求和方向，是创新投入的主体、开展技术创新活动的主体、创新成果转化应用的主体，也是技术创新风险的承担者、创新收益的享有者。王建优（2012）对创新主体能力进行了界定，他认为创新主体能力包括企业的管理协调能力、人力资源开发能力、文化聚合能力和创新应变能力四个维度。我们认为，在技术知识快速变革的时代，还应该关注学习能力。

　　吴玉韶和党俊武（2014）在其编著的《中国老龄产业发展报告（2014）》中指出，适老企业存在投入意愿和学习意愿不足的问题。虽然有些企业已逐步认识到适老产品市场蕴藏的发展潜能，但受制于投资环境、产业政策和消费者认识等多方面障碍，尚处于观望等待状态，不愿意投入研发，行业难以形成相互竞争的格局。

例如，案例样本中的康复机器人制造业领域知名企业傅利叶智能的各方面能力都较强。傅利叶智能通过成立研究院所，增加研发投入来提高技术创新能力，而且升级打造智能化网络与系列高端智能设备来提高升级转换能力。在市场拓展能力方面，一方面通过收购瑞和康医疗、丰富产品矩阵、建立康复生态体系等来拓展经营范围；另一方面通过收购其他公司、建立子公司、成立海外事业部等手段来拓展组织规模。在组织学习能力与意愿方面，傅利叶智能积极参与学术论坛、国际会议，并承办康复机器人创意大赛，为适老产品领域的创新者提供孵化平台。虽然我国康复机器人制造业起步较晚，但正是因为有很多能力较为突出的创新主体，康复机器人制造业才得以快速发展，逐渐缩小与发达国家之间的差距。

2. 环境因素

1）基础设施完善程度

产业创新系统基础设施完善程度，主要是指在产业创新系统中的那些正外部性强、投资规模大、建设周期长的科技基础设施是否完善。已有研究文献指出基础设施完善程度会直接影响产业的创新效率。

我国学者张利华等（2007）从国家和社会宏观角度将创新基础设施界定如下：主要包括能源、交通、通信等物质基础设施和科学与应用知识及技能的可获得性、测试设备、知识转移的可能性、专利、教育培训等科技基础设施。谭涛等（2020）认为创新基础设施是创新活动的基石，是创新系统赖以发展提升的基础，基础设施之于科技创新，犹如土壤之于花朵，只有建设完备的基础设施，才能为科技创新奠定坚实的基础。侯沁江等（2015）认为基础设施是产业创新系统有效运行的必要条件，会直接影响系统的运行效率。

结合案例实际，本章发现适老产品制造产业的基础设施主要包括以下几类：第一类是包含生产制造、创新研发等集群在内的产业园区；第二类是包含产品博览会、供需交易平台、租赁服务平台等在内的展销平台；第三类是包含技术监测平台、共性技术研发平台、公共实验平台等在内的科技创新平台。例如，四川省在大力推动康复辅助器具制造业发展时，打造了拥有生产制造集群与研发集群协同发展的产业园区。在建设展销平台方面，不仅设置了专门的展销配置服务区，还搭建了线上线下供需交易平台。在建立科技创新平台方面也是下足力气，建设检验检测认证中心、产业共性技术研究院，各高校也联合企业、研究院所共建了研发中心、重点实验室。上述的各种基础设施，在四川省康复辅助器具制造业发展阶段起到了必不可少的支撑作用。

2）制度激励

制度激励通常是指激励主体依托规则、制度等政策性手段，激发激励客体的活力或促进各激励客体间的相互作用，从而使组织目标更好地达成。

目前，学界普遍认为制度可分为硬制度与软制度，其中硬制度是指专门创建或正式设立的制度，因此也被称为正式制度，主要有社会规则框架、一般的法律制度等；软制度则是指自发地形成而非正式和专门制定的制度，Johnson 和 Gregersen（1995）称它们为非正式制度，主要是政治文化和社会价值观等社会制度。王明明等（2009）认为制度在产业创新系统中具有重要作用，不同的组织系统需要匹配不同的制度来保障其高效运行。产业创新系统的制度包括产业政策、产业标准、法律法规等，它们影响着产业创新系统的运行和绩效。

结合上述案例，以康复辅助器具制造业为例，在政策支持方面，其通过成立产业部际联席会议与建立联席会议制度形成正式的组织领导体系。除了有研发创新政策支持（研发创新和应用示范专项支持、自然科学基金项目资助），还有财政政策支持（研发费用加计扣除政策、修订免税政策）与推广应用政策支持（社会服务兜底工程、彩票公益金支持、纳入医保报销范围）。在标准体系构建方面，民政部、国家标准化管理委员会组建全国残疾人康复和专用设备标准化技术委员会，制定了 113 个国家标准和 11 个行业标准，行业标准体系日益完善。中国康复辅助器具协会等行业组织也通过团体标准试点和行业自律签约等活动，积极开展行业自律。在文化导向方面，充分利用广播、电视、报刊和网络等媒介宣传康复辅助器具知识，提高消费者对康复辅助器具的认识，提升全民智慧养老意识。事实上，正是因为有相关制度的激励、引导、扶持，康复辅助器具制造业才得以迅速发展。

3. 交互因素

1）创新主体交互效率

如上所述，Malerba 在其产业创新系统开创性研究的文献中，强调行为者间的知识和技术交互对产业创新意义重大。李成龙和刘智跃（2013）认为产学研主体的合作创新的关键在于不同创新主体之间的耦合互动。凌和良（2016）、高月姣（2020）认为创新主体间的交互作用有效促进系统内部资源与知识流动。陆松和曹平（2020）指出产业创新系统功能与创新主体的能力和彼此之间协同交互的效率密切相关。可见创新主体交互效率在适老产品制造产业各阶段发展过程中起着重要的作用。

案例研究得到的创新主体交互效率包含系统内部组织间合作与外部资源获取，体现在两个方面：一是政产学研用合作；二是产业链系统合作。

例如，在政产学研用合作上，康复机器人制造业领域具有非常明显的产学研特征，企业通过与领域内具有技术前沿性的高等院校、研究机构联合设立实验室、研究中心，形成良好的科技成果转化、产品技术升级发展通道，如科远股份与东南大学机器人研究所签订康复机器人技术产学研合作协议，楚天科技与国防科技大学联合开发医疗机器人。

在产业链系统合作上，康复机器人制造企业傅利叶智能通过收购瑞和康医疗等行动积极打通产业链，构建区域化智能康复中心。在外部资源获取方面，傅利叶智能在全球范围内寻找前沿技术，与芝加哥康复中心、苏黎世联邦理工学院、英国帝国理工学院、墨尔本大学建立了联合实验室，把最先进的技术引进企业内部。此外，还与超过 100 家全球顶尖的医院和康复机构建立学术交流和研究合作，链接全球合作伙伴，共享学术资源。事实上，近年来康复机器人制造业的迅速发展离不开系统内部较高的创新主体交互效率。

2）对领先企业技术、品牌的锁定惯性程度

创新系统具有惯性和路径依赖的特点。伦纳德·巴顿（2000）从知识的角度阐述了创新惯性的四种特征：对以往经验的盲目迷信；企业内部限制创新；对创新性实验进行限制；从组织外部吸收的新知识被滤除。路径依赖一词最早由生物学家提出，用来解释生物演化路径机制与非最优路径的性质。

技术制度或范式持续存在的原因在于它们是科学知识、工程实践、工艺技术、基础设施、产品特性、技能和程序的综合体，这些构成了技术的整体，并且特别难以整体改变。正如企业无法摆脱现有技术一样，行业乃至整个社会经济体系也可能锁定于某一特定的技术范式（尤其是领先企业的技术及市场控制）。

目前，我国有许多适老产品制造企业是以为国外领先企业代工的方式开始起步的，对国外领先企业的设计、品牌具有一定的依赖性。本章中对领先企业技术、品牌的锁定惯性程度是指创新主体无法通过开辟更多的技术来源渠道、自主进行研发、建设自主的营销渠道等技术创新活动和商业模式创新活动来摆脱路径依赖，且本土创新主体间的内向型合作表现薄弱，企业会被锁定在现有的技术轨道内而无法向更高的技术轨道跃迁。

以康复辅助器具制造业为例，四川省在打造成都温江和攀枝花西区两个产业园区时，积极搭建两个产业园区企业之间的合作桥梁，来避免产业园区变成封闭式的孤岛，从而加深行业内向型合作，降低惯性锁定程度。行业内知名企业上海科生假肢有限公司十分注重科研投入，建立实验室，利用先进技术进行工艺升级，提高生产效率，使产品不断升级换代。2011 年上海科生假肢有限公司研发了中国第一代肌电控制仿生手和科生现代仿生手系列，2014 年推出世界首创有人体感觉反馈的假手产品，2019 年创新研制了世界首创 8 自由度肌电控制智能仿生手和 9 自由度智能仿生臂。上海科生假肢有限公司通过技术并购、自主技术研发、建设自主的营销渠道等技术创新活动和商业模式创新活动来摆脱对领先企业技术、品牌的锁定惯性程度，也正因较低的锁定惯性程度，上海科生假肢有限公司才能够发展为国内最大的康复辅助器具制造企业之一。

4.3　关键因素间的组态分析

通过前述样本案例分析，已经识别出影响产业创新系统的关键因素即主体因素、环境因素与交互因素。拟进一步探索关键因素在行业发展的不同阶段是如何组态影响产业创新绩效的，各个因素间的相互作用关系如何。为回答上述问题，将采用 fsQCA 方法展开进一步研究。

4.3.1　研究方法与样本

1. 定性比较分析

QCA 方法是一种以案例研究为导向，介于定性分析方法和定量分析方法之间的研究方法（Ragin，2008）。该方法以布尔运算和集合论作为方法论基础，探寻前因条件的不同组合如何导致被解释结果出现可预测到的变化（前因条件组合简称组态）。本章选择组态分析的 QCA 方法来探究影响适老产品制造产业创新绩效的关键因素组合，是基于以下几点考量。

其一，适老产品制造产业创新绩效的提升不是单一因素作用的结果，QCA 方法能够挖掘导致被解释结果发生的多个前因组合，即可发掘多个因素之间的复杂的非线性关系。因此，与传统的统计方法相比，基于组态分析的 QCA 方法能够辅助本章清晰识别出适老产品制造产业创新系统关键因素和创新绩效的复杂关系。

其二，与传统定量分析方法仅能处理完全对称的相关关系不同，组态分析方法主张因果的非对称性，即导致高水平结果发生的组态与导致低水平结果发生的组态是不一样的，不能简单运用高水平结果的反面组态来解释低水平结果。假定某适老产品制造行业关注 A 因素在创新绩效提升或非创新绩效提升中的作用，且在创新绩效提升中前因条件 A 存在，那么该条件不存在（记为~A）却未必是不能导致其创新绩效提升的前因条件。

其三，适老产品制造产业发展路径的多样性和殊途同归的结果表明，可能存在不同组态导致相同结果出现的等效因果链。组态分析方法的思想与传统统计方法中单因素对结果有其各自和独立的影响的思想不同，其认为某个前因条件与某些特定的前因要素组合时可能对被解释结果产生正向影响，而与其他要素组合时可能产生负向影响，且产生某个特定结果的前因组合并不唯一，能够探讨非恒定的因果关系（王凤彬等，2014a）。

清晰集定性比较分析（crisp set qualitative comparative analysis，csQCA）和 fsQCA 是常用的组态分析方法。csQCA 是使用二分法（0，1）对变量进行取值描述，能够解决非高即低的问题，而 fsQCA 的变量取值为 0~1 的任何值，能够处理变量程度变化和部分隶属的问题。由于本章相关变量的取值主要来自质性材料，在一定范围内，各变量的变化是连续性的，而并非仅是非此即彼的关系。因此，本章采用 fsQCA 方法。

组态分析的 QCA 方法主要关注的是跨案例的多重并发因果关系，这意味着不同的原因要素组合可能产生相同的结果。依据 QCA 方法的原理，以下假定条件是开展分析的基础。

一是适老产品制造产业创新绩效的提高是主体因素、环境因素、交互因素三个因素共同作用的结果。

二是适老产品制造产业可通过不同关键因素的组合实现创新绩效的提升。

三是各个要素对产业创新绩效的影响，取决于与其他要素的相互作用。

在上一章回答了适老产品制造产业创新系统包含哪些关键因素，因此本章试图回答各关键因素与产业创新绩效之间存在何种因果关系。回答这个问题的意义在于：①依据关键因素的组合促进产业创新绩效的提升；②为探寻比现有的关键因素组态更有效和更完善的组态提供借鉴；③需要结合产业的发展阶段对关键因素和创新绩效的共演过程、协同机制进行较深入的研究。

2. 样本选择、资料采集及三角验证

以《养老产业统计分类（2020）》、《智慧健康养老产品及服务推广目录（2020年版）》和《关于促进老年用品产业发展的指导意见》为基础，结合一些专家学者的研究成果，选取了 22 个中高端适老产品制造业作为案例样本，追踪了样本行业从起步阶段到目前的发展历程，涵盖了不同背景的适老产品制造行业在不同阶段的多个分析单元。

样本行业筛选的依据如下。

首先聚焦技术密集的中高端产品。我国适老产品制造产业与国外的主要差距集中在中高端适老产品上，主要选择了康复辅助器具制造业、康复机器人制造业这类的中高端适老产品制造业。

其次考虑产业系统的复杂性。重点选择涉及较多技术、产业链环节的行业，此类行业的影响因素必然会更加多元。

最后既考虑老年人直接需求的产品，还考虑社会、照护人员和家庭需求的产品。因此，选择了家庭或社区便携式多功能健康监测类设备、基层诊疗随访设备制造业社区、家庭用健康信息管理系统及相关产品生产、社区用健康信息管理系统及相关产品生产等。

依据三角验证来收集数据的方式如下。

一是养老机构访谈。从市场统计来看，过去一段时期内老年智能监测与可穿戴设备等产品的主要客户是各种养老机构，因此对养老机构负责人进行访谈，也有利于我们进一步了解行业的发展情况。

二是借助国内展会、行业内教学、科研专家等第三方来采集行业资料。

三是直接采集行业资料：①行业内代表性企业的大事件、工作总结；②行业协会官方网站（行业协会官方网站上有大量关于行业的介绍、行业发展历程、政策标准等相关信息）；③新闻报道（通过百度等搜索引擎获取大量关于相关产品和行业的文字、音频、视频报道资料）；④文献资料（通过访问中国知网、万方数据库等获取样本的相关信息）；⑤查阅专利数据平台（如 Incopat、Patsnap 数据库），了解行业技术自主情况（判断产业创新绩效）。

22 个样本行业概况、典型企业情况描述见表 4.5。

表 4.5　选取的样本行业、典型企业

序号	样本行业	产品描述	典型企业
1	手环（表）可穿戴设备类制造业	佩戴于手部、腰部、胸部等部位的拥有智能操作系统，具备时间显示、双向通话、心率或睡眠等生理状态检测、运动情况及能量评估、主动和被动定位等功能的智能可穿戴设备	华为终端有限公司、北京金卫捷科技发展有限公司、宁波科强智能科技有限公司
2	服饰内置类健康管理设备制造业	内置于衣裤、鞋袜、装饰品等服饰的智能可穿戴设备。按照使用部位不同，分别具备运动情况及能量评估、主动和被动定位、身体体征检测等功能	沈阳新松机器人自动化股份有限公司、国药（大连）医疗供应链管理有限公司
3	心电、血压监测类设备制造业	对心电、血压进行监测的便携式智能健康监测设备。心电监测类设备要求具备同步监测功能，高危数据自动分析预警功能，与平台对接实现自动分析、警示和远程集中管理能力；血压监测类设备具备长时间连续运行能力，支持动态血压远程平台对接集中管理和数据自动分析能力	安徽心之声医疗科技有限公司、浙江慧养科技有限公司、山东中弘信息科技有限公司、天津九安医疗电子股份有限公司
4	血糖血氧检验与检测类设备制造业	对血糖、血氧进行监测的便携式智能健康监测设备，具备与平台对接实现自动分析、警示和远程集中管理能力	沈阳东软熙康医疗系统有限公司、江苏鱼跃医疗设备股份有限公司、天津超思医疗器械有限责任公司
5	家庭或社区便携式多功能健康监测类设备制造业	应用于家庭或社区的能够对心电等多种健康参数进行监测评估的集成式智能健康监测设备，具备心电、血压、血氧等多参数监测功能，操作简单，重量轻，易于便携，具有无线传输功能，具备与数据平台对接实现自动分析等能力	沈阳东软熙康医疗系统有限公司、江苏康尚生物医疗科技有限公司

续表

序号	样本行业	产品描述	典型企业
6	基层诊疗随访设备制造业	用于医护人员在基层诊疗随访中使用的集成式或分立式智能健康监测应用工具包。监测内容包括但不限于：血压、血糖、血尿酸、总胆固醇、血氧、体温、心电、心率、尿常规、血脂、血红蛋白、体重、人体成分、体温等；可实现居民身份识别、健康档案查询、健康教育、健康指标监测和检测数据采集，并具备信息系统对接能力；支持异常检查数据识别功能	江苏康尚生物医疗科技有限公司、康泰医学系统（秦皇岛）股份有限公司
7	社区自助健康体检设备制造业	放置于社区中心或体验屋的用于居民开展自助健康指标监测的大型一体机设备。体检内容包括但不限于：血压、血糖、血尿酸、尿常规、血脂、血红蛋白、总胆固醇、血氧、体温、心电、身高、体重、体质指数、人体成分等；可实现居民身份识别、健康档案查询、健康教育、通过视频/语音/IP电话与医生进行健康咨询、健康指标监测和检测数据采集，并有信息系统对接。满足用户自主自助使用，无须专业人员辅助，支持远程双向视频问诊功能	沈阳东软熙康医疗系统有限公司、武汉新新海健康科技有限公司
8	应急、报警监测设备制造业	对老年人意外情况进行监测的智能养老设备。具备意外跌倒自动报警、一键式紧急呼叫、室内外定位、双向通话、视频监护、安防监控等功能；具备居家安全设备的对接功能，可对接配套磁门、人体红外感应器等布防、撤防，能对触发事件进行拍照、录像及通话报警；具备事件记录功能，可利用门磁等附件感知老人的生活规律，对异常的状态做出报警	北京数衍科技有限公司、浙江嘉科智慧养老服务有限公司
9	智能养老照护设备制造业	用于家庭或养老机构，辅助老人尤其是失能老人、失智老人日常生活的智能设备，如智能护理床、智能床垫等	国药（大连）医疗供应链管理有限公司、上海迈动医疗器械股份有限公司
10	老年健康食品、药品行业	指专门为老年人生产的食品、药品，符合老年人的饮食习惯，并适应老年人的生理特点，能够为老年人的身体健康及生理变化提供有效的维护和保障	湖北人缘堂医药生物工程有限公司、深圳市唐人福健康产业有限公司
11	老年手机制造业	为满足老年人需求制造的手机，具备大字体、大音量、手电筒、FM收音机、一键紧急呼叫、数字按键阅读、快捷拨号、一键助听功能、远程同步等功能	上海卡布奇诺电子科技有限公司、华为终端有限公司
12	适老智能家居和家电产品制造业	主要为居住在家的老年人提供解决日常生活问题的智能家居或家电设备，适应老年人特征，满足养老需求，能够辐射居家养老医养结合的开展，有效发挥日间照料作用，并向丰富的健康服务内容不断发展	深圳市云海物联科技有限公司、松下电器（中国）有限公司
13	家庭健康信息管理系统及相关产品生产	贴近居家养老的老年人，通过摄像头、体征监测器等无线辅助设备对其进行视讯医疗与远程照护，计算实现健康监测和家庭医疗看护	广西奇峰科技有限公司、北京华卫天和生物科技有限公司

续表

序号	样本行业	产品描述	典型企业
14	养老机构信息管理系统及相关产品生产	该系统可应用于养老院等专业养老机构，运用专业的养老管理软件和相关设备，实现养老机构业务高效管理	北京华卫天和生物科技有限公司、杭州爱讯科技有限公司
15	社区智慧健康管理系统及相关产品生产	运用互联网、物联网、大数据、智能终端设备等信息技术，通过对接、整合、共享各类与居家养老密切相关的信息资源，实现社区养老的智能化、数字化、便利化	上海友康信息科技有限公司、北京华卫天和生物科技有限公司
16	健康评定器械制造业	用于评定健康指标的器械和系统，包括平衡功能检查训练系统、言语测量系统、步态分析系统、神经系统评价系统、肌力测评系统等	上海涵飞医疗器械有限公司、青岛海蓝康复器材有限公司
17	智能训练器械制造业	用于康复训练的器械，各种康复训练系统、康复训练设备等，应用人工智能、脑科学、虚拟现实等信息技术开展康复训练	河南翔宇医疗设备股份有限公司、常州金誉医用器材有限公司
18	康复辅助器具制造业	辅助患者或老人进行人体功能障碍康复的智能设备，包括矫形器和假肢；技能训练辅具；个人移动辅助器具；个人生活自理和防护辅助器具；沟通和信息辅助器具等	北京精博现代假肢矫形器技术有限公司、上海科生假肢有限公司
19	智慧理疗器械制造业	用于康复理疗的器械和设备，如电疗法、冲击波疗法、牵引疗法、悬吊疗法、光辐射疗法、超声波疗法、磁疗、水疗、传导热疗法、低温疗法、压力疗法等设备	常州佳赐康复医疗器材有限公司、常州金誉医用器材有限公司
20	康复机器人制造业	康复机器人作为医疗机器人的一个重要分支，它的研究贯穿于康复医学、生物力学、机械学、机械力学、电子学、材料学、计算机科学及机器人学等诸多领域，已经成为国际机器人领域的一个研究热点	傅利叶智能、北京大艾机器人科技有限公司
21	护理机器人制造业	用于家庭或养老机构，实现生活辅助照护、移动辅助、护理监护等功能方面的智能设备，如家务护理、大小便护理、饮食护理、洗浴护理、清洁护理	安徽哈工海姬尔智能科技有限公司、沈阳新松机器人自动化股份有限公司
22	陪伴机器人制造业	用于家庭或养老机构，提供各类家庭健康和养老服务的智能机器人，如情感陪护、家庭安防监控、心理慰藉机器人等	深圳市优必选科技股份有限公司、湖南超能机器人技术有限公司

4.3.2　数据测度及处理

从文献综述及其他相关文献中寻找所涉及条件变量和结果变量的测度方法，运用 fsQCA 需要根据样本行业的资料对每个变量打分，并逐一对模糊集变量进行赋值。Ragin（拉金）在其经典著作中指出，对于具体选择哪种方法及采用多少数字的模糊集应由研究者决定。采用四值法基本能够反映样本数据间的差距，因此本章主要采用 QCA 方法中经典的四值法（0、0.33、0.67、1）对变量进行赋值，其中 0 代表完全不隶属，0.33 代表偏不隶属，0.67 代表偏隶属，1 代表完全隶属。

1. 主体因素变量赋值

1）创新主体完备程度（PIS）变量赋值

经过综合考量，结合适老产品制造业的现实情况，认为主体类型可以分为四类：第一类是企业，包括大型企业、中小企业、初创企业和跨国公司等；第二类是知识生产机构，包括大学和科研院所等；第三类是创新产品扩散促进者，包括消费者和大型采购商；第四类是与创新有关的服务机构，包括金融机构、风险投资公司、咨询公司和行业协会等。本章综合考虑四个方面的完备程度表征创新主体完备程度，具体赋值标准见表 4.6。

表 4.6　创新主体完备程度的 fsQCA 赋值标准

分值	赋值依据
1.00	行业内拥有数量较多并且活跃的制造企业；拥有比较多的行业专业技术人员，较多的高校与科研院所等知识生产机构参与创新活动；拥有功能健全的行业服务机构与行业协会，也有比较多的金融机构投资参与；还存在较多的消费者与采购商等创新产品扩散促进者
0.67	行业内拥有一定数量并且活跃的制造企业；拥有一定数量的行业专业技术人员，一定数量的高校与科研院所等知识生产机构参与创新活动；拥有一定数量、功能健全的行业服务机构与行业协会，也有一定数量的金融机构投资参与；还存在一定数量的消费者与采购商等创新产品扩散促进者
0.33	以上各类组织的数量和活跃程度一般
0	以上各类组织的数量和活跃程度薄弱

2）核心创新主体能力强度（CSIS）变量赋值

本章从组织创新能力、市场拓展能力与组织创新学习能力和意愿几个方面来测量核心创新主体能力强度。组织创新能力是指行业内组织的研发创新能力与升级转换能力；市场拓展能力是指行业内组织的拓展经营范围能力与拓展组织规模能力；组织创新学习能力和意愿是指行业内组织知识学习、参与课题项目、学术论坛与竞赛等活动。核心创新主体能力强度赋值标准见表 4.7。

表 4.7 核心创新主体能力强度的 fsQCA 赋值标准

分值	赋值依据
1.00	行业内各类核心创新主体组织拥有比较强的研发创新能力与升级转换能力，拓展经营范围能力与拓展组织规模能力也很强，同时各类核心创新主体的学习能力和意愿比较强
0.67	行业内组织拥有一定的研发创新能力与升级转换能力，拥有一定的拓展经营范围能力与拓展组织规模能力，同时各类组织的学习能力和意愿也较强
0.33	以上各种能力表现一般
0	以上各种能力表现薄弱

2. 环境因素变量赋值

1）基础设施完善程度（PI）变量赋值

前述已经分析了创新基础设施所包括的维度，拟进一步借鉴亚生·波茨（Jason Potts）新近提出的创新公地（innovation commons）的概念来表达创新基础设施的作用，即通过建立一套合作规则体系，促进信息共享，最大限度地提高机会发现的可能性，在高度不确定性的条件下，将分布式信息、知识和其他投入汇集到创新中。创新公地的建设需要依靠政府的有组织行为，政府应搭建聚集发展平台，打造适老产品产业园区或基地，组建更多具有战略性、公益性的行业实验室。

结合案例研究及文献研究，我们认为适老产品制造产业的创新公地，即基础设施应包括三类，分别是产业园区（生产制造集群、创新研发集群）、展销平台（产品博览会、供需交易平台）与科技创新平台（技术监测平台、共性技术研发平台、公共实验平台）。适老产品制造产业创新系统的基础设施完善程度赋值标准见表 4.8。

表 4.8 基础设施完善程度的 fsQCA 赋值标准

分值	赋值依据
1.00	行业拥有较大规模的产品博览会或供需交易平台，建设有较为完备的技术交易、转移转化平台及行业共性技术研发平台等科技创新服务设施
0.67	行业拥有一定规模的产品博览会或供需交易平台，建设有相对完备的技术交易、转移转化平台及行业共性技术研发平台等科技创新服务设施
0.33	以上设施完备程度一般
0	以上设施完备程度薄弱

2）制度激励（IF）变量赋值

制度激励包含各种政策支持、标准体系构建的硬制度激励，还包括文化导向软制度激励。适老产品制造产业创新系统的制度激励赋值标准见表 4.9。

表 4.9 制度激励的 fsQCA 赋值标准

分值	赋值依据
1.00	拥有较为健全的组织领导体系和政策支持体系，拥有较为健全的国家标准与行业标准，较多能够提升消费者认知的措施
0.67	拥有相对健全的组织领导体系和政策支持体系，在国家标准与行业标准制定、提升消费者认知方面采取了一定的措施
0.33	以上激励措施完备程度一般
0	以上激励措施完备程度薄弱

3. 交互因素变量赋值

1）创新主体交互效率（IEIS）变量赋值

本章借鉴了信息传递过程中"信源""信道""信宿"三个基本要素的相关理论，拟采用"信源管理""信道管理""信宿管理"三个方面来测度创新主体交互效率。"信源管理"是指创新主体注重知识源管理，包括知识搜集、知识整理与知识加工等过程。创新主体通过选聘和引进专业人才、设立信息搜集相关岗位，一方面汇集组织内部知识，并将其加工处理为可共享的知识；另一方面紧贴行业最新需求，及时追踪学习全球范围内行业最新研究成果，积累行业先进经验，从而为企业高效的产品研发创造条件。"信道管理"包含增加信道的数量与容量两方面，其中增加信道数量是指创新主体建立新的合作关系，增加信道容量是指创新主体进一步加深原有合作关系。"信宿管理"是指创新主体通过建立学习型组织等方式提高知识管理能力，从而提高知识共享效率。具体赋值标准见表 4.10。

表 4.10 创新主体交互效率的 fsQCA 赋值标准

分值	赋值依据
1.00	核心创新主体之间比较重视知识源管理，积极设立负责收集整理合作方知识的人员、组织；积极维护合作伙伴关系及建立新的合作伙伴关系，积极建立学习型组织进行知识管理
0.67	核心创新主体之间相对重视知识源管理，设立负责收集整理合作方知识的人员、组织；相对注重维护合作伙伴关系及建立新的合作伙伴关系，建立学习型组织进行知识管理
0.33	核心创新主体间的交互作用程度一般
0	核心创新主体间的交互作用程度薄弱

2）对领先企业技术、品牌的锁定惯性程度（DLI）变量赋值

本章认为锁定惯性程度除了受路径依赖的影响，还与组织间开放程度密切相关，当创新系统主体之间的合作关系和互信关系过强时，团体就表现出一定的封闭性特征，可能会排斥新主体的加入或原有主体不愿退出该团体，这会导致外界的新观点不容易引起关注，从而导致企业被锁定在现有的技术轨道内而无法向更高的技术轨道跃迁。

因此，本章拟从路径依赖程度与组织间开放程度（尤其是本土创新主体间的内向型合作）两个方面测度适老产品制造产业创新系统的对领先企业技术、品牌的锁定惯性程度，具体赋值标准见表 4.11。

表 4.11　对领先企业技术、品牌的锁定惯性程度的 fsQCA 赋值标准

分值	赋值依据
1.00	企业摆脱路径依赖的行动积极性薄弱，行业中的本土内向型合作表现薄弱
0.67	企业摆脱路径依赖的行动积极性一般，行业中的本土内向型合作表现一般
0.33	企业采取了一定的措施来开辟更多的技术来源渠道、技术并购、自主技术研发、建设自主的营销渠道，通过技术创新活动和商业模式创新活动来摆脱对领先企业的技术、品牌依赖性。行业中的本土内向型合作关系相对比较活跃
0	企业积极通过开辟更多的技术来源渠道、技术并购、自主技术研发、建设自主的营销渠道等技术创新活动和商业模式创新活动来摆脱对领先企业的技术、品牌依赖性。行业中的本土内向型合作关系比较活跃

4. 产业创新绩效（IIP）赋值依据

对于产业创新绩效的衡量，相关研究普遍采用专利申请量或新产品的销售收入这两个指标。这两个指标更多代表的是效果，我们认为还需要考虑创新的效率（创新是生产要素转化为新知识、新技术、新工艺的过程）。创新效率（即投入产出比）和创新效果共同构成产业创新绩效的衡量要素，李婧和何宜丽（2017）的研究都是采用了这种做法。

考虑适老产品制造业特征，该产业的经济活动成果融合在《国民经济行业分类》中的多个门类、大类、中类，甚至小类中，因此产业边界的模糊性决定了创新绩效指标数据的剥离难度［R&D（research and development，研究与开发）投入、产值、收入等］和获取难度很大。此外，中国现有的统计体系中，老年产业的调查制度、统计指标和方法尚不完善，缺乏可供参考的统计依据，因此本章采用独立打分的策略，对资金投入效率、人员投入效率、知识产出与经济产出四个维度进行评估，各维度分值范围为 0~6，其中 6 代表该维度绩效最高。将依据上述四个维度的得分加总即产业创新绩效的综合程度值（即综合值范围 0~24）。

4.3.3　数据收集及处理

1. 赋值结果

依据 fsQCA 方法的相关要求，组成 5 人小组，收集多种数据来源，编码并且进行交叉验证，5 名小组成员均参与过相关课题，对此研究议题和研究过程较为了解，能够胜任编码工作。前述已经介绍了数据采集的多重来源。研究者首先对所收集的 22 个行业资料依次建立文件夹。其次，将所有与变量信息有关的文字描述进行提炼并整理到 Excel 表格里，在此基础上结合各个因素的赋值标准对 22 个案例的关键因素进行赋值。

需要说明的是，编码过程中小组内 5 名成员的工作是相互独立、互不干扰的，且保证每个案例都有至少 3 名成员对其进行编码，针对编码结果不一致的变量会依据资料再次进行独立编码，若还不一致则通过微信、电话、电子邮件等方式同案例行业的相关人员进行联系以保证数据的准确性。

在对 22 个案例行业逐一赋值后，得到适老产品制造产业创新系统关键因素与产业创新绩效的赋值结果。

在行业发展的起步期，对 22 个样本行业的关键因素和产业创新绩效的赋值结果如表 4.12 所示。

表 4.12　适老产品制造产业起步期样本赋值表

ID	PIS	CSIS	PI	IF	IEIS	DLI	IIP
Case1	0.67	1	0.33	1	0.33	0	20
Case2	0.33	0.33	0.33	0.67	0.33	0.33	15
Case3	0.33	0.33	0.67	0.67	0.33	0.67	15
Case4	0.33	0.33	0.33	0.67	0.33	0.33	15
Case5	0.33	0	0.67	0.33	0.33	0.67	13
Case6	0.33	0	0	0.33	0.33	0.67	12
Case7	0.33	0	0.33	0.33	0	0.67	13
Case8	0.67	0.33	0.67	1	0.33	0.67	20
Case9	0.33	0.33	0.67	0.67	0.33	0.67	15
Case10	0.33	0	0.33	0	0	0.67	11
Case11	0.33	0.33	0.67	0.67	0.33	0.67	15
Case12	0.33	0.33	0.33	0.67	0.33	0.33	15
Case13	0.33	0	0.67	0.33	0.33	0.67	13
Case14	0.33	0.33	0.33	0.67	0.33	0.67	15

续表

ID	PIS	CSIS	PI	IF	IEIS	DLI	IIP
Case15	0	0.33	0.33	0	0.33	0.67	12
Case16	0.33	0.33	0.67	0.67	0.33	0.67	15
Case17	1	0.67	1	1	0.67	0	23
Case18	0.33	0.67	0.67	1	0	0.67	18
Case19	0.67	0.67	0.67	0.67	0.33	0.33	19
Case20	1	1	0.67	1	1	0	22
Case21	0.67	1	0.33	0.67	0.67	0.33	18
Case22	0.67	0.67	0.67	0.67	0.67	0.33	19

在行业发展的成长期，22 个样本行业的关键因素和产业创新绩效的赋值结果如表 4.13 所示。

表 4.13　适老产品制造产业成长期样本赋值表

ID	PIS	CSIS	PI	IF	IEIS	DLI	IIP
Case1	1	0.67	1	0.33	1	0	22
Case2	0.67	0.33	0.67	0.33	0.67	0.33	15
Case3	0.33	0.33	0.33	0.33	0	0.33	13
Case4	0.33	0.33	0.33	0	0.33	0.67	14
Case5	0.33	0	0.33	0.33	0.33	0.33	11
Case6	0	0.33	0.33	0	0	0.33	11
Case7	0.67	0.33	0.33	0.33	0.33	0.67	15
Case8	0.67	0.33	0.67	0.33	0.33	0.33	15
Case9	0.33	0.33	0.33	0.33	0	0.67	13
Case10	0.67	0.33	0.33	0.33	0.33	0.67	15
Case11	0	0	0.33	0.33	0.33	0.33	12
Case12	0.67	0.33	0.33	0.33	0.33	0.67	15
Case13	0.33	0.33	0.33	0	0.33	0.33	13
Case14	0.33	0.33	0.67	0.33	0.67	0.33	16

续表

ID	PIS	CSIS	PI	IF	IEIS	DLI	IIP
Case15	0.33	0.33	0.33	0.33	0	0.33	13
Case16	0.67	0.67	1	0.67	1	0.33	21
Case17	0.67	0.67	0.67	0.67	1	0.33	20
Case18	0.67	0.67	0.67	0.67	0.67	0.67	19
Case19	1	1	1	0.67	0.67	0.67	22
Case20	1	1	0.67	1	1	0.67	22
Case21	0.67	0.67	0.67	0.33	0.33	0.67	17
Case22	0.67	0.67	0.67	0.67	0.67	0.67	19

2. 临界值设定

本章对适老产品制造产业创新绩效进行打分得到的分数为连续值，因此需要运用 fsQCA 3.0 软件的 Calibrate 函数将数据转换为对应的集合从属值，转换公式为 $Y = \text{Calibrate}(X, n_1, n_2, n_3)$，其中 n_1、n_2、n_3 分别为完全从属于集合的临界值、交叉临界值和完全不属于集合的临界值。参考赵文和王娜（2017）的临界值设定方法，本章将临界值分别设定为下四分位数、中位数和上四分位数，结合样本行业的赋值数据，本章确定适老产品制造产业创新绩效的三个临界值如表 4.14 和表 4.15 所示。

表 4.14　基于 fsQCA 的适老产品制造产业创新绩效临界值（起步期）

变量	完全从属于集合的临界值	交叉临界值	完全不属于集合的临界值
适老产品制造产业创新绩效	18.75	16.125	13.5

表 4.15　基于 fsQCA 的适老产品制造产业创新绩效临界值（成长期）

变量	完全从属于集合的临界值	交叉临界值	完全不属于集合的临界值
适老产品制造产业创新绩效	19	16	13

4.3.4　组态分析结果

1. 适老产品制造产业起步期组态

必要条件分析。必要条件分析目的是检验条件变量、反面条件变量是否均为结果变量的子集，即一致性检验值在 0~1 认为该条件变量为结果变量的充分而非必要条件，当一致性水平大于 0.9 时，则可认为该条件是结果的必要条件（Ragin，2008）。

以适老产品制造产业的创新绩效作为结果变量，对六个关键因素的赋值进行必要性检验，结果如表 4.16 所示，六个关键因素的一致性值均介于 0~1，说明六个关键因素均为结果变量的充分条件，且制度激励的一致性值大于 0.9，可认为制度激励为结果变量的必要条件。

表 4.16　条件变量的必要性检测结果（起步期）

必要条件分析
结果变量：IIP

测试变量	一致性	覆盖度
PIS	0.789 529	0.756 269
~PIS	0.438 743	0.348 296
CSIS	0.802 094	0.853 007
~CSIS	0.404 188	0.296 467
PI	0.719 372	0.605 820
~PI	0.508 900	0.455 910
IF	0.915 183	0.638 422
~IF	0.299 476	0.344 164
IEIS	0.611 518	0.733 668
~IEIS	0.603 141	0.410 256
DLI	0.439 791	0.392 891
~DLI	0.788 482	0.665 783

注：符合"~"代表逻辑"非"

1）中间解结果

接下来运用 fsQCA 3.0 软件进行组态结果分析。研究样本数量不多，所以本章将样本频次门槛值设为 1，一致性值设为 0.8，标准化分析时将必要条件制度激励设为"present"，最终得到三个解：复杂解（complex solution）、简洁解（parsimonious solution）及中间解（intermediate solution）。由于复杂解不考虑逻辑余项，得到的解无法对任何变量进行违背案例事实的设置。简洁解使用所有逻辑余项，得到的解存在违背案例事实的风险。中间解介于二者之间，便于全面解释问题，故选用中间解进行组态结果分析，具体统计结果如表 4.17 所示。

表 4.17 中间解的统计结果（起步期）

Model：IIP = f（PIS，CSIS，PI，IF，IEIS，DLI）

截止频率：1

一致性截止点：0.809 935

组态类型	原始覆盖度	个体覆盖度	一致性
PIS*CSIS*IF*~DLI	0.708 901	0.351 833	0.884 967
~PIS*CSIS*PI*IF*~IEIS*DLI	0.392 670	0.0356 021	0.809 935

样本总体覆盖度：0.744 503

样本总体一致性：0.889 862

2）条件构型组合分析

参考 Ragin 和 Fiss（费斯）对条件构型组合（组态）分析结果的表述方法，得到影响适老产品制造产业创新绩效的关键因素组态关系，如表 4.18 所示，"●"表示核心条件变量（必要条件变量）出现，"·"表示辅助条件变量出现，"×"表示核心条件变量不出现，"×"表示辅助条件变量不出现，空白表示条件变量出现不出现对结果无关紧要（Misangyi and Acharya，2014）。

表 4.18 影响适老产品制造产业创新绩效的关键因素组态关系（起步期）

要素变量		匹配组态	
		1	2
主体因素	创新主体完备程度	·	×
	核心创新主体能力强度	·	·
环境因素	基础设施完善程度		·
	制度激励	●	●
交互因素	创新主体交互效率		×
	对领先企业技术、品牌的锁定惯性程度	×	·
原始覆盖度		0.708 901	0.392 670
个体覆盖度		0.351 833	0.035 602 1
一致性		0.884 967	0.809 935
样本总体覆盖度		0.744 503	
样本总体一致性		0.889 862	

由表 4.18 可知，样本总体一致性为 0.889 862，大于 fsQCA 方法要求的 0.8，具有较高的信度；样本总体覆盖度为 0.744 503，表明该组态结果能够解释总样本的 74%，具有较强的解释力。下面对影响起步期的适老产品制造产业创新绩效的两种关键因素组合进行解释分析。

组态 1：PIS*CSIS*IF*~DLI

该组合表明影响起步期的适老产品制造产业创新绩效的关键因素组合如下：高创新主体完备程度×高核心创新主体能力强度×高制度激励×低对领先企业技术、品牌的锁定惯性程度。

以上这些因素均是高创新绩效的积极因素，不难理解，这些积极因素组合必然带来理想的结果。

该组合的代表案例有康复机器人制造业与智能训练器械制造业等。从政策环境来看，政府及时推出了系列性的引导和扶持政策，陆续出台了各种优惠政策性文件及相应的指导意见，包括 2015 年国务院印发的《中国制造 2025》、2016 年工业和信息化部、国家发展改革委、财政部三部委联合印发《机器人产业发展规划（2016-2020 年）》等，这些政策文件对这两类行业的未来发展做出了详尽规划。以康复机器人制造业为例，该行业属于康复器械与工业机器人的结合，而在康复器械与机器人两个领域，我国科研院所、高校和企业已经进行了比较长期的积累，尤其是机器人本体的设计、制造方面已经实现了对领先企业的快速追赶，欠缺的领域是控制系统和芯片类核心电子元器件。

康复机器人制造业起步初期，行业内创新主体的完备程度和创新主体的能力两个方面也是较为突出的。行业内知名企业北京大艾机器人科技有限公司由北京航空航天大学机电系教师团队创建，该团队在创立公司之前便已在机器人领域有较多成就，拥有多项康复机器人相关专利，同企业和相关院所开展了诸多的合作。北京市科技计划重大项目、国家科技支撑计划项目对这一研究领域进行了专项资助，这些资助有效支撑了该教师团队的研究工作。北京大艾机器人科技有限公司也是在该团队通过北京市科学技术委员会和科学技术部成果验收后成立的。该公司在充分借鉴国外研究成果的同时，高度重视专利陷阱的规避和自主知识产权的获得，在消化吸收的基础上进行再创新，避免对领先企业技术路线的过度依赖。企业成功获批首例北京市创新医疗器械产品资质，并获得了中国首个外骨骼机器人国家食品药品监督管理总局注册证。

组态 2：~PIS*CSIS*PI*IF*~IEIS*DLI

该组合表明影响起步期的适老产品制造产业创新绩效的关键因素如下：低创新主体完备程度×高核心创新主体能力强度×高基础设施完善程度×高制度激励×低创新主体交互效率×高对领先企业技术、品牌的锁定惯性程度。

这一组合中有两方面不利因素，即低创新主体完备程度×低创新主体交互效率，缺乏上下游配套，研究、开发、设计和生产等创新环节也不均衡。创新主体完备不高，也必然带来创新主体间的交互效率也不高。如上所述，现实中许多适老产品制造企业是以为国外领先企业代工的方式开始起步的，对国外领先企业的设计、品牌具有一定的依赖性。

但是这些行业在以下几个方面的突出表现，弥补了以上不足，所以总体上呈现高绩效结果：一是虽然主体完备度不够，但是行业拥有在核心创新环节能力突出的领航者，领航企业带动了本土相关环节的配套发展；二是行业创新基础设施配套具有保障；三是良好的产业和技术政策充分激发了创新主体的积极性。

该组合的代表案例是康复辅助器具制造业。我国在传统的康复辅助器具制造业行业市场定位主要是面向伤残人士而非老年人，加上老年市场的需求有限，因此企业、高校和研究院所的介入积极性缺乏、互动性薄弱，呈现低创新主体完备程度、低创新主体交互效率。许多企业的关键技术来源和核心部件依赖进口，呈现高对领先企业技术、品牌的锁定惯性。

但是高核心创新主体能力强度×高基础设施完善程度×高制度激励弥补了以上不足。例如，拥有一批创新能力突出的领航企业，上海科生假肢有限公司高度重视科研投入，快速研发出中国第一代肌电控制仿生手和科生现代仿生手系列，之后又推出了世界首创有人体感觉反馈的假手产品。上海科生假肢有限公司成功带动了相关国内外企业协作，初步突破了国外垄断。政府搭建了康复辅助器具产业博览会在内的展销平台，创办了面向康复辅助器具产业集群和中小型企业的公共服务平台和基础共性技术研发平台，还先后出台了一系列引导政策。

2. 适老产品制造产业成长期组态

必要条件分析。对六个关键因素的赋值进行必要性检验，结果如表 4.19 所示，六个关键因素的一致性值均介于 0~1，说明六个关键因素均为结果变量的充分条件，可以进行下一步分析。

表 4.19　条件变量的必要性检测结果（成长期）

必要条件分析
结果变量：IIP

测试变量	一致性	覆盖度
PIS	0.852 192	0.696 087
~PIS	0.393 476	0.386 386
CSIS	0.818 553	0.804 609
~CSIS	0.427 115	0.348 586
PI	0.871 560	0.713 094

续表

测试变量	一致性	覆盖度
~PI	0.376 147	0.368 631
IF	0.700 306	0.795 139
~IF	0.530 071	0.389 222
IEIS	0.852 192	0.810 077
~IEIS	0.377 166	0.316 781
DLI	0.616 718	0.585 673
~DLI	0.632 008	0.531 277

注：符合"~"代表逻辑"非"

1）中间解结果

接下来运用 fsQCA 3.0 软件进行组态结果分析，得到的中间解结果如表 4.20 所示。

表 4.20　中间解的统计结果（成长期）

Model：IIP = f（PIS，CSIS，PI，IF，IEIS，DLI）

截止频率：1

一致性截止点：0.850 662

组态类型	原始覆盖度	个体覆盖度	一致性
PIS*CSIS*PI*IEIS*~DLI	0.561 672	0.051 987 8	0.874 603
PIS*CSIS*PI*IF*IEIS	0.648 318	0.138 634	0.954 955

样本总体覆盖度：0.700 306

样本总体一致性：0.896 867

2）条件构型组合分析

参考 Ragin 和 Fiss 对条件构型组合（组态）分析结果的表述方法，得到影响适老产品制造产业创新绩效的关键因素组态关系，如表 4.21 所示。

表 4.21　影响适老产品制造产业创新绩效的关键因素组态关系（成长期）

要素变量		匹配组态	
		3	4
主体因素	创新主体完备程度	•	•
	核心创新主体能力强度	•	•

续表

要素变量		匹配组态	
		3	4
环境因素	基础设施完善程度	•	•
	制度激励		•
交互因素	创新主体交互效率	•	
	对领先企业技术、品牌的锁定惯性程度	×	
原始覆盖度		0.561 672	0.648 318
个体覆盖度		0.051 987 8	0.138 634
一致性		0.874 603	0.954 955
样本总体覆盖度		0.700 306	
样本总体一致性		0.896 867	

由表 4.21 可知，样本总体一致性为 0.896 867，大于 fsQCA 方法要求的 0.8，具有较高的信度；样本总体覆盖度为 0.700 306，表明该组态结果能够解释总样本的 70%，具有较强的解释力。下面对影响成长期的适老产品制造产业创新绩效的两种关键因素组合进行解释分析。

组态 3：PIS*CSIS*PI*IEIS*~DLI

该组合表明影响成长期的适老产品制造产业创新绩效的关键因素如下：高创新主体完备程度×高核心创新主体能力强度×高基础设施完善程度×高创新主体交互效率×低对领先企业技术、品牌的锁定惯性程度。

该组态包括了 5 个积极因素，并未对制度激励提出要求。这表明对成长期的适老产品制造产业而言，在主体因素方面、交互因素方面的要求比较高，而且依旧需要完善的基础设施作为保障。

例如，样本中处于成长期阶段的手环（表）可穿戴设备类制造业就是典型案例。在主体因素方面，该行业具有较为完备的创新主体，企业、科研机构、创新产品扩散促进者都主动积极参与创新行为中。创新主体的能力也十分突出，通过持续不断的科技研发投入，创新主体在基础硬件环节不断向手环（表）可穿戴设备类制造业价值链高端环节延伸。在芯片方面，华为终端有限公司发布了可穿戴设备芯片麒麟 A1，华米科技有限公司自主研发的"黄山 1 号"已量产应用到多款可穿戴设备中。在传感器方面，歌尔股份有限公司新一代智能硬件解决方案与技术，开发出了可应用到多款可穿戴设备的血压传感器、差压传感器、高精度的 MEMS 传感器系列新品。合肥华科电子技术研究所、北京昆仑远洋仪表科技有限公司、神念科技有限公司等生产的脉搏、血压、脑电和心电等传感器已应用在大量终端穿戴设备上。在华米科技有限公司、华为终端有限公司等企业的带领下，国产智能手环（表）可穿戴设备市场份额不断上升，市场渗透率持续增长，有效推动智能硬件设备在智慧健康养老领域的普及。

在硬环境因素方面，该行业不仅具有国家研发实验室，还有公共服务平台、共性技术研发平台等。

在交互因素方面，该行业内创新主体交互效率较高。例如，华米科技有限公司、华为终端有限公司、360 公司等都十分重视知识源的管理，设有专门负责收集整理相关知识的人员。此外，智能手环（表）可穿戴设备厂商与互联网企业、医疗健康企业等合作，将产业链的服务延伸至智慧养老全服务领域，实现智能可穿戴设备产业链服务的价值提升，共同构建智慧养老服务体系生态链。例如，阿里健康联合广东乐心医疗电子股份有限公司、欧姆龙集团、三诺生物传感股份有限公司等数十家医疗健康设备厂商，共同推出智能健康管理计划，借助手环（表）等可穿戴设备和大数据技术自动形成健康趋势报告，并传达至医疗服务商获得远程诊断，为用户提供个性化的全健康管理服务。

由于手环（表）可穿戴设备的主要生产厂商大多都是互联网大厂，强大的技术基因使其能够灵活地通过开辟更多的技术来源渠道、技术并购、自主技术研发、建设自主的营销渠道等技术创新活动和商业模式创新活动来摆脱对领先企业的技术、品牌依赖性，而且行业中的本土内向型合作关系也较为活跃，因此对领先企业技术、品牌的锁定惯性程度较低。

组态 4：PIS*CSIS*PI*IF*IEIS

该组合表明影响成长期的适老产品制造产业创新绩效的关键因素如下：高创新主体完备程度×高核心创新主体能力强度×高基础设施完善程度×高制度激励×高创新主体交互效率。

同组态 3 比较，组态 4 的关键因素多了高制度激励，少了低对领先企业技术、品牌的锁定惯性程度，这说明对于成长期的适老产品制造产业而言，高创新主体完备程度、高核心创新主体能力强度、高基础设施完善程度与高创新主体交互效率是不可或缺的四个关键因素。如果领先企业仍然存在锁定惯性，则本土的创新主体交互必须呈现理想状态。

该组态的代表性案例有智慧理疗器械制造业、康复机器人制造业等。以智慧理疗器械制造业为例，在环境因素方面，成长期的智慧理疗器械制造业不仅具有完备的创新基础设施，还依然受到了一系列政策的大力扶持，如 2017 年 1 月，在国家发展改革委发布的《战略性新兴产业重点产品和服务指导目录》（2016 版）中，将超快电磁脉冲、超高静电场、大功率激光、电磁场、电磁波、超声、光学、力学等康复理疗设备列为重点发展对象。

在主体因素方面，行业内创新主体已经较为完备，且能力突出。行业内知名企业河南翔宇医疗设备股份有限公司创建于 2002 年，该企业的定位为"康复理疗专家"，主要产品有声疗、光疗、电疗、水疗、磁疗、冷热疗、蜡疗法、熏蒸、灸疗、压力疗法、牵引疗法等多个系列。2012 年设立了河南省省级康复理疗设备重点实验室，进一步提升了企业的研发能力，2013 年参与国家"十二五"科技支撑计划"脑卒中后痉挛的中医康复临床规范研究"，随后几年，参加了多个国家重点研发计划，并取得了卓越成就。2015 年成功举办第十三届全国运动疗法大会。2016 年，召开首届国际康复设备展览会。此后，河南翔宇医疗设备股份有限公司利用物联网、大数据、云计算等现代网络技术和通信技术，快速获取、整合和分享有关信息资源，实现数字化升级，逐渐拓展经营范围，以智慧理疗技术为基础，辐射至智能训练、健康评估等业务板块，从而成为具有综合性康复医疗器械研发生产能力的企业。目前，河南翔宇医疗设备股份有限公司技术研发中心累计申报获得已授权发明及实用新型专利 321 项，参与起草或参与评定 26 个国家行业标准，获得相关科技成果 28 项，承接了 4 项国家重点研发计划项目。产品已出口到欧洲、非洲、大洋洲、中东及东南亚等地。

在交互因素方面，行业具有很高的交互效率。仍然以河南翔宇医疗设备股份有限公司为例，该公司与长治医学院、新乡医学院密切合作，在人才培养、课题申报、建设科研平台、参与创新竞赛等方面进行全方位合作。2020 年，河南翔宇医疗设备股份有限公司又与安阳工学院建立合作，双方就应用型人才培养和学生校外就业实习实训基地建设达成一致。此外，还与德国、韩国、意大利等多个国家的康复设备研发生产企业建立长期战略合作关系，引进国外的康复理念及技术。

3. 两阶段组态特征总结

适老产品制造产业创新系统关键因素的组态特征体现为以下几点。

1）创新绩效的提升依赖于多因素的共同作用

通过 fsQCA 3.0 软件进行必要条件分析时，可以发现任何单一要素均不能提升适老产品制造产业创新系统的创新绩效。

在得到的四个组态结果中，均包括主体因素、环境因素和交互因素三个方面中的一到两个因素，三个方面均需要同时呈现。这表明任何适老产品制造行业都不能期望单一关键因素即可促进其创新绩效的提升。

2）创新绩效提升具有多种组态类型，路径并不唯一

组态分析结果显示，共有四种要素组态可以使适老产品制造产业创新绩效提升，可谓"殊途同归"。起步期包括两个组态，成长期也包括两个组态，说明创新绩效提升是一个多重并发因果问题，即可以实现创新绩效提升的关键因素组态具有多样性。

3）适老产品制造产业创新关键因素的结构性平衡

适老产品制造产业创新绩效的提升取决于多个关键因素的组合作用，且多个关键因素组合在一起比单个关键因素对创新绩效的提升效果更为显著。

虽然所有关键因素最大限度地"完美"匹配固然可以达到更高的创新效率，但是现实场景下这个要求对于适老产品制造产业来说过于苛刻，组态思维下不同的因素组合有不同的作用方式，因素之间可能通过互补、替代、加强等作用，实现因素间的结构性平衡，形成特定组态以提高创新绩效。

因此，创新主体完备程度、核心创新主体能力强度、基础设施完善程度、制度激励、创新主体交互效率和对领先企业技术、品牌的锁定惯性程度六个关键因素并非要都最优才能达到较高的创新绩效，仅需达到关键因素间的结构性平衡，就能实现创新绩效的提升。所以，适老产品制造产业需要根据自身发展战略选择适合的关键因素组合以提升创新绩效。

4）制度激励在起步期具有核心作用

起步期的两个组态中，制度激励均需要呈现理想状态。事实证明，制度激励在适老产品制造产业发展中发挥着至关重要的作用。在以上案例样本起步期，不难发现政府积极作为的身影。例如，政府在基础理论、基础工艺、基础材料、基础元器件、设备开发等方面给予了支持。对生产企业减免税费，通过公益基金、医保报销、补贴等制度激励手段刺激适老产品的相关销售；在人才队伍方面，政府通过增设相关专业，鼓励校企合作培养；在标准体系构建方面，政府建立第三方质量测试平台；在文化引导方面，政府通过扶持优势民族品牌、拓展宣传推介渠道等制度激励手段提升消费者认知。

4.4　适老产业创新系统完善措施

4.4.1　培育完备的创新主体

我国适老产品制造产业大多处于起步阶段与成长阶段，存在创新主体缺位或数量不足的情况（一般称为组织失灵），即创新系统中的关键部分（组织）发育不足或者缺失，如企业、知识生产机构、创新服务机构等创新主体尚未能充分发展。

例如，老年手机制造行业在成长阶段出现了组织失灵现象，即创新系统内主体完备程度欠缺。上下游配套掣肘，研究、开发、设计和生产等创新环节不均衡，存在诸多薄弱环节，加上老年手机逐渐被普通智能手机所替代，市场的需求有限，即创新产品扩散促进者较少；高校、科研院所等知识生产机构与投资公司、咨询公司等创新服务机构也缺乏介入积极性，故老年手机制造行业在成长阶段创新效率较为低下。完备的创新主体是提高产业创新绩效不可或缺的关键因素。

因此，政府要重视适老产品制造产业创新主体的培育，具体如下。

（1）加强企业在适老产品制造产业创新系统的主体地位。企业是创新投入、技术研发等创新活动实施及风险与利润的行为主体，在整个产业创新活动中占主导地位。政府部门应引导创新活动由企业牵头，联合其他创新主体协同合作，开展产品创新、工艺创新与商业模式创新。

（2）加大知识生产机构的研发投入。知识生产机构作为适老产品制造产业创新活动的"知识库"，为企业提供技术和知识支持，在产业创新系统中起到基础性作用。它是基础研究与应用研究的主要承担者，承担着适老产品制造领域内重大科研的攻关任务，领域内龙头企业多为知识生产机构的科研成果转化发展而来。例如，北京天智航医疗科技股份有限公司是清华大学和北京航空航天大学为其提供技术支撑。深圳市罗伯医疗科技有限公司、旗瀚科技有限公司、哈尔滨思哲睿智能医疗设备有限公司、哈工大机器人集团、迈康信医用机器人有限公司等均由哈尔滨工业大学孵化。"妙手S"手术机器人是天津大学转化的重点项目。知识生产机构还是适老产品制造产业创新人才的孵化基地，承担着培育并向企业输送专业人才的重要使命。

（3）建立完备的创新服务体系。金融机构、咨询公司和行业协会等创新服务机构将创新系统中的各创新主体紧密联系起来，发挥纽带作用，加速科研创新成果向现实生产力转化。

4.4.2   提升核心主体的能力

根据 4.3 节的研究发现，高核心创新主体能力强度在四种组态中均有出现，可见其在提高适老产品制造产业创新绩效的过程中发挥着至关重要的作用。企业作为创新活动的核心行为主体，更应该关注自身能力强度的提升，避免出现"能力失灵"，具体建议如下。

一是加强 STI 学习，同时充分利用 STI 学习和 DUI（doing, using, interacting, 做、使用和交互）学习的互补作用。Lundvall 等（2002）认为在企业层面存在两种不同类型但相互联系的学习模式：STI 和 DUI 两种技术学习模式。DUI 学习主要采用干中学、用中学、交互中学的学习模式，DUI 学习通过摸索得到的只是本领域的相关经验，这些经验只适用于相邻领域的技术创新，对于突破性创新很难起到支撑作用。

目前我国适老产品制造企业面临的问题是 STI 学习和创新不足，而 DUI 学习的深度与广度又不够。我国适老产品制造产业起步较晚，规模较小，必须提升研发投入效率，DUI 学习能带来的技术创新又有限，需要充分利用 STI 学习和 DUI 学习的互补作用，将 STI 学习与 DUI 学习有机结合起来，科学知识与经验知识在企业创新活动中相互扶持，才是促进企业持续创新与提高创新绩效的有效途径。

二是攻破关键核心技术。例如，对于适老智能家居和家电产品制造业，要加快研发智能家居集成平台，重点研发音视频传输、自动控制、安全防范等关键技术，实现一站式智能家居整体解决方案；对于护理机器人制造业，要针对洗浴、进食、如厕等老年护理难点问题，突破机器人柔性结构设计、运动意图感知和环境识别、姿态检测与控制等共性关键技术；对于智能训练器械制造业与康复辅助器具制造业，要重点突破穿戴式监测、生理微弱信号采集、老年功能障碍评估、神经接口、柔性传感等关键技术；对于应急、报警监测设备制造业，要重点突破智能传感、语音控制、智能场景监测、主动感知及人机交互技术、实时智能环境监测和无障碍改善等安全保障技术。

三是重点研发学科交叉的智能化适老产品。近年来，我国在新材料、基因工程技术、脑科学、5G 通信技术、人工智能（特别是自然识别和智能交互）、芯片研发等领域取得了重大突破，将新兴技术与传统适老产品制造业交叉融合，面向老年人特征和需要，重点研发智能化适老产品，有望加快我国适老产品制造产业转型升级，推动养老产业高质量发展。

4.4.3　完善创新基础设施

当创新所需要的科技基础设施不健全，如产业集群、展销平台、信息共享平台、技术交易中介、共性技术研发等方面的建设不完善时，就会出现基础设施失灵。为避免出现基础设施失灵，具体建议如下。

一是发挥地方特色，培育产业集群。对于具备制造业产业基础的地区，在制定产业政策和发展规划时，结合现有优势技术，关注适老产品制造业空白领域或薄弱环节，建立适老产品制造产业示范基地、适老产品产业园区，形成具有地方特色的适老产品制造产业集群。

二是完善各类科技创新平台。具体应加强以下方面建设：①技术监测平台。组织行业骨干企业、相关领域专家等成立标准化技术委员会，指导建设检测检验认证中心，促进适老产品标准化，提高可靠性。②信息共享平台。共享适老产业大数据、人才信息等资源，推动各创新主体间的信息共享和合作，提升适老产品制造产业协调创新能力。③共性技术研发平台。由政府组织相关创新主体联合设立产业共性技术研究院，共同开设研发中心，提供政策福利和资金保障，降低适老产品研发失败的风险。④公共实验平台。依托高校、科研院所和企业共建重点实验室和工程技术研究中心。

4.4.4 完善制度激励体系

当知识产权、技术标准、合同法、劳动法、垄断法、风险管理规章等法律法规体系不适应或阻碍创新活动，或现存制度与自主创新目标不一致、制度内部相互冲突时，就出现了硬制度失灵。当社会文化、价值观、风俗习惯、企业家精神等非正式制度不适应或阻碍创新活动时，就出现了软制度失灵。为避免制度失灵，具体建议如下。

一是做好顶层设计，完善相关政策法规。我国适老产品制造产业起步相对较晚，适老产品制造产业的政策体系还不完善，相关政策重供给侧、轻需求侧，存在对适老产品和技术应用推广支持不足与对消费市场的财政补贴等力度不足的现象。

康复辅助器具制造业存在着消费保障政策不健全、居民购买使用补贴资金缺乏的问题。未来需要着力完善推广应用的政策支持，建立制度保障重点产品和核心技术的推广，落实社会服务兜底工程，设立适老产业发展专项补助基金，尤其是通过国家财政、社会保险或社会公益金减轻老年人消费的压力。

二是构建标准体系，提升质量保障水平。我国适老产品制造业起步明显晚于日本、德国等国家，在标准建设方面差距明显，不仅标准缺乏而且监管力度也不足，需要着力建设标准化、专业化的老年用品第三方质量测试平台，开展老年用品质量测评、验证和认证工作，制定产品信息和隐私安全的检测评价技术标准，加强适老产品的质量监督管理，建立健全监督管理机制和行政处罚机制。

对于康复辅助器具制造业来说，要加强从原料采购到生产销售全流程质量管控，推广工艺参数及质量在线监控系统，提高产品性能稳定性及质量一致性；对于智能养老照护设备制造业而言，要针对养老照护设备的使用环境、使用场所等需求，从安全性、稳定性、便携性角度，开展人体舒适性、易用性评估评价；对于健康评定器械制造业与智能训练器械制造业，要加强对应用人工智能技术产品信息安全等方面的研究，提升应用信息化数据的稳定性、对突发事件的可控性。

三是加强针对适老产品制造产业领域的专业人才培养。适老产品生产是一个多专业复合问题，涉及生理学、医学等生命学科，还涉及机械工程、材料科学与工程、电子信息工程等工程学学科，也涉及社会学、心理学、市场营销学等人文社会学科，因此适老产品制造产业所需的是复合型人才。但是，在我国现行人才培养体系中，由于专业内容、课程结构等限制，绝大多数的高校难以直接培养符合产业需求的专业人才。人才培养与人才需求的不匹配限制了适老产品制造产业的人才储备和队伍建设，虽然在《关于促进老年用品产业发展的指导意见》和《关于落实〈"十三五"国家老龄事业发展和养老体系建设规划〉成员单位分工的意见》等政策文件中均提及亟须培养专业人才，但这一问题尚未得到根本解决。

因此，政府要拓宽适老产业人才培养途径，形成由普通高校、职业院校、企业共同参与的产学研用融合的人才培养模式，发挥普通高校的科研优势、职业院校的技能优势和企业的实践优势，优化课程结构，培养具备多学科知识储备和专业技能的复合型人才。同时，要通过统筹各培养主体的优势资源，建立一批适老产品制造产业实践基地，鼓励适老产品制造企业提供实习岗位，支持高校及科研机构、职业院校等建立实践平台，从而使专业人才在实践中接触和掌握多学科知识；加强对高端领军人才的引导，鼓励相关学科的高端人才和先进团队将研究方向聚焦于适老产业，或通过政策倾斜、财税优惠等支持人才在适老产品研发生产领域创新创业。

4.4.5 持续优化创新主体间的网络关系

当创新网络联系不畅时，创新系统理论领域的相关学者称其为交互失灵。因此，为减少交互失灵，创新主体应不断优化创新合作网络。

Watts 和 Strogatz（1998）在 *Nature* 提出了经典的小世界模型，即小世界网络中，大部分节点不与彼此连接，但大部分的节点都可以通过其他点经过少数几步到达。近年来，越来越多的学者开始将小世界理论应用到创新网络上来，开始关注创新网络的小世界特征。一般来讲，根据网络结构，可以将创新网络分为三种形式：完全规则的创新网络、小世界创新网络与随机创新网络。

如果把节点看作创新主体，连线看作创新主体之间的合作，那么在这个局部网络中，各创新主体之间的信息传递速度非常快，但主体之间距离太近，熟悉程度很高，导致创新主体之间同质化程度很高，很难创造出新的技术与知识。完全规则的创新网络的聚类系数最高，特征路径最长，信息传递速度最快，但其创新行为完全受到距离限制，仅与距离最近的个体相联系。随机创新网络聚类系数最低，特征路径最短，其内部创新主体之间是完全随机联系的，不受距离影响。小世界创新网络则是介于完全规则的创新网络与随机创新网络之间的一种网络，它拥有较高的聚类系数与较短的特征路径，其内部创新主体之间的联系既有一定的随机性，又受到距离的限制。Fleming 和 Marx（2006）、Guan 和 Shi（2012）、Hung 和 Wang（2010）等的研究证明了这种小世界特征拉近了创新主体之间的距离，提高了知识传递效率，促进了创新绩效的提升。

我国适老产品制造产业起步较晚，创新网络也相对处于初级阶段，关于市场中潜在合作者的可得性、可靠性等信息的获取难度较大，创新主体倾向于寻找自己直接或间接熟悉的其他主体建立合作联系，从而构建起一个个独立的创新集群。在内部合作逐渐强化的同时，不可避免地会出现同质化的冗余信息阻碍创新主体发展的局面。

因此，为了提高创新主体之间的合作效率，突破这种"困境"，需要改变适老产品制造产业创新网络结构，即加强局部网络内部创新主体之间信息开放的同时，注重同其他局部网络建立联系，搭建起信息快速传递的"高速公路"，使整个创新主体合作网络呈现小世界特征，从而实现各创新主体之间资源开放共享、技术高度扩散与知识迅速传递的目标，进而实现资源、技术、知识的价值增值和协同，最终形成具有小世界特征的创新主体合作网络，提高网络整体的创新能力。

4.4.6 突破领先企业的创新链锁定效应

如上所述，当前我国许多适老产品制造企业是以为国外领先企业代工的方式开始起步的，对国外领先企业的设计、技术、品牌具有一定的依赖性，容易陷入锁定失灵的困境。

例如，在智能养老照护设备制造业，美国、日本、瑞典、德国等少数的发达国家在智能养老照护设备领域起步较早，拥有大批知名企业，如美国的屹龙公司、俀捷祐公司，日本的松下、八乐梦床业公司，瑞典的史塞克医疗公司，德国的bock公司等。国内生产成本低且市场广阔等因素，吸引了上述多家世界跨国公司纷纷进入中国市场，相继在中国设立了工厂和销售中心。国内一些中小企业尚未摆脱为其代工的角色，自主创新能力培育不足。

为避免出现这种锁定失灵，需要加强以下两个方面措施。

一是突破地理空间限制，积极同外部建立联系，形成国际产业合作网络。康复机器人制造业已经成功构建了国际产业合作网络。例如，傅利叶智能的主要生产基地集中在长江三角洲、珠江三角洲的三四线欠发达城市，而科研创新中心主要设立在上海、广州等创新资源密集的城市，高效利用外部知识、技术、人才等资源，并将其迅速内化为自身优势。傅利叶智能在全球范围内寻找前沿技术，与全球知名机构建立了联合实验室，如与美国国家仪器有限公司、墨尔本大学联合打造外骨骼机器人开放平台，还与芝加哥康复中心、苏黎世联邦理工学院、英国帝国理工学院建立了联合实验室。

二是突破产业边界限制，向新产业拓展，跨产业融合。我国适老产品制造业不仅要重视交叉学科追赶，还需要重视"跨界"发展。跨产业既包括制造产业链上下游的邻近产业，又包括人机工程学、生理学、心理学等新领域的相关产业。对于产业链上下游邻近产业，适老产品制造产业需要沿着"制造—研发—设计"线条向价值链高端环节攀升，实现向价值链中高端产业迈进，摆脱领先企业控制。老年用户的特征决定了适老产品涉及多个领域的技术、知识，融合医学、人机工程学、计算机科学、生理学、心理学等领域，跨界的产业机会和技术机会还是比较丰富的。

4.5　本 章 小 结

本章首先以产业创新系统失灵理论作为依托来指导案例研究，以康复辅助器具制造、康复机器人制造两个中高端产品业态为代表，得到了适老产品制造业创新系统存在的 6 个失灵因素（创新主体完备程度、核心创新主体能力强度、基础设施完善程度、制度激励、创新主体交互效率和对领先企业技术、品牌的锁定惯性程度）。创新主体完备程度、核心创新主体能力强度两个方面可称为系统中的主体因素；基础设施完善程度、制度激励可称为系统中的环境因素；创新主体交互效率和对领先企业技术、品牌的锁定惯性程度可称为系统中的交互因素。

其次通过 fsQCA 方法考察以上 6 个因素之间的组态关系，揭示适老产品制造产业创新系统的各种影响因素对创新绩效的多重作用路径。以《养老产业统计分类（2020）》《智慧健康养老产品及服务推广目录（2020 年版）》《关于促进老年用品产业发展的指导意见》为基础，选取了 22 个中高端适老产品制造业作为案例样本（原因在于我国适老产品制造产业与国外的主要差距集中在中高端适老产品上，而且这类适老产品制造业产业创新系统涉及较多技术和产业环节，相应的关键因素也会更加多元、丰富）。

组态分析发现，适老产品制造产业创新绩效的提升依赖多个关键因素的组合，单一因素不能促进其创新绩效的提升或者说创新绩效是多重因素并发的因果问题。多个关键因素组合在一起比单个关键因素对创新绩效的提升效果更为显著，具体表现如下。

一是激励性的制度因素对起步阶段和成长阶段都是必要性条件，尤其是在起步期引导政策的核心作用不可忽视。

二是从主体因素、环境因素和交互因素 3 个方面来看，要实现高绩效，三个方面均不可或缺。

三是从 6 个因素来看，创新主体完备程度、核心创新主体能力强度、基础设施完善程度、制度激励、创新主体交互效率、对领先企业技术、品牌的锁定惯性程度中的某些方面对高绩效不利，则必然要求其他方面呈现更为有利的表现。

四是发现成长阶段或者说创新追赶的关键时期需要更多的有利因素支撑企业，尤其是对创新主体完备程度、核心创新主体能力强度、基础设施完善程度、创新主体交互效率提出了更高的要求，而且要求以上因素同时呈现比较好的表现。

本章进一步从完善创新主体、提升创新主体能力等方面提出若干建议，包括加强企业在产业创新系统的主体地位、加大知识生产机构的研发投入、建立完备的创新服务体系、加强 STI 学习、发挥地方特色培育产业集群、完善各类科技创新平台、平衡供给侧和需求侧政策、构建和完善标准体系、优化创新网络连接、构建国际产业合作网络及突破产业边界限制、实现跨产业融合发展等一系列对策。

第5章 适老产品创新的关键成功因素

经验上判断，适老产品创新管理的关键成功因素有别于通常的创新管理活动。郑稣鹏和徐雨森（2020）选取 IDEO、嘉兰图作为典型案例，借鉴扎根分析的流程归纳适老产品创新管理的关键成功因素，得到以下研究发现。

一是明晰情境管理之于适老产品创新管理的前置作用，解构具体的构成维度。适老产品创新管理要将使用情境作为创新来源，不仅要做好情境管理之驭境管理，还需重点关注寓境管理。

二是指明具身认知、创意组合之于适老产品创新的关键作用。只有在老年人真实的工作、生活情境下，企业才能发展出较高水平的产品功能认知和采用认知。成功的适老产品大多体现为设计创新与产品创新、工艺创新的结合。

三是梳理"情境管理—具身认知—创意组合"关键因素之间的螺旋提升关系。在这种螺旋提升过程中，适老产品创新的多阶段、多主体、精益化特征愈加凸显，最终表现为创意组合的不断加强，构建高水平的适老创新公地也是形成螺旋提升关系的关键。适老产品创新要以精益迭代创新区别于传统技术制造类产品创新。

5.1 研究方法与案例选择

借鉴扎根分析的编码流程，将案例研究方法和扎根分析方法进行了融合，即核心的指导思想和研究方法是双案例分析，但在具体操作环节或者说案例资料处理环节，充分借鉴扎根分析的流程和资料处理的技术。从案例资料中提取初步概念化的过程相当于一级开放式编码环节；将概念进一步归纳为范畴的过程相当于二级主轴编码和三级选择性编码环节。为保证研究的信度与效度，首先数据的收集与分析均按照三角测量法要求进行。其次，研究人员按照编码说明和要求依次进行编码，编码结果相互比较来提高信度。另外，本章经过重新编码、反复比较和共同探讨等方式，并通过证据相互验证形成完善的证据链条，保证研究小组成员对编码结果达成统一意见。

本章的研究对象为两家适老企业的适老系列产品：IDEO 之老龄化·新思路（design on ageing）系列和嘉兰图之老年产品系列。选择这两家企业的原因主要在于符合典型性要求。嘉兰图的雅器（ARCCI）系列老人手机为国内老人机的开山鼻祖，多次荣获过红点设计大奖、中国创新设计红星奖金奖等。雅器系列老人手机也因简洁、易用的风格受到全国乃至国际市场，如俄罗斯、波兰等地老年人甚至年轻人的喜爱。IDEO 是全球顶尖的设计咨询公司，其旗下的老年系列产品在新加坡、美国硅谷、英国等全球市场已投入使用，并受到全球老年人的广泛好评。

采用四种数据收集方法：一是二手资料（期刊、学术会议、主流新闻媒体报道、适老产品研究书籍及报刊资料等）；二是案例企业内部资料；三是行业专家咨询，咨询三名同行业的技术研发人员，将本章得出的结论与行业专家提供的信息相互印证；四是通过直接或间接的访谈来核实企业相关信息。例如，对嘉兰图，除通过网站获取公开资料外，还请对该公司有所了解的工程师进行访谈。IDEO 之老龄化·新思路系列产品，除通过网站收集设计顾问、首席高龄长官等的会议发言、访谈记录、社交媒体等获取公开资料外，还请同领域的行业专家核实相关信息。案例企业的基本情况见表 5.1。

表 5.1 案例企业的基本情况

企业	IDEO（老龄化·新思路系列设计产品）	嘉兰图（老年产品系列）
成立时间	1991 年	2000 年
企业概况和主要的设计思路	企业概况：由大卫·凯利设计室（由大卫·凯利创立）、ID TWO 设计公司（由比尔·莫格里奇创立）和 Matrix 产品设计公司（由麦克·纳托创立）合并而成。三位创始人中，大卫·凯利是斯坦福大学的教授，一手创立了斯坦福大学的设计学院，他同时也是美国工程院院士。比尔·莫格里奇是世界上第一台笔记本电脑 GRiD Compass 的设计师，也是率先将交互设计发展为独立学科的人之一 设计思路："无论是何种创新，都是来自三方面的最佳结合点：用户的需求性、商业的延续性以及科技的可行性"（首席执行官：蒂姆·布朗）	企业概况：是国家级工业设计中心嘉兰图设计集团的全资子公司，嘉兰图设计集团于 2015 年全国中小企业股份转让系统成功挂牌、新三板上市。VK66 老人手机获 IF 设计奖；雅器系列老人手机 S738 获德国红点设计大奖、中国外观设计优秀奖和中国创新设计红星奖；雅器 CP41 三防老人手机获 IF 设计奖 设计思路："不断满足生活需求、主动探寻市场设计"
典型产品	2013 年，首次将设计主题聚焦于"老龄化"这一全球性话题，设计出"老龄化·新思路"系列项目：故事盒、萌芽（sprouts）老人花园、"药片项链"、老年助行器、银发镜	雅器系列老人手机主要包括 S718、S728、S738 老人手机、CP18 彩屏手机、CP41 三防老人手机、S900 专业助听老人手机等；助听器；适老空间设计；老年人双面拖鞋；老年人护理床

5.2　案例编码的综合分析

5.2.1　案例编码

依循质性分析的编码流程，本章围绕适老产品创新管理的关键成功因素核心议题进行开放式编码，以 a 标注 IDEO 的编码（表 5.2），以 b 标注嘉兰图的编码（表 5.3）。

表 5.2　IDEO 适老产品创新的概念化编码

主要产品	典型事例（原始资料）	概念化
IDEO 伦敦办公室设计的萌芽老人花园	设计师将思考角度着眼于老龄化群体常见的一种现象：不断扩大的离群索居与孤独群体，以缺乏户外活动的城市儿童和潜在的孤独老人作为主要对象，要求设计师住进老年人家中，不仅一对一上门访谈，还参与了解老年人在家里的真实行为习惯及特征。另外还采用自我记录的方式来克服受访者不自然的情况，如让老年人回家自己拍十张生活照片，或回家写完调查资料，将那些孤独老人的花园变身为让孩子们学习园艺与自然知识的好地方	a1 亲身生活体验 a2 用户自我记录 a3 面对面访谈 a4 老少搭配 a5 目标导向 a6 情景观察
IDEO 伦敦办公室设计的"药片项链"	设计师在长期与世界各地人群的交流中发现，对于有服药需求的人，人们总能想出不同的方法来提醒自己或身边人准时吃药。同时，在选择隐瞒或公开自己患病一事的态度上，人们的选择也有所不同 设计师发现老年人对服药有一定的排斥心理，将传统的药片盒进行改进，采用大小不一的配饰串成可挂在颈间随身携带的项链，便于老年人接受服药工具。另外考虑到老年人忘记吃药的问题，设计师通过简单的隔片和不同的颜色来划分早餐、午餐、晚餐和夜间服用，以方便提醒老年人日常用药。对产品进行了试用和场景实验，加入了其他类别的提示功能	a7 重新界定产品 a8 快速搭建模型 a9 感知易用性 a10 美学工艺改进 a11 色彩搭配 a12 场景实验 a13 转换产品语义 a14 配件结构参数改进
IDEO 波士顿办公室设计的老年助行器	设计师德里克·阿尔格里姆将两种截然相反的助行工具——滑板和拐杖巧妙地结合在一起，即在原始的医疗助步工具的基础上，把滑轮改为滑板。设计师发现适老产品只重视实用性，却忽视了老年人希望表达的个性与风格诉求，忽略了享受乐趣的重要性。助行器还配有无线地理定位功能，还可在紧急情况下用于呼救	a15 易位嫁接认知 a16 零部件重组 a17 兼容性认知 a18 感知趣味性 a19 自我认知一致性
IDEO 硅谷总部汇集全球适老产品	聘用琼·费舍尔、芭芭拉·贝斯金德等高龄设计师担任首席设计师，年轻设计师可以和高龄设计师一起工作，对老年人真正的需求有了更直观和深刻的理解。全球各设计工作室的适老产品会邀请高龄设计师体验并试验产品，发表改进意见	a20 老年人参与式设计 a21 首席设计师评价 a22 设计师对接 a23 观察试验 a24 产品设计的二次改进
停靠点	停靠点是一种设置于路口、红绿灯附近的街头装置，旨在帮助老年人和行动缓慢群体在繁忙的都市中找到歇脚的地方。这些看似普通拐杖式的休息停靠点台能为老人提供片刻的休息，在等红绿灯或找公交系统的时候，他们也可以把购物袋挂在停靠点上	a25 通用设计 a26 性能需求 a27 造型设计 a28 多层级用途

续表

主要产品	典型事例（原始资料）	概念化
IDEO 中国办公室设计的故事盒	设计师在设计过程中，选择各类极端人群上门访问，询问他们的需求并在交流过程中观察采访人家中的环境和家庭几代人的交流方式。经过市场调查发现，多数行为不便的老人因为大多时间受到子女的照顾，在与年轻一辈交流时表现出强烈的意愿。各类调查结果让设计师确定设计一款具有互动性交流媒体的必要性。设计师体会到现代中国时代的巨大变迁和飞速发展，将老年人丰富的人生经验等虚拟记忆转变为个人物品。该木盒子作为人生纪念可以流传给家人，同时故事盒还有数码触屏，方便家人扫描、分享，还可以记载自己的想法、故事和对话	a29 产品交互性 a30 年龄梯级 a31 人文情感关怀 a32 产品结构与语义传达相结合

表 5.3　嘉兰图适老产品创新的概念化编码

主要产品	典型事例（原始资料）	概念化
雅器系列之 S900 专业助听手机产品的创意来源	S718、S728 老年手机虽填补了国内老年手机市场的空白，但调大音量并未真正解决老年人的听力障碍问题。嘉兰图老年研究中心针对这一问题，深入老年社区、老年大学、养老院、公园等老年人聚集场所，通过观察老年人的情感反应、面对面访谈等形式有针对性地了解有听力障碍老年人的真正需求。设计师亲身体验老年人在生活中佩戴助听器的过程，发现助听器与手机同时使用容易发生啸叫，加之助听器与其他电子设备使用上的不兼容性导致老年人存在使用多种设备噪声困扰、携带不便、手指拨动困难等问题	b1 发现市场机会 b2 需求知识评判分析 b3 观察情感反应 b4 目标导向 b5 面对面沟通 b6 亲身体验产品
雅器系列之 S900 专业助听手机产品的设计改进	嘉兰图合理构想出集通信与助听功能相结合的助听老人手机 ①通过通信工具与助听设备的整合，并做优化合理的空间利用，使排布更加紧凑，各个按键与接口分布在合理位置。这款产品在日常生活中相当于一款助听器，当有电话打进来时，会智能切换为耳机接听模式，省去有听力障碍的老年人随身携带多种设备的困扰 ②助听耳机的外观风格一改传统助听器俗气的设计，改变传统助听器给人排斥性的医疗设备的感受，大胆使用黑色，选用时尚感十足的宽扁线材，解决缠绕问题。大接口的设计解决了老年人因眼花问题不易操作的难题，让用户具有使用时尚音乐耳机的体验感，更避免了老年人佩戴助听耳机的尴尬 ③助听环境模式囊括了对环境助听、通话助听、FM 助听等多种模式。手机设计了助听耳机专用接口，耳机插拔采用滑槽、色彩区分等形式，防止误操作。符合指型的设计便于持握，形态具备引导特性，便于插入耳机，并且色彩分明，明确指示老年人使用。波轮式音量按键设置在机身右侧易用且突出的位置，此设置不仅可以用来调节耳机音量，还可以转换五种助听模式 ④助听手机在机身背面还升级了 SOS 一键紧急呼叫功能、LED 高亮手电筒功能、声光报警功能，其中声光报警功能在按下急救键后声音会以喇叭最大音量响起，键盘 LED 灯、LCD 背光灯按每秒间隔频率同步闪烁，LED 屏幕交替显示"机主姓名、血型、即发病史、家人姓名、家人联系方式" ⑤S900 具备可兼容性接口，可以与健康配件连接，进行血压、血氧、心率等健康监测，使老年人随时可以了解到自身的健康状况	b7 技术探索性预测 b8 零部件整合 b9 主辅功能智能切换 b10 工艺参数对接 b11 工艺结构适配 b12 色彩搭配 b13 感知易用性 b14 功能可见性 b15 关联性认知 b16 美学外观设计 b17 身份象征转换

续表

主要产品	典型事例（原始资料）	概念化
雅器系列之S900专业助听手机创意的管理改进	嘉兰图成立的老年研究中心重新审视老人手机，发现共有的市场规律和模式，凝练关键课题后构建模拟的实验环境，对老人手机进行产品使用和模拟实验，为老年人使用产品可能发生的危险行为进行检测，如接收器、报警器等，有效考量整合后的技术是否成熟可行，产品的硬件、外观结构等工艺成本是否合理。长期与深圳老年协会、公共社区保持联系，在了解观察的基础上，找出可能的需求因素进行验证和预测评估 嘉兰图发现老年人消费观念具有惯性强、注重体验、从众心理等特殊性，在营销活动方面采取温情的营销路线。嘉兰图面向全国征集与年迈的父母有关的亲情故事，尤其是有关雅器老人机的故事，让消费者通过自己的故事体会亲情，提升雅器老人机的品牌形象	b18 兼容性认知 b19 情景模拟 b20 考量工艺过程 b21 技术网络合作 b22 设计与产品知识互补 b23 情感性服务
双面拖鞋	嘉兰图老年研究中心在观察老年人生活习惯时发现，很多老年人在刚睡醒的时候会坐在床边找拖鞋，但很多时候拖鞋是反过来放的，老年人腿脚不灵活，增加了老年人滑倒摔伤的危险性。聘请老年生理、心理方面专家学者作为项目顾问，在适老产品成熟发达的国家和地区，如日本、欧洲、我国台湾等地开展相关调研，为适老产品的开发设计提供数据支持，通过实验手段尝试不同的产品可能性。团队经过头脑风暴，从中国传统的阴阳相生哲学中得出设计理念，阐述产品创意来源，快速构建模型 最后构想出从两面都可以直接穿上的拖鞋，该双面拖鞋采用较薄的硅胶材料制作，轻便又有弹性。双面拖鞋的设计同样受到年轻人的欢迎	b24 头脑风暴法 b25 文化关联认知 b26 试验多种可能性 b27 模拟产品 b28 讲述产品故事 b29 专家访谈 b30 内化知识批判 b31 通用设计 b32 社会文化追溯 b33 用户年龄跨度高

5.2.2　编码综合分析

通过归纳得到具身认知、情境管理、创意组合三大成功因素，最后将所有编码和引文交给参与研究行业专家和学者进行审核，关键因素识别结果如表 5.4 所示。

表 5.4　范畴化：适老产品创新管理的关键成功因素

具身认知	功能认知	外形审美认知（AB1：a11、a27、b12、b16）；文化情感认知（AB2：a13、a19、b17）
		产品可用性认知（AB3：a15、a17、b15、b18）；使用价值认知（AB4：a26、a28、b9）
	采用认知	跨代设计认知（AB5：a4、a25、a30、b31、b33）；产品效能认知（AB6：a9、a18、a20、a29、b13、b14）
情境管理	寓境管理	情境观察（AB7：a5、a6、b3、b1、b4）；情境体验（AB8：a1、a2、b6）；参与式访谈（AB9：a3、b5）；快速成型（rapid prototyping）技术（AB12：a8、b27、b28）

情境管理	驭境管理	技术评判（AB10：a7、a21、b2、b24、b29、b30）；产品预测及检验（AB11：a23、b26）；场景实验（a12、b19）
创意组合	设计同产品创新组合	知识互补（AB13：a22、a32、b21、b22）；创新过程改进（AB14：a24、a31、b23）
	设计同工艺创新组合	工艺过程改进（AB15：a10、a14、b11、b20）；工艺重组（AB16：a16、b8、b10）

5.3 "情境管理—具身认知—创意组合"螺旋匹配模型

5.3.1 适老产品创新管理的成功因素

1. 前置因素：情境管理

适老产品的创新管理源于对老年人需求分析的寓境管理和驭境管理。第一，寓境管理指的是身临其境地进行外部情境研究，获取更多与老年人视角相关的隐性知识（观点、创意）。这种寓境管理将用户使用情境视为纯粹的认知对象，无任何预设性地探寻老人的行为特征，如照相、视频、录用、手写记录或画示意图方式来记录观察到的现象。第二，驭境管理指的是基于真实使用情境制作及装配产品原型，对少数老年人进行模拟实验研究和分析。通过人为模拟实验进行驭境管理，有助于发现适老产品的潜在创新机会。寓境阶段获取的语义比较发散，驭境阶段则聚焦于新的解决方案。

不可否认，情境管理在传统技术制造类产品的创新中具有重要作用，但这些产品多为注重开发人员的主观能动性及技术的预测与应用，即侧重驭境管理。适老产品创新的特殊之处在于，对寓境管理的重视程度高于驭境管理。

情境管理的寓境管理需要民族志研究对情境信息进行解读，人类学家作为情境解读的主体显得尤为重要。一般而言，人类学家则在这一过程担任着守门人的角色，即在情境与设计师之间负责信息的转译和联结，对获取到的情境信息进行重新构思和配置，观察到常人忽视或误解的细节。适老产品的寓境管理中，人类学家通过民族志研究，参与式观察用户反映并准确记录判断老年用户偏好，帮助设计师、营销人员和管理者深刻认知并协调老年用户需求与产品设计间的关系。IDEO 总部聘用 95 岁高龄的芭芭拉（Barbara Beskind）作为适老系列产品的首席设计师，实际上充当着守门人角色。根据自己的生活经验和用户的反馈，芭芭拉采用设计感十足的滑雪杖代替助行器，打破设计师对老年用户的刻板印象。

2. 中间因素：具身认知

第二代认知理论强调从具身的角度来看待认知，即人们的心理认知是身体对外界环境的感知和响应，这种切身体验会帮助机体形成具身认知。本章将具身认知解构为功能认知和采用认知。其一，具身认知的功能认知主要侧重考虑产品的外形审美、使用价值、情感语义等方面。由于老年人更容易产生孤独感、挫折感，功能认知需要着重考虑从审美认知和用途认知两方面来减轻老人的消极认知。其二，具身认知的采用认知是一种关注老年人深层次需求的可持续性认知，更多地考察老年用户的感知用途和自我效能感的反馈。

具身认知对产品创新活动的促进作用在两家公司得到了体现。IDEO 伦敦办公室设计师在老年人群中切身体会到该群体中离群索居与孤独群体的数量不断增长，从这些孤独老人特殊的行为习惯中合理预测出他们的感知心理需求（如孤独感、感知安全性、愉悦性），将老年人的花园变为老年人与儿童共同学习园艺、分享乐趣的场所，设计出了萌芽老人花园，提升了老年人自主参与社交活动程度。嘉兰图则从老年人生理和心理需求出发，进行功能和采用两大认知层面的改进。嘉兰图设计团队在对老年人的观察中发现，老年人使用手机时存在听觉、视力等生理障碍，便对产品外观设计和使用功能均做了"加法"和"减法"处理。一是简化了传统手机界面设计。考虑到老年人学习能力下降，保留了传统数字按键、大字体、打电话、发短信、一键免提等基本功能。二是整合并增设了重要功能的快捷方式。寓境访谈中发现老年人仍旧延续着精打细算的生活态度，在平时生活里喜欢计算生活花销、记录易忘事宜。嘉兰图在手机界面设计的最下端添加了计算器、一键备忘录按键功能。

3. 直接因素：创意组合

面对异质性群体（设计师、技术研发员、工艺工程师）对同一情境的不同认知，产品创意组合能够协调好技术创新、工艺创新活动之间的关系，成为适老产品成功创新的直接影响因素。创意组合是指设计活动与同产品开发活动（技术创新、工艺创新）的组合。技术创新主要负责产品的技术二次改进与研发，工艺创新主要负责产品的功能、结构、性能等生产制造工艺。一是设计同产品创新组合有赖于功能用途原型与技术可行性分析的有效衔接。研发人员需要根据设计活动得出的原型结构及技术参数对产品创意组合进行评估。二是设计同工艺创新组合依赖于设想出的设计原型与产品的可制造性、成本的可控性等方面的有效衔接。设计师在创意组合中充当资源调配员的角色，有效协调技术研发、工艺活动之间的衔接关系。

IDEO 开发的多款适老产品均体现了以上设计活动与工艺创新的密切组合。

IDEO 伦敦办公室将传统的药片盒进行改进，设计了别具一格的"药片项链"，即将药片串成项链。既能简单划分用药时间间隔，又能提醒老年人服用药片。因为新颖的审美设计模糊了老年人和年轻人的需求差异，许多年轻人也在采用该产品，而恰恰是年轻人的采用促进了老年人的持续使用行为。

嘉兰图开发出的雅器系列老人手机均是"友好性"设计思维同产品和工艺创新密切联系的体现。嘉兰图雅器系列之 S900 专业助听手机是一套易于被老年人接受的、时尚设计感十足的老人手机。嘉兰图在寓境管理中发现，S718、S728 老年手机虽填补了国内老年手机市场的空白，但仍存在产品与其他性能、工艺设计不兼容的问题，如调大音键并未真正解决老年人的听力障碍问题，助听器与其他电子设备使用上的不兼容性导致老年人存在使用多种设备噪声困扰、携带不便、手指拨动困难等问题。嘉兰图设计师召集技术研发员、工程师成立项目小组，合理构想出通信与助听功能相结合的设计理念，有效考量整合后的技术是否成熟可行，并检测产品的硬件、外观结构等工艺成本是否合理。该产品模糊了传统盒式专用助听器的结构功能，增强了助听设备与通信设备的技术兼容性，加入了波动式助听音量功能和一键助听功能，改进了传统助听耳机俗气的外观风格。正是凭借这一无障碍设计产品，S900 助听手机荣获德国 IF 设计奖。

5.3.2　"情境管理—具身认知—创意组合"的链式匹配关系

从上述案例分析可以得出，年轻设计师自身存在的认知障碍主要来自两方面：一是设计师没有意识到自身欠缺某项知识，将老人定义为技术的被动接受者；二是即使认识到自身知识存在不足，但缺乏渠道去了解适老产品的特定知识或领先用户的真实需求。如前所述，采用参与式观察、移情实验等方法能够克服上述的认知障碍，原因在于这种方法强调在自然状态下观察老年用户的行为，能够有效避免年轻设计师将老年用户视为技术被动接受者。

进一步发现，有效匹配好"情境管理—具身认知—创意组合"之间的链式关系则是真正克服认知障碍、形成老年友好型产品设计理念的关键。深刻关注适老产品的情境因素能够促使年轻设计师对老年人使用情境进行现实观察和预测分析，形成高水平的具身认知，有助于设计师归纳出适老产品的创新实践规律，演绎推理适老产品的设计方案，验证设计方案的合理性。这种"尊重"老年人的具身认知，可以进一步指导设计与产品开发创新组合的实现。简言之，对老年人的使用情境进行寓境和驭境管理（前置因素）是拓展适老产品具身认知的基础；具身认知（中间因素）可以指导适老产品创意组合（直接因素）的实现，进而直接形成"尊重"老年人的适老产品。综上所述，适老产品创新过程可以视为"情境管理—具身认知—创意组合"之间的链式匹配过程。IDEO 和嘉兰图同样以情境管理为创新源头,帮助设计师形成产品的具身认知,也正是拥有对适老产品认知的深刻体会,两家公司成为适老设计理念的积极倡导者。图 5.1 为适老产品创新管理的链式匹配"情境管理—具身认知—创意组合"模型。

图 5.1　适老产品创新管理的链式匹配"情境管理—具身认知—创意组合"模型

5.3.3　"情境管理—具身认知—创意组合"的螺旋提升关系

仅凭情境管理、具身认知、创意组合三要素的链式匹配关系难以解释适老产品创新的实现机理,还需要借助三要素间的螺旋提升关系。正是这种螺旋提升关系才能有效减弱障碍因素的制约,增强每个成功因素的促进,形成适老产品创新管理的良性循环。我们可以将适老产品创新的关系机理简化:适老产品创新管理=f(情境管理,具身认知,创意组合,f(情境管理,具身认知,创意组合)),其中 f(情境管理,具身认知,创意组合)表示"情境管理—具身认知—创意组合"之间的关系。

1. 多阶段、精益化、多主体的特征

适老产品创新的多阶段、精益化特征在"情境管理—具身认知—创意组合"螺旋提升过程中愈发凸显。设计团队将产品设计草案拿到使用情景中重新呈现,通过各主体的反馈意见,以小步快跑的方式,及时发现问题并调整设计方案,如此循环迭代直到各方对解决方案满意为止。快速成型技术在这一螺旋提升过程起着重要作用。具体来看,产品开发小组根据老年用户的使用需求讨论出多种情境,并根据技术可行性对设计原型草案进行设计调整。一旦开发出产品的第一代 1.0 版本,开发团队则将产品得到的反馈意见作为下一代 2.0 版本的输入,拿到情境中重新呈现并快速试错。IDEO 的设计团队更愿意通过不断试错、快速迭代的方式来实现"Fail fast, fail cheap, succeed faster"(快速试错损失小,加速成功)的结果。IDEO "药片项链"的初始创意从寓境过程中发现(老年人对专用的老年药片盒有一定不适心理),形成"药片项链"原型 1.0 版本。同时,为验证产品能够同时吸引年轻人和老年人,设计团队将原型在使用情境中重新进行试用和场景实验,将其他类别的提示功能（如简单的隔片设置、不同的颜色搭配）也加入进来，形成"药片项链"原型 2.0 版本。由此看来，适老产品创新具备精益创新的特征，这种快速迭代的精益创新与传统技术产品以终端需求为导向的产品开发模式不尽相同。

"情境管理—具身认知—创意组合"螺旋提升过程所涉及的创新主体越来越多，产品团队在这一过程中需重新确定创新主体范围。为了更好地与老年人的使用需求有效衔接，产品设计团队仅靠老年人的情境观察是远远不够的。适老产品创新的迭代过程还需将主体范围扩展到人类学家、老年人的家属、医务人员及护理人员等"创新共同体"，让他们共同解读使用情境，合理评估适合老年人需求的技术。IDEO 和嘉兰图同样意识到这一特征，IDEO 对包括老年人、护理人员（广义包括护工或子女）在内的群体进行民族志研究，强调在自然轻松的状态下观察他们的行为，有效避免年轻设计师将用户视为技术被动使用者。IDEO 在设计萌芽老人花园时，发现独居老人在与设计师交谈时有时并不喜欢表达自身的产品需求，甚至拒绝接受采访。基于独居老人孤僻的心理特征，设计团队将预期创意设计方案交给养老院、护理人员和人类学家进行论证，开发出独居老人与儿童共同学习的园艺场所。嘉兰图为了深切关注老人手机的使用情况，成立专门的老年研究中心。他们调研老年社区、养老院等老人聚集场所，跟随观察不同家庭结构、不同知识结构的护理人员和老人，以此了解他们的真实需求。

"情境管理—具身认知—创意组合"螺旋提升关系最终表现特征为创意设计的不断加强。嘉兰图在寓境管理中发现老年人对传统手机按键界面产生了视觉疲劳，产品接受意愿并不高。研究团队据此进行了老年人视觉元素预测分析，初步发现老年人的视觉能力在衰退过程中并不是固定不变的，辨识程度与字体的大小、粗细程度有关。同时进一步发现老年人对纯色比较敏感，嘉兰图通过技术评判、反复实验测试，分析出不同颜色、图形的搭配形式，实现设计理念与产品创新的紧密结合。这些创意组合的不断提升既避免长时间看手机产生的视觉疲劳，又能够保证较强的辨识对比度，提升了老年用户使用手机的效能感。

2. 建设适老创新公地

"情境管理—具身认知—创意组合"螺旋提升过程涵盖情境观察、情境预测和实验等环节，需要适老产品的实验承接机构、配套组织机构的配合和支撑，因此如何组建高水平的适老创新公地是"情境管理—具身认知—创意组合"螺旋提升关系的重点所在。陈劲和俞湘珍（2010）指出创新公地是公共事务领域治理的关键问题。适老创新公地可被视为一种合作规范体系，在政府、企业及社会创新者的通力合作下，将适老产品创新所需的必要知识、信息汇集到产品中。适老产品创新活动的难点在于需要组建更多具有公益性的创新实验室、高水平的适老产品创新知识库、高效的适老产品知识产权流转平台等。IDEO 面向全球范围创建的

"创新实验室"，促成不同领域之间的跨界合作，为组建创新公地奠定了坚实的平台基础。不仅如此，IDEO 还开发了"人本设计工具包"作为产品创新的知识库，用于帮助更多的设计师采用这一理念和方法解决适老产品创新问题。嘉兰图成立专门的老年研究中心同样可视为适老创新公地的范例。第一，长期与深圳老年协会、不同人员结构的社区保持联系，在了解观察的基础上，找出潜在因素进行验证和预测评价。第二，构建模拟的实验环境为对老年人可能发生的危险行为进行监控、检测和预测，如模拟浴室、传感器、接收器、报警器等，强大的后台监测平台对监测结果进行数据分析并反馈到移动终端。第三，聘请老年生理、心理方面的专家学者作为项目顾问，甚至还在适老产业发达的国家和地区如欧洲、日本、我国台湾等地开展相关调研，为适老产品的开发设计提供坚实的数据支持。

综上所述，"情境管理—具身认知—创意组合"的螺旋提升关系经历着快速精益的创新过程，该过程包含了初步的寓境管理→功能认知和采用认知→融合外观设计的新技术，进一步驭境管理→更精准的功能认知和采用认知→融合美学设计的新技术、新工艺的相互关联等。适老产品创新的成功，可归因为情境管理、具身认知及创意组合间螺旋提升关系的紧密结合。"情境管理—具身认知—创意组合"的螺旋提升关系模型如图 5.2 所示。

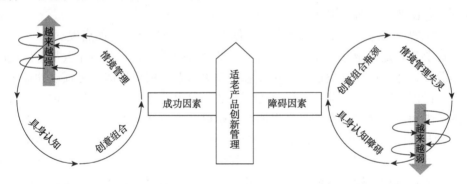

图 5.2　"情境管理—具身认知—创意组合"的螺旋提升关系模型

5.4　本章小结

本章的理论意义在于：一是梳理了情境管理、具身认知和创意组合之间的关系，揭示了适老产品创新的特征。已有研究分别强调情境管理、具身认知与创意组合的重要性，但对三者之间的关系机理研究关注不够。本章在"情境管理—具身认知—创意组合"存在的链式匹配关系基础上，发现三者之间存在的螺旋提升关系，由此得出适老产品创新的两点特征，即多阶段、多主体、精益化特征愈加凸显,最终表现为适老产品创意组合的不断加强。另外,建设高水平的适老创新公地是实现该螺旋提升关系的关键。这两大特征也是适老产品创新活动的复杂性之所在。适老产品创新存在区别于传统技术类产品的特征,即精益式创新。本章从适老产品创新关键因素的关系视角,回答了近来适老产品创新实现机理的相关问题。

二是强调了情境管理之于适老产品创新的前置作用,解构了情境管理的构成维度——寓境管理和驭境管理。适老产品创新管理不仅要做好情境管理的驭境管理,还需重点关注寓境管理。本章基于行动者网络理论的主要观点,指出使用情境应成为适老产品创新的重要来源。该观点响应了近来适老创新学者对避免传统技术产品开发方法弊端的呼吁。另外,本章阐明了基于使用情境的民族志研究可以帮助解读寓境管理。

三是阐明了具身认知、创意组合之于适老产品创新的关键作用,明晰了相应的构成维度。其一,具身认知的构成维度包括功能认知和采用认知,只有在老年用户真实的工作、生活情境下,才能发展出较高水平的适老产品功能认知和采用认知。其二,设计理念导向下的创意组合之于适老产品创新具有直接作用,强调成功的适老产品大多体现为创意组合。已有研究关注到适老产品开发活动应与设计活动紧密结合,本章将其归纳为创意组合,并解构为设计同产品创新组合、设计同工艺创新组合两大维度。

本章的现实意义在于,对适老产品创新实践活动具有一定的启发。

首要之处是要做好企业的情境管理,虽然现阶段产品开发多注重基于情境的技术分析,适老产品开发还要将民族志研究深入老年用户群体,无预设性地了解老年人的深层次需求。第一,民族志研究的对象由老年人拓展到包含护理人员在内的适老用户。第二,在产品开发的开始阶段减少设计师参与程度、增加人类学家的参与程度。此处要注意的是,移情建模虽然可以弥补设计师对老人需求了解不足的问题,但根据本章的分析结果,移情建模最终可能由设计人员主导,仍未解决老人技术被动接受者的问题,因此快速成型技术应作为适老产品开发的主要方法。该方法的好处在于,在不需过多地考虑任何模具等工具设备、成型零件强度和韧性的前提下,可捕捉这些用户对适老产品的实际反应,反复从适老用户中得到及时反馈。

其次,创意组合是"情境管理—具身认知—创意组合"之间螺旋提升关系形成的结果,在这一阶段可注重设计师对产品创新、工艺创新活动的有效协调,对设计思路进行重新开拓。要将设计知识与产品知识、工艺知识紧密结合起来,协调好三要素间的关系,以此加强适老企业的创新管理。总之,既要借助模拟实验、技术预见等手段来检验、预测老年人的内在需求(驭境),还要参与式了解老年人的深层次需求(寓境),发展出适老产品具身认知和创意组合,由此形成"尊重"老年人需求的适老产品。

第6章　适老技术接受的影响因素

本章之所以选择以智能家居产品作为研究对象，一是因为该行业是近年来发展的热点；二是该类产品涵盖高中低端，技术含量也涵盖高中低层次，受众比较广泛；三是针对该类产品的国内外研究成果比较多，便于通过比较，发现中国本土老年人的特质因素。张岩（2020）在国家社会科学基金资助下，基于技术接受模型和感知风险（perceived risk，PR）理论，结合本土老年人的特质，构建了老年人使用意向影响因素的理论模型。

6.1　技术接受模型及相关拓展

6.1.1　技术接受模型

技术接受模型最初由 Davis（1989）提出，它起源于理性行为理论（theory of reasoned action，TRA）和计划行为理论（theory of planned behavior，TPB），用于描述用户对信息技术接受度的影响因素。这一理论在社会学和心理学角度的假设前提是个体在面对选择和判断时总是理性的并且能够充分有效地处理信息，同时个体能够完全自主地决定采纳或者放弃某种行为。技术接受模型之所以被广泛地应用于解释用户接受新技术的态度和行为，是因为该模型同时考虑社会因素和技术因素。

如图 6.1 所示，技术接受模型中归纳了影响态度的两个因素是感知有用性和感知易用性，行为意向由感知有用性和态度两个变量决定，态度由感知有用性和感知易用性两个变量决定。简化版的技术接受模型中感知有用性和感知易用性则均直接作用于使用意向，使用意向是对技术的实际采用的唯一准确预测。根据 Davis（戴维斯）提出的定义，感知有用性是指用户主观认为技术可以提高其绩效的程度，而感知易用性是指用户认为不费力地使用技术的程度。

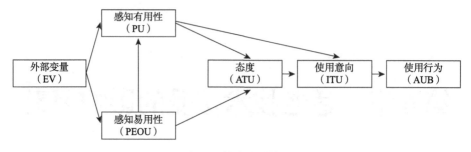

图 6.1　技术接受模型

6.1.2　技术接受模型相关拓展

研究人员试图通过在技术接受模型框架中引入前置变量、调节变量和中介变量来扩展技术接受模型。Chen 和 Chan（2011a）也指出虽然技术接受模型是一个有用和可靠的模型，但为了更好地理解老年人的技术接受行为，应包括老年人的生理和心理特征的其他变量。到目前为止，很多研究都采用扩展技术接受模型的框架来了解老年人的 ICT（information communications technology，信息通信技术）使用情况。Chen 和 Chan（2014）通过增加自我效能、技术焦虑和促进条件三个变量提出了一种名为老年技术接受模型（senior technology acceptance model，STAM）的整合型模型，该模型更适合解释老年人对技术的接受行为。Mostaghel（2016）认为老年人采用技术是一个多学科、复杂的过程，受到老年人自己、他们的家庭、医疗服务提供者、技术提供者及政府和政策制定者等多个角色的影响。

老年人对技术的采用并不是一个纯粹的技术问题，而是一个源于多个方面的相当复杂的问题。不仅涉及技术特征和个人特征，还涉及社会环境和交付渠道。老年人采用技术的因素具体包括价值、可用性、可负担性、可及性、技术支持、社会支持、情感、独立性、经验和信心等，这些因素可以归为四类中的某一类，也可能属于两个或两个以上类别的交集，如图 6.2 所示。

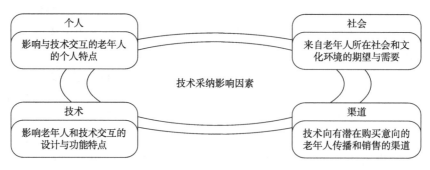

图 6.2　四类老年技术接受因素

这四类因素可以应用于检验老年人对各种类型技术的采纳情况，有利于提高对老年人决策和行为的理解程度。

Yang 等（2017）和 Adapa 等（2018）已经成功地使用技术接受模型解释了用户对智能可穿戴设备的使用意向，发现使用意向、个人价值和某些促进条件是主要因素。Shin 等（2018）也采用技术接受模型研究了影响智能家居技术采用和扩散的因素，发现感知有用性和感知易用性及兼容性对使用意向有显著的正向影响。

Park 等（2018）通过将原始技术接受模型扩展为集成模型研究智能家居的采用情况，发现兼容性、连通性、感知控制、系统可靠性和享受性对用户使用意愿有显著的正向影响，而感知成本对使用意向有显著的负向影响。

在智能可穿戴设备、智能医疗等智能物联网设备及老年人技术采纳的相关研究中考虑情境因素是十分必要的，不同情境中变量的显著性和重要性可能存在差异，通过比较才能揭示出语境之间行为的细微差别（Mital et al.，2018）。

因此，本章结合研究对象特点提出了一个扩展技术接受模型的假设模型。由于智能家居在中国特别是老年群体中仍处于早期扩散阶段，本章考察的不是老年人对智能家居的实际使用行为，而是其采用智能家居的行为意图。在本章情境中，行为意向可以定义为老年人计划使用智能家居的主观可能性。

6.1.3　感知风险

感知风险是从心理学领域中延伸出来的概念。个体的任何行为都会产生没有办法预测到的后果，其中导致不愉快或与预期不符的后果是个体无法控制的而且会带来某些方面的损失，这就是个体行为可能面临的风险。这一观点反映出人们所做出的任何行为决策都无法在产生行为之前就准确地预测结果，这个结果既可能是正面也可能是负面，而个体担忧负面结果的产生就是担心风险所在。

感知风险是影响用户购买决策的重要因素，主要包括两个原因：一是决策结果的不确定性；二是错误决策带来后果的严重性，即在行为引起负面结果后，个人是否有足够能力去承担。感知风险是具有个体主观性的，不同文化背景或相关经验等导致其对风险产生显著不同的态度及具备不同的风险偏好与承受能力。一般而言，用户在决策过程（即购买决策）中往往会感知到显著的风险（Holak and Lehmann，1990）。在信息系统研究领域，感知风险被定义为用户追求使用电子服务的预期结果过程中的潜在损失，同时指出感知风险是一个多维结构，风险的维度可以根据产品或服务的不同而不同，风险被认为是采用创新技术可能代表的一种潜在损失，往往使用户体验不确定、不舒服、担忧或焦虑，是影响个体接受和采用的主要决定因素之一。

国内外学者划分了不同的感知风险维度。Cunningham（1967）将感知风险划分为两大类：性能风险和心理风险，并基于所有风险因素都源于性能风险的假设进一步将感知风险细分为六个维度：性能风险、财务风险、机会/时间风险、安全风险、社会风险和心理损失风险。Jacoby 和 Kaplan（1972）将感知风险划分为五种类型：性能风险，商品没达到预期的使用效果的风险；财务风险，失败的消费行为所造成的经济方面损失的风险；社会风险，使用该商品导致消费者难堪而造成不被社会群体认可甚至被排斥的风险；身体风险，质量不佳或不适用的商品可能对消费者身体造成伤害的风险；心理风险，消费者与其使用的商品间产生不协调的风险。以上五个维度对感知风险的总体解释能力达到 61.5%，据此他们总结出感知风险的总体衡量方法，即在风险权衡行为发生后总体风险由其中几个独立的风险种类组成。

对于智能家居应用而言，风险可能来自于基于技术的基础设施（环境风险），也可能来自于个人行为风险（Ring and van de Ven，1994）。由于用户将任务交给人工智能和智能家居等自动化技术来执行，因此使得降低风险感知变得重要，智能家居情境中主要包括性能风险、财务风险和安全风险三个维度。感知风险对用户决策行为很可能会产生显著影响，因此在本章针对老年人对智能家居的使用意向的实证研究中，将感知风险理论引入技术接受模型，将感知风险性划分成三个维度，包括性能风险、安全风险和财务风险。

6.2 模型构建与研究设计

6.2.1 假设提出与模型构建

1. 老年特质与感知有用性、感知易用性

本章中技术焦虑是指老年人在面临使用智能家居时产生的焦虑或恐惧心理。技术焦虑来源于社会认知理论，对使用技术感到焦虑的人会向自身制造压力并过度地让自己沉浸在失败和灾祸的想法中，关注的是用户面临使用技术工具时的心理状态。

技术焦虑程度与年龄呈正相关关系，这意味着老年人在使用新科技产品时可能更缺乏自信、更焦虑。不熟悉的技术会带来不确定性和风险，老年人可能会觉得他们不理解和不能控制周围发生的事情，这可能会导致严重的沮丧和恐惧。许多研究人员指出在研究用户接受新技术产品或服务时，技术焦虑是一个重要的因

素。当焦虑增加时，个人对新产品的易用性或有用性的感知就会降低。其他研究也表明，技术焦虑对技术工具的感知和用户决策产生影响。

中国老年人往往更惦念晚辈的生活状况而较少关注那些有利于改善自身生活质量的新技术，他们更可能会因焦虑或紧张而容易对智能家居技术产生排斥，进而在认知上产生对智能家居的有用性和易用性的怀疑。据此，提出以下假设：

H_{6-1}：老年人的技术焦虑显著负向影响其对智能家居的感知有用性。

H_{6-2}：老年人的技术焦虑显著负向影响其对智能家居的感知易用性。

本章中抗拒改变是指老年人在面临使用智能家居时仍拒绝改变生活方式或习惯的心理。根据正常老龄化的连续性理论，老年人通常会保持他们以前的活动和行为。如果新技术应用对生活造成较大改变，老年人往往在面临新技术时表现出现状偏见。根据现状偏见理论，现状偏见是指用户既不愿使用某项新技术也不愿放弃使用正在使用的技术，惯性会使用户对新系统产生负面偏见，并降低用户使用新系统的意愿。

使用智能家居需要老年人改变他们的习惯和生活方式，而不是简单地采用这些技术。中国老年人的"守旧"思维往往比较严重，当抗拒改变的倾向较强烈时，老年人可能会倾向于认为现有生活方式更好，并夸大智能家居的学习难度，因此智能家居的相对优势和易用性的评价会相对较低。据此，提出以下假设：

H_{6-3}：老年人的抗拒改变显著负向影响其对智能家居的感知有用性。

H_{6-4}：老年人的抗拒改变显著负向影响其对智能家居的感知易用性。

2. 感知有用性、感知易用性与使用意向

本章中感知有用性是指老年人主观认为使用智能家居可以改善其生活质量的程度。老年人高度重视独立性和生活质量，若老年人认为使用智能家居可让他们更有效地管理自己的生活、提高独立性及改善整体生活质量，他们便会对使用智能家居产生正面的看法。例如，烟雾报警器监测室内烟雾浓度，出现危险会马上响起警报，及时提醒老人及其儿女，老年人若觉得这种功能有助于降低出现火灾等风险，便可能倾向于使用智能家居。据此，提出以下假设：

H_{6-5}：感知有用性显著正向影响老年人对智能家居的使用意向。

一项技术操作的容易程度强烈影响用户的采用行为，特别是在技术商业化的初始阶段。感知易用性是个体对使用和学习技术费力程度的评估，它不仅直接影响意图，还可以通过有用性的感知而间接地影响意图。老年人重视技术学习和使用的容易程度，若老年人认为智能家居可以不费力地实现熟练操作，他们便会对使用智能家居产生正面的看法。例如，很多中国老年人有夜间起床习惯，智能夜灯会自动感应并亮起，而上床后夜灯会通过自动判断而关闭，老年人对这种自动化操作的易用性感知便可能提高其对降低跌倒风险好处的认识，进而产生购买意愿。据此，提出以下假设：

  H_{6-6}：感知易用性显著正向影响老年人对智能家居的感知有用性。

  H_{6-7}：感知易用性显著正向影响老年人对智能家居的使用意向。

3. 感知风险因素与使用意向

  本章中性能风险是指老年人担心智能家居设备出现故障而无法提供预期服务的可能性。智能家居的复杂性与设备联系的紧密性会导致依赖的产生，从而降低设备的可靠性。老年人由于年龄增长而身体活动能力有限，他们对使用的任何设备都期望有一个可靠的性能。据此，提出以下假设：

  H_{6-8}：性能风险显著负向影响老年人使用智能家居的意向。

  本章中安全风险是指老年人担心他们的个人数据会被泄露或智能家居系统会被入侵的可能性。老年人通常不太懂技术而且采用新技术或服务时的学习曲线较慢，当智能家居的隐私问题所带来的威胁造成老年人高度敏感时，重视隐私保护的老年人自然会拒绝使用这些智能家居，中国老年人尤为厌恶电话诈骗等行为。若健康设备记录自身健康状况等隐私数据的丢失或被非正常利用可能导致他们被骚扰，老年人可能惧怕这些后果从而会拒绝采纳。据此，提出以下假设：

  H_{6-9}：安全风险显著负向影响老年人使用智能家居的意向。

  本章中财务风险是指老年人担心应用智能家居导致损失或浪费金钱的可能性。由于中国老年人退休生活后通常收入来源有限且节俭意识强烈，在采纳技术时他们可能会有更多财务上的顾虑，他们认为消费账户上的钱是用来做"等价交换"的，因此他们对经济相关风险更加敏感。在智能家居技术的背景下，如果老年人认为采用智能家居出现成本浪费风险或经济损失的风险较大，就会对其心态产生消极影响。据此，提出以下假设：

  H_{6-10}：财务风险显著负向影响老年人使用智能家居的意向。

  如表 6.1 所示，本章共提出 10 条假设。

表 6.1　研究假设汇总

编号	假设
H_{6-1}	老年人的技术焦虑显著负向影响其对智能家居的感知有用性
H_{6-2}	老年人的技术焦虑显著负向影响其对智能家居的感知易用性
H_{6-3}	老年人的抗拒改变显著负向影响其对智能家居的感知有用性
H_{6-4}	老年人的抗拒改变显著负向影响其对智能家居的感知易用性

续表

编号	假设
H₆₋₅	感知有用性显著正向影响老年人对智能家居的使用意向
H₆₋₆	感知易用性显著正向影响老年人对智能家居的感知有用性
H₆₋₇	感知易用性显著正向影响老年人对智能家居的使用意向
H₆₋₈	性能风险显著负向影响老年人使用智能家居的意向
H₆₋₉	安全风险显著负向影响老年人使用智能家居的意向
H₆₋₁₀	财务风险显著负向影响老年人使用智能家居的意向

基于上述假设，构建了智能家居老年用户采纳的理论模型，如图 6.3 所示。该模型以技术接受模型为理论基础并有机结合感知风险理论，在此基础上，本章将抗拒改变、技术焦虑这两个信息技术情境的老年特质纳入研究模型。本章将性别、教育程度和居住状态作为控制变量纳入研究模型，以增强假设检验的准确性和稳健性。

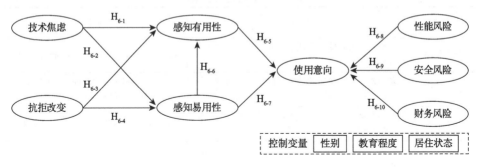

图 6.3 理论模型

6.2.2 问卷设计与数据收集

本章通过问卷调查法收集数据，以检验相关假设。本章所采用的问卷内容主要由调查介绍、筛选题项、主体题项及背景题项这四个部分组成。此外，本章还结合结构化访谈式问卷调查方式做出了针对性调整，具体如下。

（1）调查介绍部分。该部分简要地介绍了问卷调查人员身份、调查目的，向被调查者认真地说明和强调了本次调查仅作为学术研究，而不会涉及个人信息泄露等问题，以保证被调查者可以放心地填写问卷。

此外，考虑到老年人可能对智能家居的了解不够全面并且难以理解技术术语，先对智能家居的概念进行了清晰的解释，随后展示了一组覆盖 5 类智能家居（家电等设备类、安防监控类、能源管理类、健康监护类、社交陪伴类）中具有代表性的产品图像，如智能电视、智能门锁、智能监控等设备，并向被调查者简要地介绍了它们各自的功能，从而方便被调查者充分理解智能家居的概念，并有助于被调查者理解问卷里的相关题项和保证填答效果。

（2）筛选题项部分。考虑到研究目的为检验老年人对智能家居的使用意向，为了最大限度地减少那些绝对不了解智能家居的人的偏见，本章将目标样本群体限定为对智能家居有些了解的老年群体。本章在问卷筛选题项部分设置了用于确定目标样本的题目，即"您之前对智能家居有了解吗，比如刚刚提到的某些类型？"回答选项包括"完全没听说过"、"了解但未使用过"及"了解并已经使用某种形式的智能家居"，回答"完全不了解"的被调查者不再被继续调查。

（3）主体题项部分。依据构建的理论模型，本章共包括 32 个题项，将问卷的主体题项按照自变量到因变量的顺序排列，同一变量的题项被排放至一起，并对各个变量的问项的顺序进行了随机化。为了保证测量的有效性，每一个变量都用多个题项测量，各题项均改编自国外成熟量表，如表 6.2 所示。

表 6.2 变量定义及来源

变量	本章定义	来源
技术焦虑	老年人在面临使用智能家居时产生的焦虑或恐惧心理	Xue 等（2012）；Hoque 和 Sorwar（2017）
抗拒改变	老年人在面临使用智能家居时仍拒绝改变生活方式或习惯的心理	Bhattacherjee 和 Hikmet（2007）；Hoque 和 Sorwar（2017）
性能风险	老年人担心智能家居设备出现故障而无法提供预期服务的可能性	Kleijnen 等（2007）；Hubert 等（2017）
安全风险	老年人担心他们的个人数据会被泄露或智能家居系统会被入侵的可能性	Kleijnen 等（2007）；Hubert 等（2017）
财务风险	老年人担心应用智能家居导致损失或浪费金钱的可能性	Kleijnen 等（2007）；Hubert 等（2017）
感知有用性	老年人主观认为使用智能家居可以改善其生活质量的程度	Davis（1989）
感知易用性	老年人主观认为使用智能家居而无须体力和脑力劳动的程度	Davis（1989）
使用意向	老年人决定使用智能家居的主观可能性	Davis（1989）

调查问卷中的原始问项都是用英语制定的，因此反向翻译为中国受访者编制调查问卷。结合本章研究对象对调查问卷进行了微小调整，以确保在翻译过程中保留所有题项的含义。量表变量均采用利克特量表（Likert-scale）测量：5 表示

十分同意，4 表示同意，3 表示中立，2 表示不同意，1 表示十分不同意。技术接受模型结构的量表（感知有用性、感知易用性和使用意向）改编自 Davis（1989）的量表。风险维度（性能风险、安全风险和财务风险）的量表改编自 Kleijnen 等（2007）和 Hubert 等（2017）的量表。技术焦虑改编自 Xue 等（2012）与 Hoque 和 Sorwar（2017）的量表。抗拒改变改编自 Bhattacherjee 和 Hikmet（2007）、Hoque 和 Sorwar（2017）的量表。本问卷是采用访谈式的自我汇报方式获取被调查者数据，因此为保证被调查者认知在回答期间的一致性，特别在描述具体题项前再次提醒"请根据您对智能家居的认知选择最符合的项"，以确保被调查者在回答问题期间始终将认知锁定在智能家居上，保证其在回答时的思路清晰和更准确地完成作答。

（4）背景题项部分。背景题项部分是对人口统计学特征的调查，本章共包括 5 个问题，具体为受访老年人的年龄、性别、教育程度、经济状况和居住状态，均被列为类别变量。考虑到此类信息的题项容易引起个别被调查者的反感，进而导致出现被调查者对问卷主体题项部分的作答造成偏差甚至放弃回答的情况。因此，本章将这类题项置于问卷的最后部分。

为了防止调查问卷中出现歧义性语句并确保填答效果，本章在发放调查问卷之前，采取了两个阶段的初步测试。第一阶段是由焦点小组讨论了问卷中各部分的可理解性。第二阶段进行了问卷的小样本测试。预调研对象为 32 名比较熟悉智能家居的老年人，此部分老年人不被列入最终调查对象。根据这 32 份反馈和建议对问卷中语义不明的题项和确认性语句进行了完善。

考虑到北京市的老龄化程度高且老龄人口对新兴技术有较多认识，本章选择在北京西城区、海淀区和昌平区进行调研。基于研究目的，本章未邀请对智能家居完全不了解的老年人参与本次调研，最终样本具有良好的有效性。正式访谈前会确认受访老年人的年龄是否满足要求（大于等于 60 岁）和获得他们的同意，并告知他们研究结果仅用于研究分析，强调了数据的匿名性和保密性及没有正确或错误的答案。此外，受访者也被告知他们有权在任何时候退出调查而不产生任何负面后果。很多老年人的文化程度相对较低和存在视力问题，为了更清楚地帮助受访老年人理解题项，因此本章通过与被调查者面对面结构化访谈收集数据而不是由受访老年人自行填写，即调研员口头介绍了各个题项，受访者进行口头回答，调研员会再重复受访老年人的回答并在对应的选项上打钩，以此保证记录的准确性。单个问卷调查时间约为 18 分钟，绝大部分受访老年人完成了调查问卷，仅有少数人中途离开。

本次调查共收集到了 310 份有效问卷，很好地满足了可得出有效检验结果的样本量要求。

6.3 数据分析与假设检验

6.3.1 描述性统计分析

本章样本描述性统计分析结果如表 6.3 所示。在 310 份有效样本中，男性占比 44.19%，女性占比 55.81%。74.19%受访者的年龄在 75 岁以下。大部分受访者（73.87%）的学历均在初中及以下。绝大部分老年人的经济状况比较好，符合北京的经济发达程度。超过一半的受访者（68.71%）处于独居状态，说明目前老年人的独居情况较多，一定程度上反映了目前的空巢老人问题。

表 6.3 人口统计变量描述性统计分析

人口统计变量	类别	样本数/个	比例
性别	男	137	44.19%
	女	173	55.81%
年龄	60~74 岁	230	74.19%
	75 岁及以上	80	25.81%
教育程度	初中及以下	229	73.87%
	中专或高中	66	21.29%
	大专或本科及以上	15	4.84%
经济状况	很好	260	83.87%
	一般	35	11.29%
	不太好	15	4.84%
居住状态	与子女同住	97	31.29%
	不与子女同住	213	68.71%

6.3.2 测量模型检验

为了评估测量模型，本章对量表的信度和效度进行了分析，具体包括：测量量表在提供无随机误差数据方面的精度（信度分析）；量表得到的模糊综合评价在多大程度上反映了被测对象与被测特征之间的真实差异［收敛效度（convergent validity）分析和区别效度（discriminant validity）分析］。

1. 信度分析

信度是用来度量多维量表所测得结果的可靠性和内部一致性程度。问卷设计和填写过程均具有一定主观性，本章通过对数据进行信度分析来证明数据的可信性。信度分析包括内部信度分析与外部信度分析，其中内部信度分析是指分析每一个变量的量表能否测量同一概念，即题项之间是否具有内在一致性，而外部信度分析是指分析在不同时间测量时测量结果是否具备一致性或进行不同测试评价同一量表的差异程度。每个题项的指标可靠性通过检验指标及其各自变量指标之间的简单相关性来评估。

本章采用 Cronbach's α 系数和组成信度（composite reliability，CR）衡量信度。通常认为量表的 Cronbach's α 系数大于 0.70 则表明其具有较高的内部一致性，越接近 1 则内部一致性越高，CR 大于 0.70 则表明量表具有很好的稳定性。如表 6.4 所示，Cronbach's α 系数均在 0.70 以上，CR 也均在 0.70 以上，因此量表具有良好的可靠性和稳定性，可以继续分析和验证。

表 6.4　验证性因子分析结果

变量	编号	标准因子载荷	Cronbach's α	CR	AVE
技术焦虑（TA）	TA1	0.841	0.865	0.908	0.711
	TA2	0.872			
	TA3	0.835			
	TA4	0.823			
抗拒改变（RTC）	RTC1	0.867	0.824	0.895	0.740
	RTC2	0.851			
	RTC3	0.862			
感知有用性（PU）	PU1	0.843	0.874	0.914	0.726
	PU2	0.883			
	PU3	0.822			
	PU4	0.859			
感知易用性（PEOU）	PEOU1	0.864	0.876	0.915	0.728
	PEOU2	0.852			
	PEOU3	0.855			
	PEOU4	0.842			

续表

变量	编号	标准因子载荷	Cronbach's α	CR	AVE
性能风险（PR）	PR1	0.811	0.809	0.886	0.722
	PR2	0.859			
	PR3	0.878			
安全风险（SR）	SR1	0.860	0.861	0.906	0.706
	SR2	0.841			
	SR3	0.802			
	SR4	0.504			
	SR5	0.825			
财务风险（FR）	FR1	0.871	0.861	0.915	0.782
	FR2	0.887			
	FR3	0.895			
使用意向（ITU）	ITU1	0.871	0.830	0.898	0.746
	ITU2	0.860			
	ITU3	0.860			

注：AVE：average variance extracted，平均提取方差值

2. 效度分析

效度是指测量工具能够准确反映出所需测量事物的程度，即测量指标有效性，效度越高则表示测量结果越能够真实地反映出其所要测量对象的特征。量表指标效度包括内容效度（content validity）和结构效度（construct validity）两个方面。

内容效度是指测量工具内容的适切性，若测量内容涵盖所要探讨的内容，则具有良好的内容效度。本章的题项均借鉴了技术系统、技术创新及老年心理学等相关领域学者的成果，结合本章研究情境对问项加以适当修改，并进行了预测试，因此量表具有较好的内容效度。结构效度一般用收敛效度和区别效度来衡量。

收敛效度是指同一变量的题项之间的关联程度。评估问卷是否具有良好收敛效度主要依据是标准化因子载荷和 AVE。一般而言，当各个变量的 AVE 大于 0.5，即潜变量可以解释其指标方差的一半以上时，同时所有标准化因子载荷均大于或等于 0.5，就表明测量量表具有良好的收敛效度。如表 6.5 所示，各变量的标准化因子载荷和各变量的 AVE 均大于 0.6，因此本章的量表具有较好的收敛效度。

表 6.5　交叉负荷分析

变量	编号	技术焦虑	抗拒改变	感知有用性	感知易用性	性能风险	安全风险	财务风险	使用意向
技术焦虑（TA）	TA1	0.841	0.260	−0.383	−0.491	0.215	0.125	0.144	−0.327
	TA2	0.872	0.296	−0.320	−0.507	0.140	0.114	0.260	−0.318
	TA3	0.835	0.198	−0.264	−0.426	0.088	0.057	0.218	−0.270
	TA4	0.823	0.232	−0.210	−0.477	0.200	0.116	0.255	−0.258
抗拒改变（RTC）	RTC1	0.243	0.867	−0.484	−0.387	0.145	0.213	0.168	−0.460
	RTC2	0.217	0.851	−0.517	−0.359	0.250	0.148	0.099	−0.429
	RTC3	0.298	0.862	−0.510	−0.450	0.241	0.315	0.261	−0.462
感知有用性（PU）	PU1	−0.266	−0.489	0.843	0.382	−0.277	−0.246	−0.188	0.483
	PU2	−0.327	−0.504	0.883	0.500	−0.277	−0.234	−0.163	0.587
	PU3	−0.274	−0.491	0.822	0.480	−0.247	−0.302	−0.175	0.550
	PU4	−0.337	−0.512	0.859	0.423	−0.250	−0.263	−0.143	0.552
感知易用性（PEOU）	PEOU1	−0.469	−0.376	0.428	0.864	−0.270	−0.244	−0.266	0.502
	PEOU2	−0.470	−0.411	0.457	0.852	−0.298	−0.260	−0.255	0.530
	PEOU3	−0.503	−0.401	0.494	0.855	−0.326	−0.311	−0.189	0.509
	PEOU4	−0.488	−0.399	0.412	0.842	−0.362	−0.241	−0.219	0.498
性能风险（PR）	PR1	0.203	0.173	−0.206	−0.275	0.811	0.130	0.118	−0.280
	PR2	0.102	0.198	−0.269	−0.317	0.859	0.280	0.166	−0.364
	PR3	0.198	0.252	−0.298	−0.340	0.877	0.224	0.223	−0.374
安全风险（SR）	SR1	0.161	0.245	−0.243	−0.276	0.152	0.862	0.316	−0.372
	SR2	0.080	0.276	−0.287	−0.299	0.229	0.864	0.291	−0.389
	SR3	0.008	0.110	−0.227	−0.194	0.235	0.813	0.265	−0.317
	SR4	0.155	0.241	−0.269	−0.263	0.246	0.822	0.309	−0.377
财务风险（FR）	FR1	0.208	0.187	−0.151	−0.242	0.196	0.322	0.871	−0.325
	FR2	0.228	0.201	−0.160	−0.230	0.153	0.263	0.887	−0.285
	FR3	0.246	0.166	−0.203	−0.247	0.187	0.340	0.894	−0.357
使用意向（ITU）	ITU1	−0.313	−0.505	0.567	0.508	−0.286	−0.368	−0.337	0.871
	ITU2	−0.246	−0.414	0.555	0.493	−0.210	−0.315	−0.257	0.860
	ITU3	−0.343	−0.438	0.535	0.544	−0.444	−0.437	−0.353	0.860

区别效度是指不同变量的题项之间的关联程度，本章通过三种不同的方法得出测量模型具有较好的区别效度，具体如下。

对指标交叉负荷的检验，要求各变量下的指标内部负荷高于其他指标的交叉负荷。如表 6.5 所示，每个变量下的指标内部负荷都比与其他指标的交叉负荷高，说明测量模型具有较好的区别效度。

根据 Fornell-Larcker 准则，各潜变量间的相关性系数低于 AVE 的平方根表明区别效度较好。如表 6.6 所示，各潜变量的 AVE 的平方根均大于其与其他任意变量之间的相关系数，说明测量量表具有较好的区别效度。

表 6.6　AVE 平方根及相关系数

变量	财务风险	使用意向	感知易用性	性能风险	感知有用性	抗拒改变	安全风险	技术焦虑
财务风险	**0.884**							
使用意向	−0.368	**0.864**						
感知易用性	−0.272	0.598	**0.853**					
性能风险	0.204	−0.404	−0.368	**0.850**				
感知有用性	−0.195	0.639	0.526	−0.308	**0.852**			
抗拒改变	0.207	−0.524	−0.465	0.248	−0.586	**0.860**		
安全风险	0.352	−0.435	−0.210	0.256	−0.306	0.265	**0.840**	
技术焦虑	0.257	−0.351	−0.566	0.193	−0.355	0.295	0.124	**0.843**

注：位于对角线并加粗的数值为对应变量平均方差提取的算术平方根

异质–单质比率（heterotrait-monotrait ratio，HTMT）方法被认为比 Fornell-Larcker 准则更能反映出量表的区别效度，是指不同变量间的指标相关的均值相对于相同变量间的指标相关的均值的比值，HTMT 低于 HTMT0.85 则说明测量量表具有较好的区别效度（Henseler et al.，2015）。如表 6.7 所示，所有 HTMT 均小于 0.85，说明测量量表具有较好的区别效度。

表 6.7　HTMT

变量	财务风险	使用意向	感知易用性	性能风险	感知有用性	抗拒改变	安全风险	技术焦虑
财务风险								
使用意向	0.429							
感知易用性	0.313	0.700						
性能风险	0.236	0.483	0.434					
感知有用性	0.224	0.749	0.597	0.361				

续表

变量	财务风险	使用意向	感知易用性	性能风险	感知有用性	抗拒改变	安全风险	技术焦虑
抗拒改变	0.244	0.633	0.546	0.298	0.690			
安全风险	0.404	0.509	0.352	0.299	0.352	0.305		
技术焦虑	0.300	0.408	0.647	0.237	0.400	0.344	0.141	

6.3.3　共同方法偏差检验

共同方法偏差（common method biases，CMB）是在使用横截面调查数据的行为学研究中固有的检验方法（Bagozzi and Yi，1988）。它是与测量方法相关的方差，而不是测量方法所要测量变量相关的方差，会对数据分析结果的可信度产生不利影响（汤丹丹和温忠麟，2020）。共同方法偏差的来源包括同样的数据来源、同样的测量环境、项目语境及问项本身特征所造成的预测变量与效标变量之间人为的共变（Podsakoff et al.，2003）。

本章采用了 Podsakoff 等（2012）提出的程序性补救和统计性补救来控制共同方法偏差。Hew 等（2016）认可的程序性补救措施在问卷设计和分发阶段得到应用。本章已试图通过多种方法使由于自我报告的单一来源数据而产生的共同方法偏差最小化，如告知参与者答案没有对错、确保匿名性、通过预测试完善量表及采用更通俗的语言。在此基础上，本章采用了两种统计性补救技术来检验共同方法偏差。

本章先使用 SPSS 25.0 根据 Harman 单因素分析的标准对共同方法偏差进行了检验：①从样本数据的因子分析提取出大于一个的公因子数量；②不存在任何一个公因子能够解释大部分变量的方差。表 6.8 结果显示，非旋转因子分析中析出 7 个特征值大于 1.0 的构念，占总方差的 71.707%。最大因子解释了 33.034% 的方差，低于 40% 的阈值。

表 6.8　Harman 单因素分析

成分	合计	提取平方和载入的方差	累积
1	9.250	33.034%	33.034%
2	2.807	10.025%	43.059%
3	2.379	8.495%	51.554%
4	1.833	6.548%	58.101%
5	1.580	5.641%	63.743%

续表

成分	合计	提取平方和载入的方差	累积
6	1.129	4.031%	67.773%
7	1.101	3.933%	71.707%

注：提取方法为主成分分析

此外，本章使用 Lindell 和 Whitney（2001）提出的标记变量法（marker variable）来评估共同方法偏差，即引入理论上与被解释变量不相关的变量。本章在模型中加入了一个与感知有用性、感知易用性和使用意向在理论上无关的变量，结果显示上述三个变量与标记变量的平均相关系数为 0.029，显著性分别为 0.952、0.255 和 0.288，均远高于 0.05 的阈值，所以标记变量与各被解释变量均没有显著的相关性，即未显著增加任何被解释变量的方差，模型中变量间的相关关系和路径系数也未受到显著影响。因此，本章中没有出现显著的共同方法偏差问题。

6.3.4　结构模型检验与讨论

根据 Anderson 和 Gerbing（1988）提出的准则，第二步是评估路径系数的显著性。本章在 SmartPLS 3.2.6 软件中使用 5 000 个子样本和 310 个样本进行自举检验，验证每个路径的统计显著性，t 值在 1.96 以上（p 值低于 0.05）则支持假设成立。结构模型通过计算路径系数及其显著性、R^2（各变量解释方差）、F^2（效应值）和 Q^2（预测相关性）评估。

1. 预测能力检验

首先，本章计算每个被解释变量的 R^2 来确定模型的预测能力。根据 Hair 等（2011）提出的标准，R^2 为 0.75、0.5 和 0.25 分别表示模型解释能力是充实的、中等的和薄弱的，大于 0.35 的 R^2 值反映模型是可靠的。表 6.9 显示使用意向、感知有用性和感知易用性的 R^2 为 0.573、0.428 和 0.418，表明模型解释能力是可靠的。然后，效应值（F^2）衡量的是外生潜在变量对内生潜在变量是否有实质性的影响。F^2 在 0.02~0.15、0.15~0.35 和 0.35 以上分别表明外生潜在变量具有小、中、大的影响。表 6.9 显示模型中的小效应影响有 5 个、中效应影响有 4 个，证明了变量间的预测相关性。最后，使用蒙眼程序（交叉验证冗余方法）测量预测相关性（Q^2），用于衡量路径模型预测原始观测值的程度。因变量 Q^2 值大于 0，说明模型具有预测相关性，Q^2 值为 0.02、0.15 和 0.35 分别表示 Q^2 值具有低、中、高的预测相关性。表 6.9 显示 Q^2 分别为 0.302、0.297 和 0.418，表明模型具有比较强的预测相关性。综上，本章模型的预测精度是可以接受的。

表 6.9　R^2、F^2 和 Q^2

内生变量	R^2	Q^2	关系	F^2	强度
感知有用性	0.428	0.302	技术焦虑→使用意向	0.005	无效应
			抗拒改变→感知有用性	0.256	中
			感知易用性→感知有用性	0.085	小
感知易用性	0.418	0.297	技术焦虑→感知易用性	0.345	中
			抗拒改变→感知易用性	0.167	中
使用意向	0.573	0.418	感知有用性→使用意向	0.245	中
			感知易用性→使用意向	0.105	小
			性能风险→使用意向	0.028	小
			安全风险→使用意向	0.044	小
			财务风险→使用意向	0.040	小

2. 拟合度检验

PLS-SEM（partial least squares structural equation modeling，偏最小二乘结构方程建模）不强调模型拟合优度而侧重于检验路径系数及其重要性，本章采用标准化均方根残差（standardized root mean square residual，SRMR）和全局拟合优度指数（global goodness of fit index，GOF）作为模型整体拟合的近似度量。SRMR 低于 0.08 的值被认为是可以接受的（Henseler et al.，2015）。本章的 SRMR 值为 0.054，表示总体模型拟合良好。此外，GOF 是通过计算 AVE 和平均 R^2 值的几何平均值得到。GOF 的范围在 0~1，低于 0.10 表示拟合优度差，介于 0.10 和 0.25 之间表示拟合优度勉强接受，介于 0.25 和 0.36 之间表示拟合优度较好，高于 0.36 表示拟合优度最佳。本模型的 GOF 由式（6.1）计算得到，GOF=0.589（表 6.10），拟合优度指数足够大。因此，本章的研究模型具有良好拟合度。

$$GOF = \sqrt{AVE \times R^2} \tag{6.1}$$

表 6.10　GOF

变量	AVE	R^2
技术焦虑（TA）	0.711	
抗拒改变（RTC）	0.740	
感知有用性（PU）	0.726	0.428
感知易用性（PEOU）	0.728	0.418
性能风险（PR）	0.722	

续表

变量	AVE	R^2
安全风险（SR）	0.706	
财务风险（FR）	0.782	
使用意向（ITU）	0.746	0.573
平均值	0.733	0.473
AVE×R^2	0.347	
GOF	0.589	

注：R^2=解释方差

3. 假设检验

如表 6.11 和图 6.4 所示，在所有 10 个假设中 9 个有统计学意义。H_{6-1}（ $\beta=-0.063$, $t=1.059$, $p>0.05$ ）未得到支持，H_{6-2}（ $\beta=-0.469$, $t=9.608$, $p<0.001$ ）得到了支持。这表明技术焦虑是老年人对智能家居感知易用性的重要前因变量，而不能对感知有用性产生显著负面影响。H_{6-3}（ $\beta=-0.433$, $t=7.603$, $p<0.001$ ）和 H_{6-4}（ $\beta=-0.327$, $t=6.152$, $p<0.001$ ）均得到支持，这表明抗拒改变是老年人对智能家居感知利得的重要前因变量，对智能家居的感知有用性和感知易用性均有负面影响。H_{6-5}（ $\beta=0.389$, $t=7.550$, $p<0.001$ ）、H_{6-6}（ $\beta=0.289$, $t=4.229$, $p<0.001$ ）和 H_{6-7}（ $\beta=0.263$, $t=4.824$, $p<0.001$ ）均得到了支持，说明感知有用性、感知易用性和使用意向之间均存在显著正相关关系，同时感知易用性会正向影响感知有用性。H_{6-8}（ $\beta=-0.119$, $t=2.428$, $p<0.05$ ）、H_{6-9}（ $\beta=-0.154$, $t=3.056$, $p<0.01$ ）和 H_{6-10}（ $\beta=-0.142$, $t=2.649$, $p<0.01$ ）均得到了支持，表明感知风险变量（性能风险、安全风险和财务风险）与使用意向均呈显著负相关，三个假设均得到了支持。从上述各结果的路径系数 β 可以初步识别各变量间关系的影响强度大小，但这一系数的计算过程忽视了对非线性关系的考量，本章将在第四节的神经网络分析部分对各关系的影响程度做出更精确的预测，并与本节的检验结果对照来对各个预测因子的相对重要性进行详细的比较和讨论。

表 6.11　主效应路径系数和检验结果

假设	关系	β	标准误差	t 值	p 值	2.50% CI	97.5% CI	结果
H_{6-1}	技术焦虑→感知有用性	−0.063	0.060	1.059	0.290	−0.179	0.054	不支持
H_{6-2}	技术焦虑→感知易用性	−0.469	0.049	9.608	0.000	−0.563	−0.371	支持
H_{6-3}	抗拒改变→感知有用性	−0.433	0.057	7.603	0.000	−0.543	−0.319	支持

续表

假设	关系	β	标准误差	t 值	p 值	2.50% CI	97.5% CI	结果
$H_{6\text{-}4}$	抗拒改变→感知易用性	−0.327	0.053	6.152	0.000	−0.429	−0.225	支持
$H_{6\text{-}5}$	感知有用性→使用意向	0.389	0.052	7.550	0.000	0.288	0.489	支持
$H_{6\text{-}6}$	感知易用性→感知有用性	0.289	0.068	4.229	0.000	0.155	0.423	支持
$H_{6\text{-}7}$	感知易用性→使用意向	0.263	0.054	4.824	0.000	0.155	0.368	支持
$H_{6\text{-}8}$	性能风险→使用意向	−0.119	0.049	2.428	0.015	−0.213	−0.022	支持
$H_{6\text{-}9}$	安全风险→使用意向	−0.154	0.050	3.056	0.002	−0.253	−0.054	支持
$H_{6\text{-}10}$	财务风险→使用意向	−0.142	0.053	2.649	0.008	−0.248	−0.038	支持

注：CI：confidence interval，置信区间

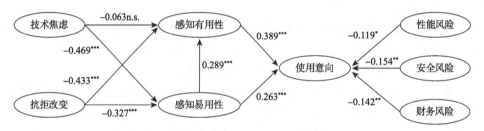

图 6.4　结构方程模型结果

***表示 $p<0.001$；**表示 $p<0.01$；*表示 $p<0.05$；n.s.表示无统计学意义

4. 控制变量及中介效应检验

研究模型是基于技术接受模型扩展的，因此本章暂不考虑检验老年特质与使用意向之间的直接关系。如表 6.12 所示，$H_{6\text{-}7}$（$\beta=0.263$，$t=4.824$，$p<0.001$）显示的显著直接影响和感知易用性→感知有用性→使用意向（$\beta=0.112$，$t=3.653$，$p<0.001$）显示的显著间接影响表明感知有用性在感知易用性与使用意向关系中起到不完全中介效应。整体来说，控制变量对各被解释变量的解释方差远远小于自变量的解释方差，进一步验证了自变量的解释力度。尽管这一因素确实提高了模型中被解释变量的可预测性，但假设的关系解释了模型中最大的方差。

表 6.12　中介效应路径系数和检验结果

关系	β	标准误差	t 值	p 值	2.50% CI	97.5% CI
技术焦虑→感知有用性→使用意向	−0.025	0.024	1.040	0.298	−0.072	0.021
技术焦虑→感知易用性→使用意向	−0.123	0.027	4.582	0.000	−0.177	−0.071

续表

关系	β	标准误差	t 值	p 值	2.50% CI	97.5% CI
抗拒改变→感知有用性→使用意向	−0.168	0.033	5.150	0.000	−0.235	−0.108
抗拒改变→感知易用性→使用意向	−0.086	0.024	3.606	0.000	−0.137	−0.043
感知易用性→感知有用性→使用意向	0.112	0.031	3.653	0.000	0.055	0.176

本章检验了 310 份有效样本数据，结果表明本测量模型具有很好的可靠性，研究模型显示预测能力的确定系数（R^2）在一个令人满意的水平：使用意向为 0.573、感知有用性为 0.428 和感知易用性为 0.418，主要有以下几个发现。

1）个人特征、感知易用性对感知有用性的影响

关于个人特征、感知易用性对感知有用性的影响，本章提出了 3 个假设，其中 2 个得到支持。

第一，技术焦虑与感知有用性在 0.05 的水平未显著负相关。老年人在具备使用智能手机经验后对智能设备形成了有用的印象，所以面临智能家居这一智能设备子类时虽然仍感到焦虑，但不减弱对有用性的感知。

第二，抗拒改变与感知有用性在 0.001 的水平显著负相关。这一发现表明老年人希望智能家居在改善他们的生活的同时不要对以往的生活方式造成重大改变。这与 Guo 等（2013）在移动健康情境中对此关系的检验结果是一致的，老年人较强的惯性意识对新技术的感知有用性普遍产生了消极影响。

第三，感知易用性与感知有用性在 0.001 的水平显著正相关，即技术的有用程度受老年用户对易用性的感知程度影响。这与技术接受模型在老年用户群体中对老年科技、智能健康穿戴设备等采纳的诸多检验结果是相符的（Li et al., 2019），表明在其他条件相同的情况下，由于智能家居具备自动化工作方式及便捷的交互方式的特点，老年人在不需要付出太多努力的情况下就能实现更多的功能，这使得智能家居可发挥更大的作用、提供更多帮助。

2）个人特征对感知易用性的影响

关于个人特征对感知有用性的影响，本章提出的两个假设均得到支持。

其一，技术焦虑与感知易用性在 0.001 的水平显著负相关。这一发现表明当老年人在面临使用智能家居而感到害怕、紧张或不舒服时，会导致感知易用性的下降。这与普通人的技术焦虑不会影响感知易用性的结果相反，可能的原因是老年人对新技术的技术焦虑感知较强，缺乏智能技术的背景知识会加剧老年人对技术的恐惧，导致心理会设定技术是具有复杂性的，会比较集中体现在易用性的感知方面。但与老年人在移动健康服务情境中的检验结果一致，研究显示老年人在面对新技术时的焦虑情绪大多会对操作方面产生消极作用。

其二，抗拒改变与感知易用性在 0.001 的水平显著负相关。这与 Guo 等（2013）认为抗拒改变不会影响移动健康感知易用性的结果相反。这是因为智能家居对生活方式的改变是巨大的，而移动健康的使用是较为低频的，老年人会认为与学习智能家居技术的努力相比，克服对生活方式等方面变化的消极认知和情绪反应需要付出更多努力。

3）感知有用性、感知易用性和感知风险对使用意向的影响

关于感知有用性、感知易用性和感知风险维度（性能风险、安全风险和财务风险）对使用意向的影响，本章提出的 5 个假设均得到支持。

首先，感知有用性、感知易用性与使用意向在 0.001 的水平显著正相关，这与技术接受模型在老年用户群体中的诸多检验一致。这表明面对处于扩散早期阶段的智能家居技术，老年人希望感受到其能够带来的差异化价值，同时很可能会因为担心使用智能家居所付出的努力及其复杂性而推迟对它的支持。

其次，性能风险、安全风险和财务风险均与使用意向至少在 0.05 的水平显著负相关，说明老年人与年轻人均顾忌智能家居带来的风险。对于性能风险因素，技术可靠性对于老年人使用智能家居的意向是十分重要的。对于安全风险因素，老年人与年轻人一样均重视安全风险，性能风险和安全风险的作用均在中青年人群中得到相同的检验结果。对于财务风险因素，老年人也很重视经济成本，符合中国老年人传统的节俭思维。Chen 和 Chan（2014）提出的老年技术接受模型也表明与其他发达国家相比中国老年人的人均收入相对较低，老年人非常关注产品和服务的成本，他们承担成本时会考虑他们的收入及产品/服务的价值。

6.4 本 章 小 结

本章以技术接受模型为理论基础，结合包含性能风险、安全风险和财务风险三个维度的感知风险增强了解释使用意向的力度，通过加入技术焦虑和抗拒改变两个信息技术情境的老年特质因素扩充了技术接受模型的外部因素，构建了研究模型。

本章考察了预测因子和因变量之间的线性和复杂的非线性关系，提高了预测质量和研究结论的可靠性，主要结论有以下几点。

首先，老年人个人低水平的抗拒改变和对高水平易用程度的感知能够触发其对智能家居有用性的认同感进而影响使用意向，而面临新技术时的焦虑情绪并未导致认同感减弱。老年人希望智能家居能够在改善生活的同时不要对以往生活方式造成重大改变，这一倾向的预测效应相对更加强烈。

其次，老年人因面临使用智能家居而感到害怕或紧张的情绪会导致对智能家居易用性的认同感被削弱。同时由于智能家居对生活方式的改变程度较大，老年人会认为与学习智能家居技术的努力相比，克服对生活方式等方面变化的消极认知和情绪反应需要付出更多努力。由于缺乏背景知识和基本技能加剧了老年人对应用智能家居的恐惧，技术焦虑产生了更强的消极影响。

最后，感知利得和感知利失因素均影响老年人使用智能家居的意向。一方面，老年人积极看待利得因素，有用性的感知对使用意向有直接正向影响，易用性的感知既直接又通过感知有用性间接地增强使用意向，老年人会因感受到智能家居带来的差异化价值及使用时所需较少的努力而积极采纳；另一方面，性能风险、安全风险和财务风险等利失因素削弱了老年人的使用意向。技术可靠性、隐私安全性和经济性均是中国老年人在权衡价值的同时所要考量的因素。由于老年人具备智能手机等移动设备使用经验，智能家居的自动化操作能够在减轻子女或照顾者的负担和提高老年人独立生活能力方面发挥重要作用。相比于对风险的担忧，老年人更加看重感知利得，其中感知有用性的驱动作用最为强烈。性能风险、安全风险和财务风险的抑制作用则依次减弱，相比于对隐私安全和经济因素的关心，他们对因误用或机器故障而伤害自己或家人的可能性最为敏感。

鉴于不同种类智能家居、不同文化及不同地域间的差异性，本章仍存在一定的局限性。

其一，本章利用横截面数据在某个时间点测量老年人对智能家居的认知，但当老年人对技术更加熟悉时其态度、意图和需求可能会发生变化，尤其有必要关注早期实际老年采用者的体验。因此，未来研究应该关注老年人在采用过程的各阶段中各因素影响的相关变化。

其二，本章样本数据不能准确代表中国全部老年人对智能家居的认知，北京老年人的教育和经济水平比较高，而中国具有人口多、分布广、个体社会属性多的特点，不同地区的中国老年人群体的差异可能较大。

其三，鉴于不同类别智能家居系统满足了老年人的不同需要，影响两种不同智能家居技术的因素及各个变量的影响程度可能存在差异。例如，风险感知对智能安全系统和智能卫生系统来说可能更加重要，因此未来研究可以在本章研究模型的基础上检验智能家居类型的调节作用。

第7章　本土适老服务企业创新：知识体系构成及其演化

适老产业包括产品制造业和服务业，前几章的考察对象侧重适老产品制造行业，本章拟考察适老服务行业。检索相关政策发现，我国关于指导适老服务行业发展的相关条文已经比较丰富，如 2013 年国务院发布的《关于加快发展养老服务业的若干意见》、2016 年国务院办公厅颁布的《关于全面放开养老服务市场提升养老服务质量的若干意见》和 2019 年国务院办公厅发布的《关于推进养老服务发展的意见》。

检索相关学术文件发现，虽然有一定的研究积累，如服务网络构建、服务满意度测评、服务规范等，但是基于知识和能力视角的研究文献比较匮乏。一定程度上，同传统上对适老服务行业的认识有关，大都认为面向老年人的服务行业技术含量不高，并不能归属到知识服务行业。研究表明，规模比较大的综合性适老服务企业，知识系统的复杂程度、精细化管理要求的程度并不弱于一般的专业技术服务行业。适老服务企业的知识体系包括老年学知识、服务过程知识和运营协作知识等。适老服务企业从仅掌握一般性的老年生理知识向掌握更复杂的老年心理学知识演变，从掌握一般性的常规照护服务知识向预防、咨询性的服务知识演变。企业的整体知识功能也从最初的局限于一般知识应用性活动，向参与知识生产高层级的知识活动环节演变。

当前，中国许多适老服务企业尚且处于起步或成长阶段，老年学知识、服务过程知识创造的特征尚未表现出来，知识积累和组织学习的机制尚未系统建立。基于知识视角，能够深层次揭示适老服务企业的能力提升规律，有利于指导本土适老服务企业的创新发展与成长。

7.1 理论基础与案例选择

研究内容主要包括以下方面：梳理了适老服务企业、知识体系和服务质量的相关文献，进一步基于两家典型适老服务企业，分析了样本企业知识体系不断丰富的演进历程；归纳了适老服务企业知识体系的演变规律、知识要素间的关系；扩大了样本数量，借助 fsQCA 方法，考察了适老服务企业发展历程中，服务质量和知识体系中各类要素的组态关系。

7.1.1 相关理论基础

1. 适老服务业相关研究

前文已经提到，Graafmans 和 Bouma 两位教授于 1991 年在荷兰埃因霍温召开了第一届国际老年技术研讨会，并提出老年技术、老年技术创新两个概念。其后，Graafmans 和 Bouma（1993）指出老年技术创新活动不仅包括狭义的产品技术创新，还包括服务及商业模式的创新。国际老年技术学会在关注老年产品创新的同时，也高度关注服务创新活动。随着适老服务研究活动的深入，学界对老年需求特殊性的关注越发细致和全面。一些学者就适老服务活动的知识属性提出深刻的见解，指出适老服务除了要掌握老年心理学、营养学、保健学、急救等知识和照顾老年人的服务手段和技巧外，还需要有良好的心理认知、高尚的职业操守。

Lauriks 等（2007）指出服务过程中除了关注老年人的日常生活需求，还应关注社会参与和心理安全需要。Chen 和 Chan（2014）指出适老创新应关注老人采用新产品、新设施过程中的科技焦虑感。适老服务企业经营和创新活动的复杂性和特殊性也受到学者的关注。Karttinen 等（2008）、Neven（2015）等指出了适老服务企业的创新活动过程中不能"见物而不见人"，要具有一定社会性，需要兼顾经济效益和公益性。

我国适老服务行业和企业发展仍处于起步阶段，学术性的研究尚且有待加强。有文献指出我国适老服务企业的服务模式单一，保姆式服务已经不符合现代老龄社会的服务需求，企业需要提升适老服务的层次性和体系化（廖芮等，2017）。此外，也有诸多文献指出我国适老服务产业和企业发展所需的研究支撑和人才培养也有待加强。例如，我国仅有个别高职院校设有护理服务专业，而国外大学和研究机构在老年学领域的人才培养层次已经达到硕士和博士程度，相关教材开发也比较成熟。又如，我国在老年学领域的专业性期刊严重匮乏，作为该领域第一份国家级学术期刊《老龄科学研究》在 2013 年才得以创立。

2. 知识体系相关研究

回溯企业知识体系的相关研究进展，必然要涉及知识分类研究本身。我们发现，有关知识分类研究的文献大都相应提及了企业知识体系的结构。有关知识分类研究众多，有学者在梳理野中郁次郎等经典知识分类文献的基础上，总结出了复杂多样的知识分类标准，包括知识属性、研究对象、知识效用、知识形态、思维特征、运动形式、自然现象和社会现象、知识内在联系乃至知识研究方法等（陈洪澜，2007）。有学者将一般企业知识体系的研究内容概括为企业经营管理知识、所在产业领域的技术知识及对企业所处经济环境的洞察知识（Saviotti，2007；Leydesdorff，2006）三类。

显然，企业知识体系构成必然具有明显的行业性特征，结合某一具体行业类型来考察企业的知识体系更具有实践意义。邹海林（2000）认为企业知识体系的建立要与企业战略相结合，要与企业的流程再造相结合，要与企业的创新机制建立相结合，要与企业的实际相结合。肖志雄（2011）结合现代服务企业高知识性、业务复合性、工作协同性的特点，指出知识体系建立对现代服务企业创新与发展的重要性，并构建了现代服务企业的知识管理模型。

3. 适老服务企业知识体系相关研究

陈宁（2018）指出适老服务企业具有隐性知识主导的特性，其存量知识在很大程度上来自与顾客直接接触的服务人员。我国适老服务人员存在培养层次不明确、缺乏专业的医疗护理知识，难以满足老年人的康复护理需求等问题（隋国辉和蔡山彤，2015）。为完善适老服务人员培训体系，我国于 2012 年组织召开了老年服务与管理专业人才培养方案研讨会，总结出老年生活照顾、老年疾病护理、老年心理健康、老年人际沟通、养老机构经营与管理等 16 门老年服务管理类课程。尚振坤（2008）指出，适老服务企业的管理者不同于一般的企业管理者，拥有组织管理能力的同时，还要具备充足的护老专业知识储备，以适应适老服务企业专业化发展的需要。

总体上看，与其他服务活动相比，适老服务的知识体系更为复杂。

一是老年群体相关理论知识具有复杂性，集成了医学、康复学、心理学和社会学等多学科的知识，且与法律、人文、伦理等有着密切联系。

二是相关服务知识具有复杂性。适老服务行业具有高接触性的突出特征，服务接触点过多，不仅要满足老人的衣、食、住、行等基本生活照料需求，还要满足老人医疗保健、疾病预防、护理与康复及精神文化、心理和社会等需求。

三是相应地，适老服务企业运营相关知识也具有复杂性。为满足老年人上述需求，往往依赖全体人员的共同努力，即全员服务。服务人员或团队的局部地方化知识又是企业提供服务的基础，企业需要具备将服务人员个人或团队的知识转化为组织知识的能力。

上述学者的研究成果为考察适老服务企业知识体系提供了有益的借鉴，同时也发现两方面研究有待加强。

其一，国内外学者对适老服务企业知识体系的研究还不够深入，有必要通过案例分析，对其要素构成的经验性认识、发展演化所依循的理论规律进行更细致的考察。

其二，通过对适老服务企业服务质量与知识体系的组态研究，得到适合适老服务企业提升服务质量的有效知识组合。

7.1.2　案例选择

依次采用两种研究方法，首先采用多案例研究方法，进一步采用 QCA 方法进行组态分析（QCA 方法前文已经介绍，这里不再赘述）。

现有研究缺乏对适老服务企业知识体系的探索，本章需要回答以下问题：一是适老服务企业发展过程中包括哪些知识要素，即知识体系的构成；二是适老服务企业知识体系的演变规律。选用案例研究方法，借鉴程序化扎根分析的流程对案例材料进行整理归纳。

遵循典型性抽样原则和理论性抽样原则，结合资料的可得性、全面性，首先收集整理行业内发展相对较成熟企业的官网信息、年报等资料，初步拟定了 4 家案例企业；其次在 4 个案例企业中随机抽取 3 个进行试探性访谈，访谈对象包括企业管理者和服务人员（各企业被访谈人数在 8~15 人），访谈数据包括企业内外部运营管理、服务内容、服务标准、服务人员架构等基本信息；最后依据收集企业信息的丰富程度、与本章的匹配程度对其进行筛选，确定两家相对较为成熟的企业——雅达国际和青鸟软通作为本章的案例样本。与单案例相比，多案例能够在一定程度上增强文章的信度和效度。案例企业概况见表 7.1。

表 7.1　案例企业概况

企业简称	雅达国际	青鸟软通
企业概况	成立于 2011 年，专注于养老、健康、旅游产业复合发展，先后在乌镇、南京高淳及江苏宜兴投资建设以"养生养老、健康医疗、休闲度假"为主题的复合型健康生态产业园，其中乌镇产业园现已投入运营。主要为客户提供产业投融资、养老和旅游产业复合园区开发运营全程咨询服务，老年用品销售配置、健康适老空间整体解决方案和养老人才培训派遣等服务	成立于 2010 年，线上线下结合主推三大核心产品：智慧养老云平台、虚拟养老院、嵌入式小型养老机构，是国内首家将软件开发与养老服务相融合的国家级高新技术企业，于 2015 年成功登陆新三板（股票代码：831718），并首批进入创新层。目前公司已在山东、山西、江苏、辽宁、福建、宁夏、新疆等 8 个省区、20 个地市、40 余个城区落地养老服务

　　为提高案例研究的信度和效度，本章采用结构化访谈、直接观察法、二手数据等多种方法进行原始资料收集，主要数据来源有三个方面：一是实地调研，对企业多名中高层管理者进行半结构化访谈，请其提供和核实有关信息并就本章的主要研究结果提出看法，获得原始笔记、录音文件等一手资料，每次访谈时间为1~2 小时；二是内部资料，来自企业内部工作总结、经营分析报告、年度总结、企业大事记和内部报刊等；三是外部资料，来自企业网站、媒体报道、领导者接受媒体访谈、相关学术文章等（表 7.2）。

表 7.2　案例数据来源

编号	资料获得途径
1	对案例企业相关人员的深入访谈调研及参与观察记录获得的一手资料
2	企业内部工作总结、经营分析报告、年度总结、内部报刊等
3	有关案例企业的文献、期刊、公开网页报道、评论、报纸、企业官网资料、公告及言论、所涉及行业的发展报告等

7.2　雅达国际与青鸟软通双案例研究

7.2.1　案例企业素描与编码

1. 案例之一：雅达国际

　　2009 年底，蒋建宁结束了在中青旅控股股份有限公司连续四届、长达 12 年的高管任期，改任公司首席顾问，用了一年多时间进行行业考察和交流思考，遍访欧美、日韩等发达国家，吸取其在养老服务、适老化产品等方面的宝贵经验，并结合中国社会机制和文化理念的特点，最终选择复合式园区养老作为雅达国际的发展模式，即围绕养生养老的主题，营造适老化住宅产品，配套健康医疗、文体活动、商业业态等完备设施，打造景区式环境，提供全天候服务。

　　1）起步期：2011~2015 年

　　2011 年雅达国际成立，与桐乡市人民政府正式签约乌镇雅达国际健康生态产业园项目，并相继启动康复医院、自助养老中心（乌镇雅园）和老年大学（颐乐学院）三个板块，开始逐步构建乌镇健康产业园产业链。2012 年乌镇雅达国际健康生态产业园被列为浙江省重点建设项目和浙江省服务业重大项目计划；同年，雅达国际图形商标注册成功。

　　雅达国际引进德国领先的康复医疗团队，建立完善的护理体系、质控标准和员工培训机制；与嘉兴市第二医院签署第一个五年战略合作计划（2013-2018 年），借助外部资源（嘉兴市第二医院的专业力量），率先在国内开展医养结合项目。2014 年，成立北京雅达银龄投资有限公司，由其规划运营的雅达银龄汇老龄用品展示体验中心正式开幕，进入老龄用品行业。

2015 年，考虑到老年服务市场人才供需严重失衡，企业决定开展养老医护人员培训项目，借鉴香港医护学会证书课程，结业后颁发香港医护学会认证的《保健员》证书和《医疗支援人员》证书。为学习更多先进的老年服务知识，在香港注册成立全资子公司——雅达国际集团（香港）有限公司，作为雅达国际对外合作及投资的平台，通过资本手段整合国内外养老产业链上先进目标企业的资源。

2）成长期：2016~2018 年

2016 年，雅达国际同瑞东资本共同成立养老产业平台——北京雅达养老产业股份有限公司（以下简称雅达养老）。雅达养老在海南岛区域与海南第一投资控股集团有限公司合作，深度参与海口阳光城项目和南丽湖养老项目，在项目规划、产品定位、设计规划、软装配饰、养老用品配置等方面提供专业支持；与北京首都开发控股（集团）有限公司建立合作，深度参与密云白河项目，高水准打造北京第一个大型养老园区示范项目；与国际知名设计事务所 Perkins Eastman 合作，构建完善中国适老化设计标准；与日本国际医疗健康福祉协会合作，在日本东京组建股份制公司——雅达环球高龄者事业株式会社，启动布局日本养老产业平台；与新加坡樟宜综合医院在技术交流与人才培养、医疗服务和咨询、科研产品创新等方面开展合作。

2017 年，雅达国际收购浙江雅达银龄家居有限公司，获得养老用品银龄汇等经营品牌；收购益佑（上海）企业管理咨询有限公司，涉足社区托养、居家照护等社区养老服务；出资设立天津雅达养老服务有限公司；与中青旅控股股份有限公司合作开发旅游+康养市场；联手 IDG（International Data Group，美国国际数据集团）成立两家基金管理公司，在南京高淳及江苏宜兴，投资建设"健康医疗、养生养老、休闲度假"三大复合型养老健康产业园区及旅游目的地景区，拓宽公司养老产业链。

尤其值得强调的是，公司与中国建筑设计院合作建立中国院·适老建筑实验室，该实验室是我国首个关注老年人生活环境的人体工程学与环境行为学实验研究平台。雅达国际与松龄护老集团成立松龄雅达护老服务有限公司，联合完善中国养老护理服务标准体系。

2018 年，雅达国际多个产业园项目入选《江苏省 2018 年重大项目投资计划》与松下电器（中国）有限公司在北京签署战略合作备忘录，在适老产品研发、市场开拓等方面进行合作，开拓中国健康养老综合用品和服务市场；10 月正式入选"为侨服务单位"，将为归侨侨眷、涉侨人士提供优质养老服务及优惠福利；与嘉兴市第二医院战略合作签署第二个五年合作计划（2018-2023 年），两院将在康复医疗、老年病学、健康管理等领域扩展合作范围，加大合作力度，不断提升雅达国际的医疗服务水平及专业技能。

3）相对成熟期：2019 年至今

2019 年，公司着力扩散和输出自身开发的适老产品和适老服务规范。例如，第二家集展示、体验和销售于一体的综合性展厅正式对外营业，重点展示了同松下联合开发的近千种健康养老产品。雅达国际与福州首开福泰投资有限公司、烟台市牟平区龙泉镇人民政府签署的康养项目规划设计服务，为其提供策划定位、概念规划设计研究等服务。同时，进一步拓展产学合作项目，与南京工程学院建立校企合作。

2. 案例之二：青鸟软通

青鸟软通成立于 2010 年，定位为 IT（internet technology，互联网技术）行业解决方案提供商和现代服务运营商，于 2012 年底进军养老服务市场，结合公司物联网技术及移动互联网应用等信息化运营背景，成为国内首家将软件开发与养老服务相融合的国家级高新技术企业，并于 2015 年成功登陆新三板，首批进入创新层。

1）起步期：2010~2015 年

2012 年底，承接青岛市民政局 12349 热线项目，进入养老服务网络平台开发领域；2013 年，继续与青岛市政府合作，相继承接青岛市家庭服务业平台建设运营项目和崂山区卫生局社区健康服务平台委托运营项目，积累养老服务相关经验知识。

2014 年，成立全省第一家专业居家医疗服务护理站——期颐护理站，在县级 325 个村对失能、半失能老年群体开展为期一个月的援助服务，包括上门生活照料、营养膳食、基本健康数据监测、康复训练等，累计服务 7 200 人次，提供 57 600 项服务，积累一线服务专业知识。

为进一步积累相关知识，邀请中国红十字会等各类培训机构定期为员工开展紧急救援、职业技能等培训，并不定期举办职业技能比赛，还与多家卫生院、卫生所签订家庭医生协议，为老年群体提供定期上门体检、就诊服务，积累了大量老年服务照护经验；2014 年底，青鸟软通承接青岛市市北 e 家养老院运营项目，并成立青岛市市北区海易职业培训学校满足企业日益增长的人才需求。

公司将以上养老服务知识引入智慧养老平台系统开发，将养老机构、服务人员、各级民政部门和老年人联系起来，实现数据互通，拓宽信息来源渠道，并引入加盟了生活型服务提供的加盟商家，通过智慧养老平台进行导流派单。

2015 年，青鸟软通成立青岛健康诊所，为青岛市市北区近 4 万名 80 岁以上高龄老人提供义务养老服务。将这些真实案例应用到"养老微课动画项目"中，完成民政部、教育部老年福祉专业课件资源库国家课题，公司的知识服务产品走向全国。

2）成长期：2016~2018 年

2016 年，青鸟软通建设成立青岛市李沧紫荆苑、君峰路、兴华路、海岸华府四处长者照护中心，收购青岛市市北区福舜老年公寓，统一养老服务品牌——青鸟颐居、医疗服务品牌——青鸟健康，实现规模化成长。同时，承接青岛市"互联网＋"养老服务平台项目和市南区低保和低保边缘家庭人员失能、半失能评估项目，建立养老基础信息数据库，通过信息采集、持续的服务和档案跟踪实现信息动态化管理，为养老业务分析、精准服务等提供依据。

2018 年，公司中标宁夏、辽宁、山西、福建等适老服务项目，正式启动全国市场布局。

3）相对成熟期：2019 年至今

2019 年，青鸟软通的智慧养老综合服务管理信息平台建设逐步扩大至全国市场。青鸟软通联合高校、职业培训学校、优质养老服务机构，构建养老人力资源管理平台，按照"互联网+微课+双元制"模式，实现养老人才募集、培训、考核、管理的智能化，打造理论与实践相结合的教学示范基地。2019 年，青鸟软通开始面向居家养老服务对象的家属开设专业的老年照护技术和压力释放管理课程，主要包括健康养生、介护康复、自我保护和情绪管理等内容，通过课程培训提高家属的护理技术；设置养老产业体验中心，配置养老体验包、尖端智能物联设备、先进的康复辅具等，对养老相关产品进行展示和推介；为住养老人提供针对性的个案和小组服务，包括心理疏导、情感慰藉、法律咨询和临终关怀等，将现有简单的生活照料式养老服务转向医养结合并注重情感保障的质量型养老服务。这些基于企业雄厚知识体系的个性化产品服务的推广为青鸟软通进军全国市场创造了竞争力。

2020 年，青鸟软通加快全国业务布局，相继在贵州、新疆、陕西成立子公司。

3. 开放式编码

将收集的所有案例资料整合转化为文字形式的原始材料，约为 9.6 万字。为使研究结论科学可靠，本章组建了由研究人员、适老服务机构负责人组成的编码小组，五位小组成员均对研究主题有较为清晰的认识。正式编码前，对编码小组的全部成员进行信度检验。参照 Miles 和 Huberman（1994）提出的定性数据分析方法，从所有资料中随机抽取部分资料作为前侧分析样本，对五位编码员的编码结果依据相互同意度及信度公式进行计算，五位编码员信度值大于 0.8，归类一致性较高，可正式进行编码。

本章借用 MindManager 2020 软件对数据材料进行整理，在整个开放式编码过程中，首先将雅达国际和青鸟软通两家案例企业的原始资料按照时间顺序进行整理，并逐句贴标签，再进行概括、分解，初步从雅达国际的案例资料中提炼出 74 个概念，从青鸟软通的案例材料中提炼出 64 个概念，具体开放式编码如表7.3 和表 7.4 所示。本节以 a 标注雅达国际的编码，以 b 标注青鸟软通的编码。

表 7.3　雅达国际的开放式编码

发展历程	原始数据	概念化
	凭借董事长蒋建宁在中青旅控股股份有限公司多年的工作经验，与桐乡市人民政府正式签约乌镇雅达国际健康生态产业园项目；相继启动康复医院、自助养老中心（乌镇雅园）和老年大学（颐乐学院）三个板块，完成了养老产业链的初步构建，公司图形商标注册成功（2011~2012 年）	a1 企业家判断力 a2 政府机构支持 a3 老年医学 a4 康复知识 a5 产业链构建 a6 商标注册
起步期	引进德国领先的康复医疗团队，建立完善的护理体系、持续精进的质控标准和员工培训机制，配备顶尖系列的设备设施；为照护人员提供历史学、服务礼仪等通识类课程，帮助其迅速拉近与老年人的距离；成立北京雅达银龄投资有限公司，由其规划运营的雅达银龄汇老龄用品展示体验中心开幕；颐乐学院设置的运动养生和营养膳食课程正式开课（2013~2014 年）	a7 建立护理体系 a8 制定质控标准 a9 配备顶尖设备设施 a10 建立培训机制 a11 服务礼仪培养 a12 沟通技巧 a13 老龄用品 a14 顾客参与 a15 运动养生 a16 营养膳食
	重点围绕"企业经营理念、服务流程、企业制度规范"展开新员工培训工作；成立子公司——浙江雅达旅游发展有限公司作为企业的后勤服务保障，以确保产业园各个业务板块的顺利运营；成立全资子公司——雅达国际集团（香港）有限公司，作为企业对外合作及投资的平台（2015 年）	a17 服务流程规范 a18 制度规范 a19 后勤服务保障 a20 建立对外合作平台
成长期	成功受让北京点众电子有限责任公司 23.20%股权，成立北京雅达养老产业股份有限公司（证券简称雅达养老），开始深耕养老产业；与海南第一投资控股集团有限公司、北京首都开发控股（集团）有限公司合作，共同打造大型养老园区示范项目；与新加坡樟宜综合医院在技术交流、跨境医疗、老年病学等方面开展合作；与国际知名设计事务所 Perkins Eastman 签署战略合作协议，共同完善中国适老化设计标准；与日本国际医疗健康福祉协会共同在日本东京组建股份制公司——雅达环球高龄者事业株式会社，启动布局日本养老产业平台；成立养老医护人员培训班，借鉴香港医护学会证书课程，建立标准的员工考核机制，结业后颁发职业资格证书，学员可任职于各类养老服务机构（2016 年）	a21 收购上市公司股权 a22 广泛开展合作交流 a23 打造标杆项目 a24 技术交流 a25 跨境医疗 a26 老年病学知识 a27 制定行业标准 a28 建立国外资源整合平台 a29 学习日本先进养老服务经验 a30 成立培训班 a31 借鉴优秀课程 a32 职业资格证书 a33 人才输出

续表

发展历程	原始数据	概念化
成长期	获得养老用品银龄汇等经营品牌；联手 IDG 共同打造健康养老产业基金管理公司——北京雅达资本管理有限公司，并取得私募资金资格；与中青旅控股股份有限公司签署战略合作协议，共同发展旅游+康养业务；适老建筑实验室正式对外开放，是我国首个关注老年人生活环境安全的实验研究平台；投资建设南京高淳及江苏宜兴两个复合型养老健康产业园，拓宽公司养老产业链发展；签约浙江省三甲医院 18 个临床学科的 31 位专家，参与各项诊疗服务，同时开通桐乡市和嘉兴市异地就医实时结算服务；增设健康体检项目、定期心理健康讲座和情绪控制课程（2017 年）	a34 获得经营品牌 a35 创立养老产业基金 a36 涉足新业务领域 a37 企业家资源利用 a38 生活环境安全 a39 拓宽产业链 a40 专家引进 a41 专家诊疗服务 a42 开通当地市级医保 a43 健康体检 a44 心理健康讲座 a45 情绪控制
成长期	落实国家"十三五"养老体系建设规划的通知，涉足社区居家养老服务；与嘉兴市第二医院签署第二个五年合作计划（2018-2023 年），将在多个方面加大合作力度；入选"为侨服务单位"，为归侨侨眷、涉侨人士提供优质养老服务及优惠福利；与松下电器（中国）有限公司签署战略合作备忘录，整合高品质产品体系；与松龄护老集团联合成立松龄雅达护老服务有限公司，共同开拓中国养老护理服务市场；颐乐学院增设艺术系、休闲体育系和生活系三大专业课程，并划分为基础级、提高级和研修级三个级别（2018 年）	a46 适应政策环境 a47 合作加强 a48 为侨服务单位 a49 整合高品质产品体系 a50 开拓国内养老护理服务市场 a51 专业课程设置 a52 课程级别设置
相对成熟期	经中国老龄产业协会（China Silver Industry Association, CSIA）和中国房地产业协会共同评定，乌镇雅园正式入选首批"中国老年宜居住区试点工程"；组织书画展、交互分享主题讲堂、集体出游等团体活动百余项，鼓励老年人主动参与社会；特聘浙江省内三甲医院 22 个临床学科的 34 位专家，为新增科室选拔近百名专业医护人员，涉及康复保健、照顾护理、老年病学等多个领域；开通浙江省异地就医医保直接结算服务；中国农业银行对产业园的建设给予了综合的信贷支持，双方共同合作推出了养老园区智能化管理的"金穗雅达园区一卡通"；与松下约定在雅达·羡溪山项目中共建"雅达·松下社区"，社区突出日本先进设计理念，融合双方品牌特色，为客户提供专业化定期健康数据监测、客户健康档案建立、身体健康追踪等服务（2019 年）	a53 权威机构认证 a54 国家试点工程 a55 组织团体活动 a56 提供主动分享平台 a57 鼓励老年人主动参与社会 a58 活动丰富多样化 a59 特聘优秀专家 a60 医护人员招聘 a61 保健知识 a62 照护知识 a63 开通省内医保 a64 获得信贷支持 a65 引进国外先进理念 a66 定期健康数据监测 a67 客户档案建立 a68 身体健康追踪
相对成熟期	承接的河南省知行太极文化的印象太极剧场，最忆韶山冲剧场项目正式启动，雅达国际负责整个项目建设全流程管理活动，开启公司轻资产运营领域新道路；雅达体育健身中心项目正式开工，设有篮球场、网球场、高尔夫球场、瑜伽室等多个运动场所，同时颐乐学院也开通了相应配套体育课程，丰富老年群体的晚年生活；与南京工程学院建立校企合作，与中国科学院上海分院、浦东院士中心等共同设立"乌镇院士之家"，汇聚院士专家 150 余人，致力在人才培养、基地建设、项目研究等方面不断探索多样式合作模式（2020 年）	a69 引领养老轻资产运营新道路 a70 丰富服务内容 a71 完善内部服务配套 a72 组建高级人才队伍 a73 重视专业人才培养 a74 探索相关理论研究模式

表 7.4　青鸟软通的开放式编码

发展历程	原始数据	概念化
起步期	承接青岛市民政局 12349 热线项目，与青岛市政府合作，相继开展青岛市家庭服务业平台建设运营项目和崂山区卫生局社区健康服务平台委托运营项目（2012~2013 年）	b1 开拓养老服务市场 b2 承接政府合作项目 b3 积累养老服务经验
	成立全省第一家专业居家医疗服务护理站——期颐护理站，在县级 325 个村对失能、半失能老年群体开展为期一个月的援助服务，包括上门生活照料、营养膳食、基本健康数据监测、康复训练等；邀请中国红十字会等各类培训机构定期为员工开展紧急救援、职业技能等培训，并不定期举办职业技能大比拼；成立青岛市市北区海易职业培训学校满足企业日益增长的人才需求；开发智慧养老平台，将养老机构、服务人员、各级民政部门和老年人联系起来，实现数据互通；引入加盟了生活型服务提供的加盟商家，通过智慧养老平台进行导流派单，深入摸索市场化运营模式（2014 年）	b4 布局省内服务网点 b5 开展义务援助服务 b6 上门生活照料 b7 营养膳食 b8 健康数据监测 b9 康复知识 b10 定期员工职业培训 b11 紧急救援知识 b12 服务人员激励 b13 成立职业培训学校 b14 专业人才积累 b15 拓宽信息来源渠道 b16 深入探索市场新模式
	建立养老基础信息数据库，通过信息采集、持续档案跟踪实现信息动态化管理；成立青岛健康诊所，为青岛市市北区近 4 万名 80 岁以上高龄老人提供义务养老服务，并将这些真实案例应用到"养老微课动画项目"中，完成了民政部、教育部老年福祉专业课件资源库国家课题，公司品牌开始走出青岛，走向全国（2015 年）	b17 建立养老基础信息数据库 b18 用户信息采集 b19 信息动态化管理 b20 细分服务群体 b21 参与国家课题 b22 布局全国市场
成长期	成立青岛市李沧紫荆苑、君峰路、兴华路、海岸华府四处长者照护中心，统一养老服务品牌——青鸟颐居、医疗服务品牌——青鸟健康；承接青岛市"互联网+"养老服务平台项目和市南区低保和低保边缘家庭人员失能、半失能评估项目；承接青岛市《救助养老信息化建设、养老机构提升消防能力建设采购项目第三包智慧养老云平台》第三包养老管理服务平台项目建设，是公司智慧养老云平台产品化的重要里程碑（2016 年）	b23 广建长者照护中心 b24 建立服务品牌 b25 规模扩张 b26 扩大服务群体 b27 精准服务定位 b28 行业信息化建设 b29 优化产品服务
	借助社工的专业知识与资源衔接、调度力量，整合专业化社会组织，建立志愿者服务资源库，形成敬老联盟；开展养老服务机构星级评定、日间照料中心等级评定、服务人员技能鉴定、服务体系认证等工作，制定具体相关建设标准和服务规范，包括养老设施设置标准、服务队伍建设标准、养老设施运营规范、养老服务操作及流程规范、养老机构日常管理规范等；开发"积福养老市场化"操作模式，整合老年人经常消费的医院、超市、银行、通信等单位，构建以"福"为纽带的养老服务异业联盟，从而带动整个养老服务及老年人消费市场（2017 年）	b30 整合周边资源 b31 建立志愿者服务资源库 b32 制定行业相关标准 b33 服务操作流程规范 b34 服务队伍管理 b35 构建养老服务异业联盟 b36 带动老年消费市场

续表

发展历程	原始数据	概念化
成长期	与多家卫生院、卫生所签订家庭医生协议，为老年群体提供定期上门体检、就诊服务；中标石嘴山市居家和社区养老服务采购项目，通过线上智慧养老信息平台研发与指挥调度中心建设，线下社区日间照料中心运营与居家养老服务，为石嘴山市提供规划、设计、服务、运营四位一体的养老服务体系解决方案；围绕第二批、第三批中央财政支持开展居家和社区养老服务改革试点城市拓展养老市场，逐步布局省会城市（2018年）	b37 上门体检 b38 老年照护知识 b39 线上线下联合运营 b40 全流程养老服务体系解决方案 b41 紧追国家政策 b42 省会城市试点运营
相对成熟期	中标营口、盐城、宝鸡、厦门等地智慧养老综合服务管理信息平台建设运营项目；联合高校、职业培训学校、优质养老服务机构，构建养老人力资源管理平台，按照"互联网+微课+双元制"模式，打造理论与实践相结合的教学示范基地；提供专业的社工团队，对养老机构内部员工进行实务经验及督导培训，教授对老人多元化、个性化需求与机构工作人员所提供有限服务和资源之间矛盾的灵活处理技巧；面向居家养老服务对象的家属开设专业的老年照护技术和压力释放管理课程，主要包括健康养生、介护康复、自我保护和情绪管理等内容，通过课程培训提高家属的护理技术；设置养老产业体验中心，配置养老体验包、尖端智能物联设备、先进的康复辅具等，对养老相关产品进行展示和推介；为住养老人提供针对性的个案和小组服务，包括心理疏导、情感慰藉、法律咨询和临终关怀等，将现有简单的生活照料式养老服务转向医养结合并注重情感保障的质量型养老服务（2019年）	b43 快速扩张全国市场 b44 校企合作 b45 建立养老人力资源管理平台 b46 打造养老服务教学示范基地 b47 学徒制人才培养 b48 服务沟通技巧 b49 开发用户周边群体 b50 压力释放管理 b51 健康养生 b52 介护康复 b53 自我保护 b54 情绪管理 b55 设置养老产业体验中心 b56 完善产品配套设施 b57 涉足养老产品领域 b58 针对性个案服务 b59 心理疏导 b60 法律咨询 b61 临终关怀 b62 服务升级转型
	相继在贵州、新疆、陕西成立子公司，依托本地化运营，深耕区域市场；自主研发运营科技赋能养老的专业互联网平台，同时加强机构、社区、居家服务的融合，打造领先的全域养老一站式服务平台（2020年）	b63 建立多区域运营点 b64 自主研发全域养老一站式服务平台

　　通过对概念的类属进行划分，共得到 41 个范畴：AB1 日常生活照料（a38、b6）；AB2 生活环境安全（b53）；AB3 调理养生（a15、a16、b7、b51）；AB4 医疗护理知识（a3、a26、a62、b38）；AB5 康复保健知识（a4、a61、b9、b52）；AB6 健康监测（a43、a66、b8、b37）；AB7 疾病预防（a68、b19）；AB8 培养团队意识（a55、a56）；AB9 鼓励社会参与（a57）；AB10 老年情绪管理（a45、b54、b61）；AB11 心理教育（a44、b50、b58、b59）；AB12 学科知识培养（b11、b60）；AB13 兴趣培养（a58）；AB14 特聘行业专家（a40、a59、a72）；AB15 业务人员

招聘（a60、b45）；AB16 搭建培训平台（a10、a30、a31、b13、b46）；AB17 人才储备（a33、a73、b14、b31）；AB18 专业技能提升（a51、a52、b10、b34、b47）；AB19 职业资格认证（a32、a53、a54）；AB20 建立考核体系（b12）；AB21 顾客体验（a14、b18、b20）；AB22 共情知识（a12、b48、b55）；AB23 服务礼仪（a11）；AB24 配套设施完备（a9、a13、a19、a42、a63、a71、b56）；AB25 提供高端服务（a41、a67、b27、b29）；AB26 特殊群体服务（a48、b5、b26、b49）；AB27 业务知识体系（a74、b3、b21）；AB28 服务质量标准（a8、a17、a18、b32、b33）；AB29 企业家资源（a1、a37）；AB30 品牌建设（a6、a34、b24）；AB31 行业认证（a27、a28）；AB32 管理制度（a7）；AB33 战略规划（a23、a69、b1、b16、b22、b36、b62、b63）；AB34 资源配置（a49、b15、b30、b35、b39）；AB35 业务拓展（a25、a36、a50、b4、b25、b23、b42）；AB36 完善产业链发展（a5、a39、a70、b40、b57）；AB37 政策支持（a2、a46、b2、b41）；AB38 先进知识引进（a29、a65）；AB39 搭建资源整合平台（a20、a21、a28、b43、b64）；AB40 合作交流（a22、a24、a47、b44）；AB41 金融支持（a35、b64）。

4. 主轴式编码

首先，通过归纳和考察不同初始范畴间的潜在关系，在开放式编码的基础上进行主轴式编码，将 41 个初始范畴重新归纳为医护保健知识、健康管理知识、精神文化知识、关系管理、服务标准、企业家精神等 20 个副范畴。其次，综合考虑本章的研究目的和被研究企业所处背景，进一步提取命名了服务人员管理知识（management knowledge of service personnel）、服务接触知识（service contact knowledge）、内部治理知识（internal governance knowledge）、外部协作知识（external environment knowledge）、老年生理学知识（physiological knowledge of the elderly）、老年心理学知识 6 个主范畴，主轴式编码结果如表 7.5 所示。

表 7.5 主轴式编码结果

主范畴	副范畴	初始范畴
服务人员管理知识	人才引进、人才培训、考核测评	特聘行业专家、业务人员招聘、搭建培训平台、专业技能提升、人才储备、职业资格认证、建立考核体系
服务接触知识	关系管理、支持性设施、专业技能、服务标准	顾客体验、共情知识、服务礼仪、配套设施完备、提供高端服务、特殊群体服务、业务知识体系、服务质量标准
内部治理知识	企业家精神、品牌经营、制度知识、企业发展战略	企业家资源、品牌建设、行业认证、管理制度、战略规划、资源配置、业务拓展、完善产业链发展
外部协作知识	合作知识、老年政策环境、外部知识获取	政策支持、先进知识引进、搭建资源整合平台、合作交流、金融支持
老年生理学知识	生活照料知识、医护保健知识、健康管理知识	日常生活照料、生活环境安全、调理养生、医疗护理知识、康复保健知识、健康监测、疾病预防

主范畴	副范畴	初始范畴
老年心理学知识	适应能力培养、心理健康知识、精神文化知识	培养团队意识、鼓励社会参与、老年情绪管理、心理教育、学科知识培养、兴趣培养

5. 选择式编码

结合案例企业对 6 个主范畴及其之间的关系进行探索，不难发现老年生理学知识和老年心理学知识是适老服务企业为给客户提供更全面、更贴切的服务，应当具备的专业技能知识，因此将二者命名为老年学知识这一核心范畴。服务接触知识和服务人员管理知识体现了适老服务企业隐性知识主导的特点，其服务知识主要体现在服务人员与顾客接触的过程中，故将两者命名为服务过程知识。内部治理知识和外部协作知识表现为适老服务企业在连接产业链上下游进行合作交流及企业内部自行治理的作用，故将二者命名为运营协作知识。选择式编码结果如表 7.6 所示。

表 7.6　选择式编码结果

核心范畴	主范畴
服务过程知识	服务人员管理知识、服务接触知识
运营协作知识	内部治理知识、外部协作知识
老年学知识	老年生理学知识、老年心理学知识

选择式编码完成后，本章请教适老服务业相关研究领域的专家和学者对编码结果进行理论饱和度验证，重新梳理整个编码过程中的全部范畴后，并未发现新的知识要素，因此可以认为本章得到的适老服务企业的知识体系是饱和的。

7.2.2　知识体系构成及演化规律

1. 知识体系构成三要素

经过案例分析得出，适老服务企业的知识体系是由服务过程知识、运营协作知识和老年学知识构成的，再次梳理案例资料进行比较分析后发现，服务过程知识、运营协作知识和老年学知识在适老服务企业的整个发展过程中都是必不可少的，并且在不同发展阶段不同知识所占的比重不同。

（1）服务过程知识。在服务过程中，知识储备一方面来源于服务人员自身积累的经验知识，另一方面是在提供服务时获得的服务接触知识，这与服务管理中的内容相符。正如库珀和田国培（1993）所说，员工之所以重要，并不是因为他们掌握了某些秘密知识，而是因为他们具有不断创新和创造新的有用知识的能力。适老服务高接触性、高共情性的特点，使得服务接触知识尤为重要。雅达国际早在成立初期，就重视共情知识、关系管理的培养，在一定程度上树立了良好的企业形象。

（2）运营协作知识。一个成功的企业离不开良好的运营管理，企业运营管理为企业带来的竞争优势最终可以归结为能给客户创造更多的价值。李勇（2002）指出，企业可通过技术支持和激励机制、良好的组织形式等，发掘企业内部知识，以此提高企业的竞争力。运营协作知识包括外部环境识别、市场分析、技术交流和战略合作等能力。

（3）老年学知识。适老服务企业的服务群体多为老年人或面向老年人的服务机构。蔺雷和吴贵生（2004）指出企业新服务概念开发需要识别客户需求，真正了解客户群体，并进行市场分析。老年群体具有对自己需求认知不明确、表达不清晰的特点，顾客参与存在一定的难度。雅达国际对老年医学、康复知识、运动养生、客户健康追踪等老年生理学知识的积累，有助于服务人员提供更优质的服务，也帮助企业识别更多的市场需求。老年群体与社会接触较少，多表现为孤独、空虚等，时间久了会出现心理问题。青鸟软通增设宠物狗陪伴、兴趣诊疗项目，开展集体生活等，有利于在服务接触过程中提高沟通能力，更贴切地了解老年人的心理诉求，为老年人提供个性化的专业服务。

2. 知识体系演变三阶段

前述编码过程中，通过对样本企业在各发展阶段的主要特点进行分析，发现老年学知识、服务过程知识和运营协作知识三个核心范畴在企业发展的不同阶段起的作用不同，即不同的发展阶段主导知识不同，并且随着企业的发展，知识体系内部存在拉动—反馈机制。即服务过程知识、运营协作知识和老年学知识两两之间均存在拉动作用和反馈作用，但在企业发展的不同阶段，作用大小有所不同，此过程就是适老服务企业知识体系的演进过程，如图 7.1 所示。

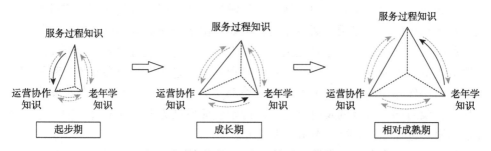

图 7.1　适老服务企业知识体系的演进过程

三角形面积代表适老服务企业的知识体系，三角形内部虚线长度代表企业相应知识的发展程度；三角形外部知识间的箭头表示相互间的拉动作用和反向拉动作用，实线箭头表示强作用，虚线箭头表示弱作用

起步期，适老服务企业注重对服务接触过程的管理。在该阶段，老年学知识和运营协作知识累积薄弱，主导知识是服务过程知识，且主要是服务过程中的服务接触知识。一方面，雅达国际成立初期，通过加强服务礼仪培养、客户沟通交流等，为客户提供优质服务体验，建立了良好的企业形象，随着服务过程知识不断积累，为维护企业声誉，雅达从品牌建设、管理制度设立等方面加强企业内部治理，同时开展部分外部合作交流活动，推动运营协作知识的发展；另一方面，服务过程知识拉动老年学知识的发展，尤其是老年生理学知识，适老服务企业提供的服务内容也能体现这一点，多表现为日常生活照顾、医疗护理和康复保健等，而老年心理学尚未引起重视。在此过程中，服务过程知识对运营协作知识的拉动作用最为显著，图中用实线表示。

进入成长期后，企业开始通过增设服务项目、扩大服务范围、开展技术交流等进行规模扩张，主导知识转化为运营协作知识，同时服务过程知识和老年学知识也需要进一步提升。在此阶段，企业进一步加强内部治理的同时，重视外部运营管理。雅达国际和青鸟软通均利用企业家或股东资源开展外部合作交流活动，支持企业的规模化扩张。运营协作知识和服务过程知识的积累，均促进了老年学知识的发展，尤其是在进行外部合作交流后，不断学习引进新的服务项目，丰富服务内容，也不再局限于老年生理学方面的知识，开始增加老年心理学的服务项目，奠定了老年心理学知识基础。该过程中，运营协作知识对老年学知识的拉动作用最为显著，而服务过程知识对运营协作知识的拉动作用有所减弱。

相对成熟期，主导知识转化为老年学知识，同时服务过程知识和运营协作知识得到进一步提升。在此阶段，为了获得更多更前端、个性化的服务，需要企业具备厚实的老年学知识储备，也只有对老年人的生理和心理有充分的了解，才能发现目前的市场空白。企业老年生理学知识和老年心理学知识在该阶段都得到迅速发展，雅达国际开展定期心理健康讲座、开设老年情绪管理课程、举办各种团体参与活动等均为老年心理学知识完善的体现，增设疾病预防、调理养生等服务拓宽了企业老年生理学知识的发展；老年学知识的知识存量达到一定容量时，对服务过程知识的拉动作用也渐渐显著，主要是由于企业对老年群体的深入了解，会为服务人员进行服务接触时提供帮助，青鸟软通还将获得的老年学相关内容作为服务人员培训考核内容，来拉动服务过程知识；老年学知识和服务过程知识拉动了运营协作知识的发展，更多的是在外部交流方面进行专业技能与配套设施的合作，以及对国家政策的及时响应，来确定企业发展方向。在此过程中，老年学知识对服务过程知识的拉动作用最为显著。

显然，适老服务企业发展的过程，也是知识体系完善的过程，表现为由单一向丰富、从简单向复杂的演变，所涉及的知识活动边界从小范围向更大范围演变。起步期企业注重服务过程知识，三角形服务过程知识的顶点靠外；成长期，主导知识转化为运营协作知识，运营协作知识的顶点向外延伸明显；相对成熟期，老年学知识也得以完善，三角形倾向于等边三角形，即企业知识开始均衡发展。

3. 知识体系成熟过程中的学习活动

基于建构主义的知识发生学理论认为，知识是主体所认识的经验世界而非本体化世界的体现，知识的形成是主动建构并产生而非被动接受，故对适老服务企业知识体系演化过程的研究，自然离不开组织学习。图 7.2 为适老服务企业知识体系演进过程中的组织学习演化模型。

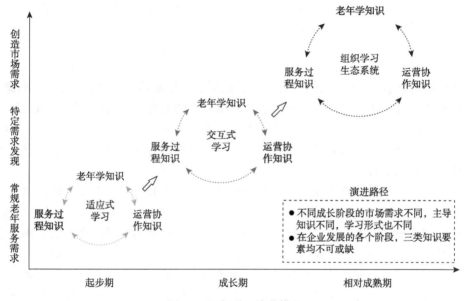

图 7.2　组织学习演化模型

起步期，适老服务企业的首要问题是快速、多渠道地获取服务过程相关知识，实现产业立足。此阶段的学习特征是适应式学习，即寓境学习，主要表现为"学中学""用中学"，通过复制和模仿行业内的基本服务包，积累服务接触知识，初步满足常规的老年服务市场需求。雅达国际成立之初，就与嘉兴市第二医院签署第一个五年战略合作计划，在技术交流、康复医疗、老年病学、健康管理等方面展开合作的同时，成立养老医护人员培训班，组织企业员工学习嘉兴市第二医院的专业技能、服务礼仪和沟通技巧等，积累了大量的服务过程知识。同时，服务过程知识的积累也促进了运营协作知识和老年学基础知识的形成，运营协作知识的积累能够帮助企业实现合作、专业团队引进、制度规范建立等；老年学基础知识能够强化企业对老年群体的需求认知，促进企业迅速开展核心业务。青鸟软通成立初期，在县级 325 个村对失能、半失能老年群体开展为期一个月的援助服务，进行服务宣传的同时，积累老年学基础知识，为进一步拓宽企业知识打下基础。青鸟软通邀请中国红十字会等各类培训机构定期为员工开展职业技能培训，与多家卫生院所签订合作协议，共同摸索老年群体的潜在需求。

成长期，适老服务企业的发展问题转变为提供差异化服务，运营协作知识的重要性开始凸显。本阶段的组织学习特征为交互式学习，主要表现为对企业内外部知识进行整合，形成企业的特有知识，以发现更多的特定市场需求。运营协作知识在该阶段尤为重要，企业通过外部交流合作，不断对现有服务进行优化，以获取局部的竞争优势、资源整合的同时，老年学知识也得以快速积累，主要表现在实践应用上。雅达国际在此阶段广泛构建国际技术协作关系，对国际先进知识进行深入学习，同时多方搭建国内产业协作联合体，深化企业知识结构。在此阶段，老年学知识、服务过程知识和运营协作知识均有了一定提升，结构相对比较均衡，青鸟软通开始建设市级健康养老指挥调度中心，打造虚拟养老院并开发养老基础信息数据库，通过信息采集、持续的服务和档案跟踪实现信息动态化管理，对现有服务进行系统化改进。但企业对知识补足的方向缺乏清晰认识，加上某类知识要素的提升，不足以推动整体知识体系进入更高层次平台。一定程度上，挫折感影响组织学习与创新的热情和动力，必须借助适宜的学习策略，全面提高各类知识要素积累的效率。

因此，进入相对成熟期后，为了积极应对动态性的市场，企业的知识边界需要不断扩展，学习主体更加多样，学习内容也更加广泛。适老服务企业该阶段的目标是创造市场需求，通过战略式学习，构建自己独特的知识网络体系，重视全新产品或服务开发，为产业高端市场创造新的价值。在该阶段老年学知识的重要性日益"趋强"，前沿性老年学知识的储备能够帮助企业建立产业竞争优势，进一步促进服务过程知识和运营协作知识的完善。雅达国际与南京工程学院建立校企合作，与中国科学院上海分院、浦东院士中心等共同设立"乌镇院士之家"，为企业在战略决策咨询、关键技术攻关、学术交流、创新人才培养等方面提供创造性经验，并牵头组建适老建筑实验室，进行前沿性的老年学知识研究。青鸟软通也联合高校、职业培训学校、优质养老服务机构，构建养老人力资源管理平台，按照"互联网+微课+双元制"模式开展养老服务人员培训，打造理论与实践相结合的教学示范基地，组建组织学习生态系统。

在对适老服务企业学习活动的研究过程中发现，服务主体只有寓入实践性情景才能发现真正的问题，从而有效地选择性学习和积累相关知识。对于研究性学习，还要求企业提供科学的实验场景，即予境才能更好地完成知识的发现和积累。在企业发展的起步期和成长期主要是寓境性学习，进入相对成熟期后，开始向予境性学习转变，掌握适老服务企业对寓境和予境学习的依赖，有利于采取适宜的行动来突破适老服务企业成长期面临的"高原期或高原现象"困境。现实中，发现部分适老服务企业面临着类似教育心理学中所描述的"高原现象"问题，即知识存量达到一定水平后，在成长曲线上表现为保持而不上升，除去学习动力因素，知识结构和学习方式的欠缺是主要原因。一定意义上，为了实施寓境和予境学习，企业家需要将适老服务企业打造成知识供给和知识需求衔接的平台，企业需要发现新的适老服务知识需求，搜寻或创造新的知识供给，信息交流和协调的过程也是企业新知识生成的过程。

7.2.3　辅助案例分析——朗高养老

进行案例梳理时发现，无锡朗高养老集团股份有限公司（以下简称朗高养老）的发展历程可以辅助解释适老服务企业知识体系的演化过程。

朗高养老创立于 2008 年，是中国首家登陆新三板的"医养结合"养老服务企业，作为中国医养第一股，以市场化、规模化、连锁化、品牌化为发展战略，致力于打造为老年人提供生活照料服务、医疗护理服务、精神需求服务于一体的综合服务平台。目前已经拥有包括无锡朗高护理院、无锡市滨湖区朗高养老院等 10 多家医疗及养老机构，并承接多家街道社区卫生服务中心的护理服务及社区居家养老服务中心的养老服务，医疗及养老床位总数已达 3 500 张，固定养老服务团队超 1 000 人，形成了机构养老、社区养老、居家养老多层次医养相结合的业务布局。

1）起步期：2008~2015 年

长期在外工作打拼的涂家钦回家探亲时，目睹了行动不便的奶奶和患哮喘病的外婆，在农村传统轮养制旧习俗下的孤苦无依，与城市老人的生活相比存在很大的差距，深刻感受到老年人缺少照顾的无助。"希望把自己的奶奶和外婆接到养老院去。"涂家钦抱着最简单的初心，开启了养老之路。为了办好养老院，他先后赴北京、深圳、福建、台湾、香港等地考察，学习先进经验，最终确定了企业医养结合的发展方向，并在 2008 年创办了朗高护理院。

自成立以来，公司一直采用医养结合的经营模式，即在同一经营场所中同时设置养老机构和医疗机构，主要针对失能、半失能、失智的老年人，分别从生活照料和医疗护理需求方面提供服务。养老机构提供生活照料和护理服务，医疗机构则为入住老人提供疾病诊疗服务。公司为入住老年人提供 24 小时轮班看护服务，由护理人员轮流看护，并提供日常的医疗咨询、疾病诊疗、身体康复护理等医疗护理服务，以及生活照料、精神慰藉、文化娱乐等养老服务。此阶段，朗高养老抓住市场需求，为每个养老院配备护理院，吸引老年群体的同时，积累了大量的服务过程知识，以及医养结合的经营模式，加快了服务过程知识对老年生理学知识的推动作用。

为进一步优化知识结构，朗高养老按照入住老年人常见病种类划分不同的医疗区域，并配置相应的医疗器械、护理设施、医生及护理员，满足老年人基础医疗服务需求的同时，针对性积累专业技能知识。服务过程知识的大量积累推动了运营协作知识的发展，公司开始与街道社区卫生中心签订康复病区服务托管协议，利用闲置资源为入住康复病区的老年人提供生活照料服务和康复护理服务，还建立了朗高特色的医养管理体系，已通过德国技术监督协会质量管理体系认证。

2）成长期：2016~2018 年

服务过程知识的大量积累为朗高养老带来了良好的企业声誉，朗高养老开始设立多个养老服务机构，不断扩大规模，相应地，公司对专业护理人员的需求也随之增大，为了防止公司步入人才缺失而使发展受到限制的局面，2016 年公司倾力打造朗高养老人才开发无锡有限公司，为公司未来人才招募、培训、储备及养老模式的探索、创新和实践提供了有力支撑。此过程中，运营协作知识拉动了服务人员管理知识的提升，反过来，服务过程知识的提升也会推动运营协作知识发展。朗高养老人才开发无锡有限公司依托公司 12 年护理服务经验，积累了一大批具备丰富专业知识与照护管理经验的各类人才，建立了强大的养老护理基础材料知识库和培训体系，为政府及有意愿从事养老行业的爱心人士提供养老护理服务机构的人才培训、输出及运营管理等专业服务，目前公司服务了 10 多家养老护理服务机构，拥有超过 3 万人的专业医养团队，固定养老服务团队超 1 000 人，形成了自己独特的经营优势。同年，控股子公司浙江朗高医疗股份有限公司运行，标志着朗高品牌走出江苏，以无锡为发展核心并辐射长江三角洲地区。

成长期的朗高养老已经具备了一定知识基础，将发展方向转化为提供差异化服务。2018 年台州黄岩朗高护理院、台州路桥朗高护理院等子公司先后签订了城镇职工、城乡居民基本医疗保险定点医疗机构服务协议，并与多家三级医疗机构建立双向转诊渠道，以便病情变化的老年人及时转诊就医。2019 年，为满足公司发展需要，与蠡园街道社区卫生服务中心、河埒街道社区卫生服务中心签订康复护理病区的服务外包协议，利用社区卫生服务中心的场地及设备，为老人提供专业的健康管理服务。通过与社区、街道合作，利用社区服务中心嵌入社区内部，将养老服务半径延伸至社区。同时，为将养老半径进一步扩大至居家养老，公司以社区中心为突破口，积极同互联网、电信公司进行合作，设立子公司无锡朗高居家医养服务有限公司，开发具有线上功能的居家养老设备，通过网络、电视等方式将朗高的品牌和服务信息嵌入社区家庭内部，让居家老人足不出户便可享受护理照料服务。与其他医养结合的适老服务企业相比，朗高养老差异化的服务战略为其带来了更多的市场竞争力，此过程中外部协作知识对企业发展的作用最为显著。

3）相对成熟期：2019 年至今

随着时代的发展，适老服务市场上涌现了大量的医养结合企业，为了突显企业服务特色，朗高养老进一步优化医疗和养老的结合点，机构分设健康区、特护区和治疗区，根据护理等级进行分级护理，长者可根据不同情况选择不同生活护理模式，实现医疗和养老的相互转换，真正实现了养老服务与医疗服务的有效无缝衔接，养生养老养身的医养高度结合为长者提供医疗保障。这个过程体现了朗高养老对老年学知识的重视，尤其是老年生理学知识。只有深入了解老年群体的心理诉求，才能开发出适合老年群体的服务。因此，朗高养老开始重视对老年心理学知识的学习，在日常工作中，除了坚持每日查房，为入住老人进行健康评估、建立健康档案及制定合理的医疗护理、养老康复方案外，还为老人提供多样化的娱乐活动、个性化的情感慰藉、安宁照护等专业化服务。

知识网络初步建立后，朗高养老开始逐步扩大知识圈，与无锡市退役军人事务局签订合作框架协议，双方就落实爱国主义教育基地、开展志愿者服务活动，以及对我市军休所干部等退役军人入住需求提供优先入住、价格优惠等拥军关爱服务达成协议，以更好地满足军队离退休干部安度晚年的实际需要，并在相关价格基础上给予优惠，提高离退休干部的养老服务品质。此次合作框架协议的签订，进一步扩大了朗高养老的老年学知识基础，开始了对军人生理和心理知识的学习，优化了退役军人的服务体验。疫情期间，为了不降低老年群体的服务品质，通过"互联网+医疗"的运营模式，实现医养中心与医疗机构之间的远程医疗、数据互认、协同服务，为入住老年人提供长期照护指导、医疗护理指导、动态远程监护、医疗安全全过程监控等远程技术支持，为慢病患者提供慢病管理、中医理疗、老年康复等远程指导，为老年患者提供在线复诊、开具电子医嘱和电子处方，提供处方审核和药事服务，指导老年患者安全用药；同时，还采取远程教学，对管理及服务人员进行培训，为老年人及照护者开展常见病、多发病的预防、健康管理等科普讲座。

7.3　三类知识要素的组态分析

研究发现，在适老服务企业知识体系不断完善的过程中，企业服务质量不断提升，对知识体系与服务质量的组态研究，能够帮助企业选择适合的知识发展路径，快速提升服务质量。

组态分析的 QCA 方法主要关注的是跨案例的多重并发因果关系，这意味着不同的原因要素组合可能产生相同的结果（王凤彬等，2014b）。

下面拟回答知识体系的构成与企业服务质量之间具有何种因果关系。回答这个问题的意义在于：①可以有力解释为什么搭配完全不同知识组合的企业却都能提升企业服务质量；②回答如何追求比现有知识体系更有效和更完善的知识体系；③知识体系各知识间的逻辑关系及作用机制尚缺乏系统的论证，须开展量化数据的实证分析。

综上所述，本章研究是以下列假设为前提的：一是适老服务企业服务质量的提高是多个知识共同作用的结果；二是适老服务企业不同服务质量等级有不同的知识组合匹配；三是某一关键知识要素对企业服务质量的提高产生重要影响，取决于它与其他知识共同作用的关系。

7.3.1 企业样本素描

本章的样本企业需要满足的条件和筛选的依据如下：①行业内排名较为靠前的企业，优选上市企业；②发展阶段较为明显，回溯性数据丰富，便于进行纵向演化分析；③公开资料较丰富，且研究者有机会直接了解相关信息，可通过开展实地调研获得一手资料。

本章主要从三个渠道收集数据：一是企业人员访谈（须任职 3 年以上）。在调研过程中，初次访谈设计了开放式访谈提纲，以定性方式为主；后续访谈设计了包括调查问卷题项的半开放提纲，逐步涉及变量编码和赋值等的定量问题，采用匿名调查方法。二是访谈接受服务的老年人。三是全面收集二手资料，通过官方网站、新闻报道、学术期刊等途径，全面了解样本企业的相关数据。

34 个样本企业概况见表 7.7。

表 7.7 选取的样本企业

序号	企业简称	服务定位
1	雅达养老（股票代码 831664）	业务领域涉及养老园区/设施规划建设运营、养老服务运营、养老用品研发销售配置等多个方面
2	山屿海（股票代码 833036）	主营业务是向中老年人提供候鸟式旅居度假服务，通过自建、承包、托管、长期租赁等方式开发的国内外度假基地向会员提供候鸟式旅居度假服务
3	青鸟软通（股票代码 831718）	定位为融合式养老服务综合运营商，坚持以"线上线下融合、居家社区机构融合、医养照护康融合、科技服务融合、公共服务市场化服务融合、组织与企业融合"为主要内容的融合式养老服务模式
4	三开科技（股票代码 836111）	利用云计算、物联网、大数据等先进技术打造了基于 SaaS（software as a service，软件即服务）模式的生态养老云平台，兼顾智能硬件、健康大数据服务、电子商务等产业链，全方位服务于居家养老、社区养老、地产养老、养老院等机构

续表

序号	企业简称	服务定位
5	爱侬养老（股票代码 870925）	家政养老产业，专业为客户提供养老服务、家政服务、培训服务，以及为政府提供搭建智慧养老和健康管理数据平台服务
6	朗高养老（股票代码 839367）	以提供老人生活照料服务、医疗护理服务为主营业务，对养老产业进行投资、运营和管理的挂牌养老服务连锁企业
7	京福安（股票代码 870037）	北京养老助残服务，主营业务数据服务与专业养老服务平台
8	软汇科技（股票代码 833219）	为养老机构、社区养老服务机构、基层医疗机构及社区老人提供智能养化平台，建设覆盖广泛的居家养老大数据体系，以及以提高养生生活品质为目的的适老化智能硬件
9	绿城养老	致力于打造中国高端养老服务品牌，以老年失能失智照护、日间照料、喘息服务、临终关怀为服务特色，构建了以江浙沪为核心，辐射长江三角洲的养老产业生态布局
10	亲和源	以会员制老年社区为依托，从事高端养老住区投资、开发、建设、运营及养老产业发展
11	椿萱茂	拥有相伴一生的产品线——CLRC 长者社区、CB 老年公寓、CC 照料中心和 CBN 护理院，为长者提供包括独立生活服务、失智照护服务、临终关怀和居家服务等全程无忧的养老·医疗服务
12	寿康之家（股票代码 834888）	专注养老、护理、康复实体建设运营和创新服务的专业品牌，聚焦老年生命链产业整合，以养康为核心，对接保险产品，打造老年健康服务
13	光大汇晨	隶属中国光大集团股份公司。建设以养老机构为体系支柱、以老年医疗为区域核心、以社区服务为实施基础的，集养老、护理、医疗、康复四位一体的老年健康服务产业集团公司
14	盛泉养老（股票代码 873241）	集基础养老、中端养老、高端养老全覆盖，集中养老、居家养老、旅游养老、文化养老于一体的综合养老服务
15	华康健康	业务涉及全龄健康颐养社区开发、养老机构运营与管理、养老策划咨询、养老教育培训、康养产业研究等
16	中美合作子午线长者照护项目	2018 年远洋集团的养老板块远洋·椿萱茂与美国领先的失能照护运营商子午线长者生活合作开展"忆路同行"项目，充分结合中国长辈的生理、心理及文化特点打造出中国本土化失智照护解决方案
17	依海居老年公寓	位于大连的养老公寓项目，同时为入住老年人建立健康档案，提供便捷经济的医疗保健服务
18	欧葆庭	总部位于法国巴黎，在全球 14 个国家经营 950 家机构，秉承为住户提供舒适温馨的生活环境，维护个性与尊严，维持身心健康水平，守护家庭亲情纽带。在我国南京、长沙等城市同本土企业合作开展了项目
19	维特奥·健康小镇	按照国际领先的 CCRC（continuing care retirement community，持续照料退休社区）养老模式（复合式的老年社区）打造的大型高端养老社区，总公寓数为 1 129 套，于 2018 年 6 月正式运营，配套有维特奥国际医院、康复医院、商业中心、老年大学等
20	日医学馆大连项目	母公司为日本最大的养老服务公司，提供医疗、介护、教育三类服务，在国内大连等地落地项目

续表

序号	企业简称	服务定位
21	慈善颐养院	由大连天启房地产开发有限公司和大连市慈善总会兴办的一家集养护、托管、康复和医疗等服务于一体的非营利性养老服务机构
22	诚和敬	北京市国有资产经营有限责任公司全额出资设立，致力于发展老龄产业全方位建设的公司，为长者提供机构康复、社区居家养老的专业服务
23	大连社会福利院	大连市社会福利院始建于 1945 年 8 月，是大连市政府投资兴办的一所综合性社会福利机构，大连市"敬老爱老"先进单位、省市民政系统先进集体、省市精神文明建设先进单位、省一级福利院
24	乐成养老	提供医养结合、以养为主的健康养老专业服务
25	燕达国际健康城	坐落于北京东燕郊，由燕达医院、燕达康复中心、燕达养护中心、燕达医学研究院、燕达医护培训学院五个板块组成
26	都好养老	通过打造"养老公寓+社区养老"全方位服务模式，为老年人提供从独立生活到辅助陪伴、专业护理等服务
27	松龄护老（港股代码 01989）	专注于为长者提供全面的安老服务，包括专业护理及照料服务、医疗服务、物理治疗服务、心理及社会关怀和个人护理计划等
28	合众佑泽	国内首家同时具备医疗、养老咨询资质的综合性医养产业专业咨询企业
29	祥颐养老	高端护理型养老机构，旅居养老的综合地产服务，提供老年护理服务
30	好帮养老	"以机构养老为支撑、以医养结合为核心、以居家养老为基础"的集养老、护理、医疗、康复于一体的老年健康服务公司
31	康壹控股	国家高新技术企业认定，拥有康壹长虹智能孝芯电视、康壹智慧养老驿站等多个产品和项目
32	福寿康	成立于 2011 年，引进国外先进护理理念、培训体系与服务流程，利用自主研发的社区养老服务交互系统，为社区老弱病残人士提供"互联网+医护康养"的全程服务
33	千禾养老	专注于高龄、失能、失智老人的生活照料服务，拥有"文化养老、智慧养老、科技养老、绿色养老"四大服务特色
34	青松康护	成立于 2004 年，上门为失能、半失能和失智老年人、病后术后康复期人群提供专业化和规范化的康复护理服务。中国老年学学会居家护理康复实验基地，央视"新闻联播"节目头条中对青松的居家专业护理服务进行了报道，与北京协和医院合作建立"北京城区老年人连续医护服务模式"

7.3.2 变量赋值

首先确定各要素赋值标准。本章从相关文献中寻找所涉及条件变量和结果变量的测度方法，进而将其作为描述适老服务企业服务质量和知识体系的材料支撑。运用 fsQCA 方法需要根据样本企业的资料对每个变量打分，并逐一对模糊集变量进行赋值。本章针对非连续变量采用 QCA 方法中经典的四值法（0、0.33、0.67、

1），其中 0 代表完全不隶属，0.33 代表偏不隶属，0.67 代表偏隶属，1 代表完全隶属，相应变量的具体赋值依据设定如下。

1. 服务过程知识变量赋值

1）服务接触知识（SCK）变量赋值

现学术界对服务接触的定义有不同的观点，范秀成和罗海成（2003）指出，服务接触为顾客在服务消费过程中发生的所有接触，包括人员、布局、设计、设施等顾客可感知的服务要素。本章采用蔺雷和吴贵生（2004）对服务接触的定义，即认为在顾客和服务提供者的互动中，决定顾客头脑中对服务质量优劣评价的发生的一系列的关键时刻，就是服务接触，该过程所涉及的知识即服务接触知识。

对服务接触知识的测度。老年服务具有高接触性的特点，在服务接触过程中知识体现层面更为广泛，细节较多。经过综合考量，本章拟订服务接触过程中的支持性设施、服务规范制定和与客户的关系管理等方面共同度量适老服务企业的服务接触知识，具体赋值标准见表 7.8。

表 7.8　服务接触知识的 fsQCA 赋值标准

分值	赋值依据
1.00	企业提供的所有服务均配备有完善的支持性设施，并设有服务规范且服务规范内容完善，进行服务提供时，非常注重客户体验，时常与客户进行互动并与客户建立良好的关系
0.67	企业一半以上的服务配备有支持性设施，设有服务规范，服务规范内容较为完善，进行服务提供时，较为注重客户体验，与客户互动次数较多、关系较好
0.33	以上几个方面，企业综合表现一般
0	以上几个方面，企业综合表现比较差

2）服务人员管理知识（MSP）变量赋值

服务人员管理知识是指对为客户提供服务的服务人员进行招聘、培训及考核等人力资源管理工作所涉及的知识。《2017 年中国养老服务人才培养情况报告》表明，全国失能、半失能老人约 4 063 万人，若按照失能老人与护理员 3∶1 的国际配置标准推算，我国至少需要 1 300 万名护理员，而目前养老服务人员低于 50 万人，经过资格认证的服务人员低于 2 万人，供需比严重失衡。养老服务人员是适老产业发展的基础，对适老服务企业起着至关重要的作用。

对服务人员管理知识的测度，现有研究中大多采用人力资源管理的理论方法，从人力资源规划、招聘与甄选、培训与开发、绩效考核、薪酬福利及劳动关系六大模块进行测量。这种考核方法虽然全面，但存在一个问题，不能凸显出适老服务业的特殊性。服务人员是适老服务企业的核心资源，适老服务业的知识又多表现为隐性知识，在服务过程中，很大一部分知识存在于服务人员的个人知识中，所以企业对服务人员的管理也涉及将其个人知识显性化，并转化为企业知识。综合各种因素，本章拟订人员招聘、人员培训和考核测评等方面共同测度服务人员管理知识，具体赋值标准见表7.9。

表 7.9　服务人员管理知识的 fsQCA 赋值标准

分值	赋值依据
1.00	企业对服务人员设置门槛高，培训次数很多，培训内容有非常强的关联度，考核内容多、方式多样化
0.67	企业对服务人员设置门槛较高，培训次数较多，培训内容有比较强的关联度，设有考核体系，考核内容和方式较多
0.33	以上几个方面，企业综合表现一般
0	以上几个方面，企业综合表现比较差

2. 运营协作知识变量赋值

1）内部治理知识（IGK）变量赋值

企业内部治理是保证企业经营决策得以实行而在企业内部建立的一整套内部制度体系，在该过程中设计的知识管理就是内部治理知识。目前，学者从股东治理、董事会治理、高管治理及内部非正式制度安排等多个方面对企业内部治理进行研究。

现有文献对内部治理知识的测度分为两类，一类是检验内部治理监督机制的有效性；另一类是检验内部治理激励机制的有效性，如考察经理层的报酬与企业绩效的相关性。这两种方法在适老服务企业中适用性不大，不能突出显示适老服务企业注重品牌声誉发展的特殊性。服务企业的声誉是企业的核心竞争力之一。企业内部管理制度对员工要求严格，主要是高接触性的行业特点，内部管理制度的落实也成了企业的重点关注问题。结合多种文献研究，本章拟订管理者的领导作用、品牌经营和企业管理制度等方面共同测度内部治理知识，具体赋值标准见表 7.10。

表 7.10　内部治理知识的 fsQCA 赋值标准

分值	赋值依据
1.00	企业品牌定位明确，经营意识强，品牌形象高，员工对管理制度熟悉，管理者对企业战略有积极领导作用，能有效识别企业优劣势
0.67	企业品牌定位较明确，经营意识较强，品牌形象较高，员工对管理制度较熟悉，管理者对企业战略有较为积极的领导作用，能识别大多数企业优劣势
0.33	以上几个方面，企业综合表现一般
0	以上几个方面，企业综合表现比较差

2）外部协作知识（EEK）变量赋值

良好的外部环境识别和治理机制能够对企业产生积极有效的影响，提升企业经营业绩。王成昌和刘升福（2003）指出企业外部治理系统的五个方面为经理市场、控制权市场、产品市场、法律法规体系及其他对经营者的约束机理。本章的外部协作知识主要是指站在适老服务企业独特性的角度，对企业合作管理、外部市场、政策等环境因素进行识别分析，以做出促进企业发展的有利举措。

本章的研究对象是适老服务企业，受政策环境干扰大，需要具备国家政策解析的能力，而服务企业的发展还需要同行业和其他行业的合作支撑，企业合作管理同等重要，所以综合各种考量，本章拟订企业合作管理和老年政策环境识别等方面共同测度企业外部协作知识，具体赋值标准见表 7.11。

表 7.11　外部协作知识的 fsQCA 赋值标准

分值	赋值依据
1.00	企业合作伙伴数量多、实力强，相互之间互动多，优劣互补效果明显，对国家政策解析准确，行业环境分析全面，获得的政府支持多
0.67	企业合作伙伴数量较多、实力较强，相互之间互动较多，优劣互补效果较明显，对国家一半以上政策解析准确，行业环境分析较全面，获得的政府支持较多
0.33	以上几个方面，企业综合表现一般
0	以上几个方面，企业综合表现比较差

3. 老年学知识变量赋值

1）老年生理学知识（PKE）变量赋值

老年期的典型特征就是衰老，而衰老首先就是从生理方面开始的，需要根据老年人特殊的生理特点开展老年服务工作。老年生理学知识是指老年生理方面相关的知识，主要包括老年生物学和老年医学知识。

目前大多学者是根据国家颁布的有关养老机构服务提供的系列文件规范中的服务规定，将涉及生理学方面的服务内容及标准整理出来，以此作为度量依据，本章以前人的整理结果为参考，综合企业调研的具体情况，拟订生活照料服务、医疗保健服务和健康管理服务等方面共同测度企业老年生理学知识，具体赋值标准见表 7.12。

表 7.12　老年生理学知识的 fsQCA 赋值标准

分值	赋值依据
1.00	用户服务群体细致，提供全面差异化服务，具有专业的医疗团队，医疗设施完善，提供全面的医疗保健服务，对所有用户进行健康监测和数据跟踪

分值	赋值依据
0.67	用户服务群体划分较细，提供大部分差异化服务，具有较专业的医疗团队，医疗设备较完善，提供较全面的医疗保健服务，对大多数用户进行健康监测和数据跟踪
0.33	以上几个方面，企业综合表现一般
0	以上几个方面，企业综合表现比较差

2）老年心理学知识（PKG）变量赋值

老年心理学知识是指研究老年期个体的心理特征及其变化规律的过程中涉及的知识，涉及生物和社会两方面的内容，包括人的感知觉、学习、记忆、思维等心理过程及智力、性格、社会适应等心理特点因老而引起的变化（彭华茂，2017）。国内大多研究关注老年人整体心理健康状况、精神状况为多，其次是关注老年人特定情绪健康，集中于描述老年人人际支持现状和心理结果变量的关系上，而忽视老年人自身对人际环境的主动影响，缺少对老年人各类人际环境相互作用的系统思想（边玉莹等，2017）。总体来说，国内老年心理学发展缺少前沿的基础研究，需要从更全面系统的角度进行分析，以便推进我国适老服务业的持续发展。

老年心理学知识的测量大多基于心理学理论，将心理学度量标准与老年学相结合是最常用的方法。本章也采用这种方法，在心理学理论的基础上，结合老年企业工作特点，拟订心理健康服务、精神文化服务和团体活动参与等方面共同测度企业老年心理学知识，具体赋值标准见表 7.13。

表 7.13　老年心理学知识的 fsQCA 赋值标准

分值	赋值依据
1.00	设有心理咨询室，专业人员数量多，设有老年大学，学科培养多元化，注重客户兴趣培养，团体活动数量多，特色鲜明，重视客户体验
0.67	设有心理咨询室，专业人员数量较多，设有老年大学，学科数量较多，较为注重客户兴趣培养，团体活动数量较多，特色较鲜明，较重视客户体验
0.33	以上几个方面，企业综合表现一般
0	以上几个方面，企业综合表现比较差

4. 服务质量赋值依据

本章根据 SERVQUAL 模型对上述适老服务样本企业的服务质量（SQ）进行测评（测评问卷），逐个项目度量顾客对适老服务业中优秀公司的期望值（采用利克特量表，非常符合记 5 分，比较符合记 4 分，不确定记 3 分，基本不符合记 2 分，非常不符合记 1 分），再逐个项目度量该顾客对被评价公司的体验值，将这两部分进行差值计算（体验值–期望值），加总后得到该顾客的服务质量评价值，最后对调查中所有顾客的服务质量评价值求平均，即得到该企业的服务质量评价值。

7.3.3　主要组态关系

1. 赋值结果

依据 fsQCA 方法的要求，组成 5 人数据收集编码小组，收集多种数据来源并且进行交叉验证，小组成员均对此研究议题和研究过程较为了解，能够胜任编码工作。

具体编码时，研究者首先给所收集到的资料分别单独建立文件夹。其次，将所有与变量信息有关的文字描述进行提炼并放入 Excel 表格里，在此基础上结合各个因素的赋值标准对每个案例的关键因素进行赋值。需要说明的是，编码过程中 5 位研究者的工作是相互独立的，且保证每个案例都有至少 3 个人进行编码，最后针对编码结果不同的变量会依据资料再次进行独立编码，如果还不相同则通过电话、电子邮件等方式同案例企业的相关人员进行联系以保证数据的准确性。

在对 34 家案例企业逐一赋值后，得到适老服务企业知识体系维度的赋值结果，对企业服务质量的测评即对相应企业的若干名高管和服务人员进行问卷调查，每个题项的得分取用有效问卷的平均值，再根据上述赋值依据计算总分，结果如表7.14 所示。

表 7.14　适老服务企业样本赋值表

ID	SCK	MSP	IGK	EEK	PKE	PKG	SQ
Case1	1	0.33	1	1	0.67	0.33	8
Case2	0	0	1	1	0.67	0.67	14
Case3	1	1	1	1	0.67	0.67	12
Case4	1	0	0.67	1	0.67	0.33	17
Case5	0.67	0.67	0.67	0.67	0.67	0.67	18
Case6	1	0.67	1	1	0.67	0.33	9
Case7	0.67	0.33	1	1	0.67	0.33	16
Case8	0.67	1	0.67	0.67	0.67	0.33	17
Case9	0.67	0.67	1	1	0.33	0.33	14
Case10	0.67	0	0.67	1	0.67	0.33	15
Case11	0.67	0.33	1	0.67	0.33	0.33	13
Case12	0.33	0	0.67	1	0.67	0.67	17
Case13	0.33	0.33	0.67	0.67	0.67	0.67	19

ID	SCK	MSP	IGK	EEK	PKE	PKG	SQ
Case14	0	0	1	0.67	0.67	0.67	21
Case15	0.33	0.33	0.67	0.33	0.33	0	20
Case16	1	0	0	1	0.67	0.33	9
Case17	0.67	0	0.67	0.67	0.33	0.33	10
Case18	1	0.33	0.33	1	1	0.67	14
Case19	1	0.33	0.33	1	0.33	0.33	15
Case20	0.67	0.33	0.33	0.67	0.67	0.33	7
Case21	0.33	0.33	0.33	0.67	0.33	0	9
Case22	0.67	0	0.33	1	0.33	0	14
Case23	0.67	0	0.33	0.67	0.33	0	21
Case24	0.33	0.33	1	0	0	0	22
Case25	0.67	0	0	0.67	0.67	0.67	17
Case26	0.33	0.33	0.33	0.33	0.33	0.33	20
Case27	0.33	0.33	0.33	0	0.33	0.67	21
Case28	0.33	0	0	0.33	0.33	0.33	24
Case29	0	0.33	0	0.33	0	0.33	26
Case30	0.33	0.67	0.33	0.33	0.33	0.67	22
Case31	0.33	0.67	0.33	0	0.33	0.33	23
Case32	0.33	0	0.33	0	0.33	0.33	24
Case33	0	0.67	0	0	0	0	25
Case34	0.33	0.33	0	0	0.33	0.33	25

　　对于适老服务企业服务质量的连续值，本章运用 fsQCA 3.0 软件的 Calibrate 函数将数据转换为对应的集合从属值，转换公式为 $Y = \text{Calibrate}(X, n_1, n_2, n_3)$，其中 n_1、n_2、n_3 分别为完全从属于集合的临界值、交叉临界值和完全不属于集合的临界值。参考赵文和王娜（2017）的临界值设定方法，本章将临界值分别设定为下四分位数、中位数和上四分位数，结合样本企业的赋值数据，本章确定适老服务企业服务质量临界值如表 7.15 所示。

表 7.15　基于 fsQCA 的适老服务企业服务质量临界值

变量	阈值		
	完全从属于集合的临界值	交叉临界值	完全不属于集合的临界值
适老服务企业服务质量	14	17.5	21

2. 必要条件分析

首先对本章的知识要素进行必要条件分析，目的是检验条件变量、反面条件变量是否均为结果变量的子集，即一致性检验值在 0~1 认为该条件变量为结果变量的充分而非必要条件，当一致性水平大于 0.9 时，则可认为该条件是结果的必要条件（Ragin，2008）。以适老服务企业的服务质量作为结果变量，对六个知识要素的赋值进行必要性检验，结果如表 7.16 所示，六个知识要素的一致性值均介于0~1，说明六个知识要素均为结果变量的充分条件，且外部协作知识的一致性值大于 0.9，可认为外部协作知识为结果变量的必要条件。

表 7.16　条件变量的必要性检验结果

必要条件分析
结果变量：SQ

测试变量	一致性	覆盖度
SCK	0.785 955	0.763 230
~SCK	0.346 629	0.393 746
MSP	0.347 191	0.580 827
~MSP	0.726 966	0.553 938
IGK	0.702 247	0.694 831
~IGK	0.421 910	0.469 082
EEK	0.922 472	0.769 087
~EEK	0.165 730	0.233 202
PKE	0.659 551	0.733 750
~PKE	0.502 809	0.497 222
PKG	0.451 685	0.636 076
~PKG	0.701 685	0.584 738

注：符合"~"代表逻辑"非"，下同

3. 中间解结果

接下来运用 fsQCA 3.0 软件进行组态结果分析。研究样本数量不多且熟悉度较高，所以本章将样本频次门槛值设为 1，一致性值设为 0.8，标准化分析时将必要条件外部协作知识设为"present"，最终得到三个解：复杂解、简洁解及中间解，复杂解不考虑逻辑余项，得到的解不会对任何变量进行违背案例事实的设置；简洁解使用所有逻辑余项，得到的解存在违背案例事实的风险；而中间解介于二者之间，最能说明问题，故本章选用中间解进行组态结果分析，具体统计结果如表 7.17 所示。

表 7.17　中间解的统计结果

Model：SQ = f（SCK，MSP，IGK，EEK，PKE，PKG）

截止频率：1

一致性截止点：0.805 66

组态类型	原始覆盖度	个体覆盖度	一致性
SCK*IGK*EEK*~PKG	0.508 989	0.151 685	0.877 907
SCK*MSP*IGK*EEK*PKE	0.305 618	0.022 471 9	0.819 277
SCK*~MSP*~IGK*EEK*PKE*PKG	0.239 888	0.071 910 1	0.805 66

样本总体覆盖度：0.603 371

样本总体一致性：0.847 672

4. 条件构型组合分析

参考 Ragin 和 Fiss 对条件构型组合分析结果的表述方法，得到影响适老服务企业服务质量的知识要素组态关系，如表 7.18 所示，"●"表示核心条件变量（必要条件变量）出现，"·"表示辅助条件变量出现，"×"表示核心条件变量不出现，"×"表示辅助条件变量不出现，空白表示条件变量出现不出现对结果无关紧要（Misangyi and Acharya，2014）。

表 7.18　影响适老服务企业服务质量的知识要素组态分析结果

要素变量		匹配组态		
		1	2	3
服务过程知识	服务接触知识	●	●	●
	服务人员管理知识		●	×
运营协作知识	内部治理知识	●	●	×
	外部协作知识	●	●	●
老年学知识	老年生理学知识		●	●
	老年心理学知识	×		●

续表

要素变量	匹配组态		
	1	2	3
原始覆盖度	0.508 989	0.305 618	0.239 888
个体覆盖度	0.151 685	0.022 471 9	0.071 910 1
一致性	0.877 907	0.819 277	0.805 66
样本总体覆盖度	0.603 371		
样本总体一致性	0.847 672		

由表 7.18 可知，样本总体一致性为 0.847 672，大于 fsQCA 方法要求的 0.8，具有较高的信度；样本总体覆盖度为 0.603 371，表明该组态结果能够解释总样本的 60%，具有较强的解释力。下面对影响适老服务企业服务质量的三种知识要素组态进行解释分析。

组态 1：SCK*IGK*EEK*~PKG

该组态表明影响适老服务企业服务质量的知识组合如下：高服务接触知识×高内部治理知识×高外部协作知识×低老年心理学知识。

这一组态的特点是内部治理知识和外部协作知识均表现比较理想，也就是说，企业具有比较全面的运营协作知识，服务接触知识表现得也比较好（代表服务过程知识不存在严重缺陷）。在此情况下，即使老年心理学表现不理想，企业的整体服务质量也会呈现好的表现。

仔细考察这类企业样本，我们发现得到两点发现：一是这一组态所包含的数量比较少，而且企业的发展时间也比其他组态的样本要短，一定意义上，老年学知识掌握薄弱这一组态仅适用于企业发展初期的情况。二是发现此类企业多是服务资源整合型公司，换句话说，尽管其自身的老年学知识薄弱，但是通过整合能力，其可以充分借助合作伙伴的老年学知识。

组态 2：SCK*MSP*IGK*EEK*PKE

该组态表明影响适老服务企业服务质量的知识组合如下：高服务接触知识×高服务人员管理知识×高内部治理知识×高外部协作知识×高老年生理学知识。

该组态的特点是服务过程知识和运营协作知识比较全面，老年学知识体系中的基础性知识即生理学知识表现理想的情况下，企业仍然能够实现比较好的服务质量。

该组合的代表案例是朗高养老，朗高养老通过成立人才培训子公司进行服务人员管理，并为每个养老院配套专门的护理院，医养结合目前已经成为朗高养老的核心竞争力之一。

组态 3：SCK*~MSP*~IGK*EEK*PKE*PKG

该组态表明影响适老服务企业服务质量的知识组合如下：高服务接触知识×低服务人员管理知识×低内部治理知识×高外部协作知识×高老年生理学知识×高老年心理学知识。

这一组态的特点非常鲜明，也特别值得关注。显然，这一组态的企业拥有比较全面的老年学知识水平，即老年生理学和老年心理学两个方面的知识都非常丰富（即高老年生理学知识×高老年心理学知识）。

同时，服务过程知识、运营协作知识"不瘸腿"，虽然服务人员管理水平、内部治理水平都存在缺陷（即低服务人员管理知识×低内部治理知识），但是服务接触知识水平高，一定程度上弥补了服务人员管理知识不足，使得服务过程知识总体表现不差。进一步地，外部协作知识水平高，一定程度上弥补了内部治理知识水平差，使得运营协作知识总体表现并不差。

也就是说，在老年学知识比较全面的情况下，只要服务过程知识、运营协作知识"不瘸腿"，则企业的服务质量仍然能够呈现理想的结果。

部分案例企业就是持续专注于掌握老年生理和心理知识，建立专业化的医疗康复医院，设置个性化的心理治疗方案，创造多样化的服务内容。尽管运营协作管理和服务过程管理不足，但是老年学知识强的优势可以弥补缺陷，服务质量总体表现不会过于薄弱。

5. 组态特征总结

1）服务质量依赖于多因素的共同作用

通过 fsQCA 3.0 软件进行必要条件分析时，可以发现任何单一要素均不能提升适老服务企业的服务质量。在得到的三个组态结果中，均包括服务过程知识、运营协作知识和老年学知识三个方面中的一到两个因素，三个方面均需要同时呈现。这表明任何适老服务企业都不能期望单一知识要素即可促进其服务质量的提升。

2）服务绩效提升具有多种组态类型，路径并不唯一

适老服务企业服务质量的提升取决于多个知识要素的组合作用，且多个知识要素组合在一起比单知识要素对服务质量的提升效果更为显著。

3）适老服务企业根据自身战略，选择适宜的知识要素组合方案

服务接触知识、服务人员管理知识、内部治理知识、外部协作知识、老年生理学知识和老年心理学知识六个知识要素并非要都较强才能达到较高的服务质量水平，仅需达到知识要素间的结构性平衡，就能实现服务质量的提升，因此适老服务企业需要根据自身发展战略选择适合的知识要素组合以提升服务质量。

4）服务过程知识、外部协作知识、老年学知识作用突出

从组态分析结果中可以看到，无论是什么样的知识要素组合，服务过程知识、外部协作知识都必须存在。同时也发现，第三个组态（高服务接触知识×低服务人员管理知识×低内部治理知识×高外部协作知识×高老年生理学知识×高老年心理学知识）充分表明全面掌握老年学知识的重要性。

适老服务具有高接触性的特点，所以服务过程知识非常重要。反映与合作伙伴协同发展和借助惠企政策能力的外部协作知识之所以重要，是因为当前适老服务企业大多处于起步阶段，外部协作能力也非常重要，需要与其他企业战略合作、借助政府扶持弥补企业自身的不足，加快资源整合。

7.4　本 章 小 结

本章通过对雅达国际和青鸟软通两家典型企业进行案例分析，总结了适老服务企业的知识体系及演化过程，并借助朗高养老进行辅助案例分析，在此研究过程中发现适老服务企业知识体系不断完善的过程中伴随着服务质量的提升，故本章选取34家案例样本，运用fsQCA方法探究适老服务企业知识体系与服务质量的组态关系，得到可供适老服务企业借鉴的知识要素发展路径。本章的主要结论如下。

（1）归纳了适老服务企业知识体系的构成，借用程序化扎根分析对雅达国际和青鸟软通进行案例分析，回答了关于适老服务企业应该具备哪些知识或者说企业应该具备哪些能力的疑问。本章的研究结果表明，适老服务企业的知识体系包括服务过程知识、运营协作知识和老年学知识。服务过程知识包括服务接触知识和服务人员管理知识两个维度，运营协作知识包括内部治理知识和外部协作知识两个维度，老年学知识包括老年生理学知识和老年心理学知识两个维度。

（2）揭示了适老服务企业知识体系的演进过程，一是适老服务企业的知识系统呈现序贯性特征，老年学知识、服务过程知识和运营协作知识这三类知识有一定的先后积累次序，即在企业起步期，主导知识为服务过程知识，服务过程知识对运营协作知识的拉动作用最为显著；成长期，主导知识为运营协作知识，运营协作知识对老年学知识的拉动作用最为显著；相对成熟期，主导知识转化为老年学知识，老年学知识对服务过程知识的拉动作用最显著，整个过程呈现循环性，企业知识体系得以一步步完善，最终趋向于均衡发展。二是适老服务企业的知识积累更加依赖于寓境性和予境性学习活动，呈现比较明显的"寓境-刺激-反应"螺旋提升过程，符合知识发生的规律。

（3）探索了适老服务企业知识体系与服务质量的组态关系。适老服务企业服务质量的提升是基于多因素知识要素组态的共同作用，服务接触知识、服务人员管理知识、内部治理知识、外部协作知识、老年生理学知识和老年心理学知识这六个要素中的任意一个，均不能单独作用于适老服务企业服务质量的提升，并且在适老服务企业发展的不同阶段，多种知识要素的组合类型皆可实现企业服务质量的提升。

应该指出，本章的两个案例难免具有一定的特殊性，一定程度上会影响研究的信度。另外，在理论提炼过程中，为了易于记忆和传播，往往会对现实过程和特征进行适当的简化，后续研究将丰富案例，对更多样本进行验证。

第8章 适老产业引导政策体系

适老产业政策体系包括组织政策、财税政策、科技政策及教育政策等，分别从资金、创新、人才及市场环境等方面引导适老产业发展。当前，我国对适老产业政策体系的研究成果尚且不够丰富。

按照政策的法律位阶来看，适老产业的法律法规主要集中于普通法规、行政法规、地方性法规和行政规章几个方面。地方性法规要求必须是在与国家法律以及行政法规不相抵触的情况下制定的，所以其往往遵照国家法律规则，因此本章在文本分析中以分析国家性法律法规为主。

组织政策的一般目标是为了实现市场的产业内部配置效率，常用的措施是鼓励竞争、规制和激励。我国适老行业产业政策倾向于鼓励民间资本参与行业发展中，从这个角度来说，下面分析的财政政策、科技政策等也是组织政策的一部分（起着激励产业发展的组织作用）。

目前我国产业政策关于适老产业财税激励的政策居多，尚且缺乏专门针对适老产业组织、科技、人才方面的文件，大都零星散落于其他各个领域政策中，因此需要进一步完善适老产业制度体系。

8.1 适老产业政策体系素描

规范性法律文本在法律体系中的等级是不同的，即法律位阶不同。下位阶的法律要服从上位阶的法律，所有法律都要服从最高位阶的法律。根据《中华人民共和国宪法》和《中华人民共和国立法法》，我国的法律位阶从高到低分为6级，依次为根本法、基本法、普通法、行政法规、地方性法规和行政规章。

适老产业相关法律法规文本的法律位阶也是各不相同的。例如，《中华人民共和国老年人权益保障法》属于普通法，全国人民代表大会常务委员会负责其制定和修改；《国务院办公厅关于印发社会养老服务体系建设规划（2011-2015年）

的通知》（国办发〔2011〕60 号）、《国务院关于加快发展养老服务业的若干意见》（国发〔2013〕35 号）等文件属于行政法规，其制定权属于中央人民政府；《上海市深化养老服务实施方案（2019-2022 年）的通知》（沪府规〔2019〕26号）则属于地方性法规；《关于鼓励民间资本参与养老服务业发展的实施意见》（民发〔2015〕33 号）则属于行政规章。

在文本分析时，考虑到不同地区的地方性法规数量众多，影响面较窄，所以没有做过多的考虑。对于其他相关的法律文本，本章采取时间顺序进行了排列，有助于读者根据时事环境，理解政策的变迁和实施的方向。

为了更好地研究适老产业政策的发展，对适老产业领域政策文本进行了文本分析，主要进行了政策发展阶段分析和政策关键点分析。

8.1.1   政策体系演进阶段

共检索获取适老产业领域主要政策文件 70 件，其中 2006 年 1 件、2011 年 1件、2013 年 2 件、2014 年 8 件、2015 年 7 件、2016 年 9 件、2017 年 10 件、2018年 9 件、2019 年 23 件，如图 8.1 所示。

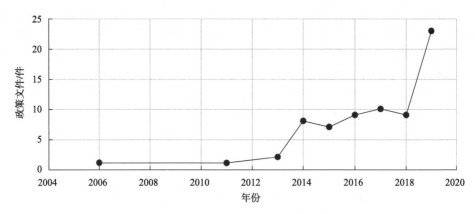

图 8.1   适老产业政策推出时序节奏

从图 8.1 中可以看出，2013 年、2019 年是比较关键的节点，按照各年份数量与现实情况，笔者将适老产业政策发展划分为三个阶段。

第一阶段为 2013 年之前，应该属于适老产业政策的探索期。2012 年 12 月 28日通过了修订版的《中华人民共和国老年人权益保障法》，在接下来的年份里，各级部门开始酝酿出台相关的政策。

第二阶段为 2013~2018 年，这个阶段是适老产业体系建设期。各部门发布多项政策文件，从宏观层面的制度建设，到中观层面的供给体系，再到微观层面的服务体系，逐步架构起来。

第三阶段为 2018 年至今，适老产业政策体系的不断完善期。2019 年，适老产业政策发文规格高、数量多、部门广，充分体现了国家对适老产业的重视，适老产业政策框架基本建立。

8.1.2　政策体系的类型

为了对政策内容进行更好的把握，通过 KH coder 软件对文件进行了分析，重要关键词筛选步骤如下。

（1）根据政策文件的整体内容，进行预处理，选取其中 49 件作为研究对象。

（2）利用软件对各政策文件的词频进行统计，筛选出各政策中频次最高的100 个词作为该文件的关键词词库。

（3）对原始词库进行清洗，剔除无意义关键词，其余关键词按照频次高低与重要性程度进行手动筛选，每个文件得到不超过 10 个的重要关键词。

（4）对所有重要关键词进行词频统计，确定 22 个高频重要关键词，分别如下：服务、医疗、产品、社区、保险、卫生、市场、人员、健康、技术、服务业、护理、康复、教育、经济、人才、资金、创新、培训、安全、智能、家庭。

（5）构建高频重要关键词共现矩阵。

（6）生成高频重要关键词共现图谱。

从图 8.2 中可以看出 22 个高频关键词主要集中在四个领域：经济、保险、资金方面主要涉及财税政策；创新、技术、智能等方面主要涉及科技政策；教育、人才、培训等方面主要涉及教育政策；而医疗、健康、社区、康复、护理、产品、家庭等涉及多个具体领域，需要对这些具体领域的市场进行规制，从而促进产业的发展，因此涉及组织政策。

适老产业的发展需要政策的推动，但仅靠一种政策是无法取得理想的效果的，需要建立符合我国实际情况的政策体系。根据国家统计局发布的养老产业统计分类，其包括养老照护服务、老年医疗卫生服务、老年健康促进与社会参与、老年社会保障、老年教育培训与人力资源服务、养老金融服务、养老科技和智慧养老服务等 12 大类。这么庞大的产业架构，绝不是单一政策就可以促进其发展的，因此需要和多种政策工具组合共同作用，进行合理配置，形成网格化工具组合，促进适老产业的发展。

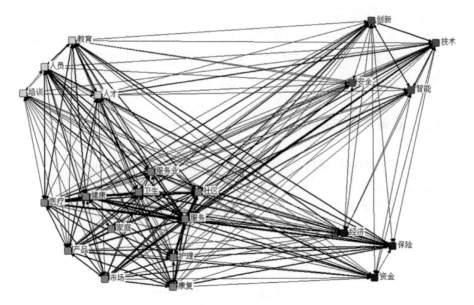

图 8.2　政策文本中的关键词共现图谱

　　财税政策工具主要涉及资金的运用，国家通过税收、投资、政府购买、财政补贴等财税手段可以影响企业的成本、市场的供应、消费的需求，进而影响产业的发展。科技政策影响着产业的创新能力，好的科技政策引导产业发展的良性运行，同时也可限制落后的产出。科技的发展离不开人才，产业的运用也需要拥有各种不同技能的人，来扮演不同的角色。教育政策的发展为适老产业提供了充足的人员储备。市场是适老产业运营的主要场所，要充分发挥市场的激励作用，鼓励竞争，限制垄断，维持市场的公平，加强监督。从整体来看，四种政策相辅相成，都对适老产业的发展产生了不可缺少的作用。但是，在查阅资料时，发现财税政策往往和其他政策相互交融，如科技政策、教育政策、组织政策中都会出现类似于增加资金投入的保障措施。所以，科技政策、教育政策、组织政策的发展都离不开财税政策，但同时财税政策的运用也离不开其他政策。

　　财税政策工具可以与科技政策工具组合使用。财税政策是国家最重要的经济政策之一，通过财税政策工具的使用，借助资金的流动导向，可以达到完善资源配置、促进产业发展的目的。但是如何准确保证资金的流动方向、如何确保资源的合理配置，需要准确的信息来源。科技政策中的科技基础设施，可以便于企业收集各种相关信息，科技政策中的科技主体是未来创新的实施者，科技能力的提升是未来经济发展的保障。通过信息的收集，有利于准确界定财政资金的受众，也有利于对财税政策效果的评估。

　　财税政策工具也可以与教育政策工具组合使用，这有利于从战略角度支持适老产业的发展，经济的发展离不开科技创新，而科技创新离不开人才。通过财税政策工具对实施适老产业教育培养的主体、接受适老产业相关专业知识和职业知识培训的客体进行财政方面的扶持，对于教育内容、教育形式的改善进行财政方面的补贴和资助，培养出数量充足、层次合理、质量优异的人才，是适老产业持续发展的关键。

财税政策工具还与组织政策工具组合。组织政策的目标是为了维护市场的产业内配置效率，因此经常采取鼓励竞争、限制垄断的促进竞争政策。为了鼓励竞争、增加市场活力、扩大产业组织，政府可以采用一定的财税政策工具，激励不同组织主体进入相关产业，利用补贴、减免税收等手段促进产业组织主体的竞争行为，从而体现财税政策工具资源的导向性功能，促进市场的良性运行。

因此，财税政策、科技政策、教育政策、组织政策这四大政策从多方面在适老产业的发展过程中起到了相应的作用，形成政策体系可整体组合发力，从而进一步促进适老产业的发展。

8.2　适老产业组织政策

适老产业性质具有复合性，需要引入市场机制提高产业供给的效率，但是适老产业也是民生行业，追求盈利的同时需要兼顾福利性。从市场运行的角度来看，政府既需要鼓励企业发展，达到规模经济，又要防止出现行业垄断，阻碍有效竞争。各类适老产业政策中，均包含了调节和优化供需、行业监管与行业规范的产业组织政策工具，进而消除产业发展的阻碍因素，实现产业组织效率的提高。纵观近十年的适老产业主要政策文本，对于产业组织的政策既有激励政策也有管制政策。

2011 年颁布的《国务院办公厅关于印发社会养老服务体系建设规划（2011-2015 年）的通知》（国办发〔2011〕60 号）文件中，比较早地提出促进有序竞争机制的形成。在接下来 10 年的主要政策文件中多次见到促进竞争，实施监管，建立标准，准入、退出机制等字样。

通过对行业组织政策文本内容的统计，发现在 10 篇文本中直接表明促进"竞争"的有 7 篇文章，强调"监管"有 9 篇文章，提出"准入、退出"机制的有 6篇文章，明确强调的"标准"建立的有 9 篇文章，尤其是近 5 年的 5 份文件中均强调了标准建立的重要。

2015 年 5 月 12 日，国务院召开全国推进简政放权放管结合职能转变工作电视电话会议，首次提出了"放管服"改革的概念，即要简政放权、放管结合、优化服务。"放"即简政放权，降低准入门槛。"管"即创新监管，促进公平竞争。"服"即高效服务，营造便利环境。自 2016 年起《国务院办公厅关于全面放开养老服务市场提升养老服务质量的若干意见》（国办发〔2016〕91 号）、《国务院关于印发"十三五"国家老龄事业发展和养老体系建设规划的通知》（国发〔2017〕13 号）、《民政部关于进一步扩大养老服务供给 促进养老服务消费的实施意见》（民发〔2019〕88 号）、《工业和信息化部 民政部 国家卫生健康委员会 国家市场监督管理总局 全国老龄工作委员会办公室印发〈关于促进老年用品产业发展的指导意见〉的通知》（工信部联消费〔2019〕292 号）等文件也在内容上体现了"放管服"原则。

8.2.1　产业准入、退出与监管

（1）市场准入。在市场准入制度方面，总体的政策取向是降低适老产业门槛，使多种经营主体进入适老产业不同领域，从而提高市场活力。

以适老服务业为例，通过对文件的梳理发现，2011 年出台的《国务院办公厅关于印发社会养老服务体系建设规划（2011-2015 年）的通知》（国办发〔2011〕60 号）文件、2013 年出台的《国务院关于加快发展养老服务业的若干意见》（国发〔2013〕35 号）文件、2015 年出台的《关于鼓励民间资本参与养老服务业发展的实施意见》（民发〔2015〕33 号）文件及 2019 年出台的《关于进一步扩大养老服务供给促进养老服务消费的实施意见》（民发〔2019〕88 号）文件都涉及要健全养老服务市场进入或退出制度等相关内容。《国务院关于促进健康服务业发展的若干意见》（国发〔2013〕40 号）文件规定比较详细，除了强调放宽市场准入政策这个基本原则外，还规定凡是法律法规没有明令禁入的领域，都要向社会资本开放，并不断扩大开放领域；凡是对本地资本开放的领域，都要向外地资本开放。民办非营利性机构享受与同行业公办机构同等待遇。同时，在这个文件中提出要研究取消不合理的前置审批事项。在《国务院办公厅关于全面放开养老服务市场提升养老服务质量的若干意见》（国办发〔2016〕91 号）文件中，比《国务院关于促进健康服务业发展的若干意见》（国发〔2013〕40 号）文件更详细地描述了放宽准入条件，从降低准入门槛、放宽外资准入、精简行政审批环节分别进行了描述。

2018 年 12 月 29 日颁布的新修订的《中华人民共和国老年人权益保障法》（主席令第 24 号）对养老机构的市场准入政策造成了很大的影响。《中华人民共和国老年人权益保障法》第四十三条规定设立公益性养老机构，应当依法办理相应的登记。设立经营性养老机构，应当在市场监督管理部门办理登记。养老机构登记

后即可开展服务活动，并向县级以上人民政府民政部门备案。此后不再实施养老机构设立许可制度。

民政部于 2019 年 1 月 3 日出台了《关于贯彻落实新修改的〈中华人民共和国老年人权益保障法〉的通知》，规定自新修改的《老年人权益保障法》发布之日起，各级民政部门不再受理养老机构设立许可申请。各级民政部门不得再实施许可或者以其他名目变相审批。同时，鉴于养老机构设立许可制度不再实施，民政部于 2019 年 5 月 31 日，出台《关于废止部分部门规章、规范性文件和其他文件的决定》（民政部令第 64 号），宣布废止《养老机构设立许可》。

（2）市场退出、监管。对于适老产业行业组织的市场退出政策，一些政策只是简单地提及建立健全市场进入和市场退出制度，并没有深入讨论。为了保证市场公平有序地运行，需要对市场进行监督，对违规行为进行惩处。仍然以适老服务行业为例，《国务院办公厅关于全面放开养老服务市场提升养老服务质量的若干意见》（国办发〔2016〕91 号）规定引入第三方征信机构，参与养老行业信用建设和信用监管。建立多部门、跨地区的联合奖惩机制，将信用信息作为各项支持政策的重要衡量因素，对诚实守信者在政府购买服务、债券发行等方面实行优先办理、简化程序等绿色通道支持激励政策，建立养老服务行业黑名单制度和市场退出机制，加强行业自律和监管。

《中华人民共和国老年人权益保障法》（主席令第 24 号）第四十五条规定县级以上人民政府民政部门依法履行监督检查职责。《民政部关于进一步扩大养老服务供给促进养老服务消费的实施意见》（民发〔2019〕88 号）强调了建立跨行业、跨领域、跨部门联合惩戒制度，对拒不履行司法裁判或者行政处罚决定、屡犯不改、造成重大损失的机构及其相关责任人，坚决依法依规在一定期限内实施市场和行业禁入措施。

8.2.2 行业治理的第三方力量——行业协会

（1）作为第三方治理力量的行业协会。我国推动公共产品和公共服务供给改革、推进国家治理现代化进程中，日益重视行业协会等第三方力量。行业协会作为产业治理重要主体或者说工具有利于克服市场失灵、政府失灵。在供给、价格、质量、标准等方面充分发挥协调作用，有利于减少信息成本和交易成本。与政府机构相比，行业协会更能掌握同业企业、上下游企业经济活动具体的过程，能够更为有效、及时地对企业经营全流程实施无缝监管，有利于改善市场诚信环境和企业信用意识。

第三方治理作为一种治理理念和治理实践经历了一定的演变进程。第三方治理就是引入第三方主体的治理。第三方主体包括非营利组织（Non-Profit Organization，NPO）、非政府组织（Non-Governmental Organization，NGO）和其他志愿组织等。早在 20 世纪 70 年代，如何重新界定政府与市场关系的问题得到关注，公共服务市场化与民营化开始被提倡。20 世纪 80 年代和 90 年代，政府善治理念被提出来后，第三方治理更加受到重视，强调政府、企业、社会组织等多元治理主体参与公共事务的治理过程，追求在无须国家强制力量的作用下实现共同目标和共同利益的优化。

虽然对第三方部门包括的范围有不同理解，但是行业协会是第三方力量的重要主体已经被公认。行业协会具有中介性、非营利性、自律性等特征。中介性即行业协会可以代表企业和行业与政府进行沟通，反馈行业各方面信息。行业协会非营利性体现在服务于行业的发展，不以营利为目的，能客观公正地履行其职能。行业协会的自律性是被突出关注的特征。协会对成员进行管理和规范，协调成员就行业发展方向、发展策略等问题达成共识；协调内部成员利益与社会整体利益。

（2）我国行业协会功能的演变。我国行业协会发展可以分为三个阶段。改革开放之初到 1992 年是初步发展阶段。1984 年，机械工业部和电子工业部实行行业管理体制改革试点，成立了中国汽车工业协会等一批行业协会。1985 年发布《国民经济行业分类与代码》，为行业协会的组建和发展奠定了基础。1986 年国务院撤销了一批省市行政性公司，改建为地区性行业协会。1988 年成立了一批全国性行业协会。1993~2002 年为快速发展阶段。1993 年机构改革中，一批行业经济管理部门改为全国性行业总会。1997 年底经民政部登记的，由各部委主管的全国性行业协会超过 208 家。2000 年 9 个工业管理局改组为 8 个综合性部门协会，国家经济贸易委员会授权其代管 259 个二级行业协会。截至 2003 年，全国行业性团体达 25 109 家，其中政府组建的全国性行业协会 362 家，工业行业协会 206 家，企业自建的地方同业公会、行业商会 2 000 多家。在促进产业结构升级、产业布局优化过程中发挥作用，并推进了国企改革与非公经济发展。

2003 年至今为规范发展阶段。2007 年国务院办公厅《关于加快推进行业协会商会改革和发展的若干意见》强调政会分开原则，指明市场化与民间化的改革方向。2013 年《国务院机构改革和职能转变方案》指出，新成立行业协会可直接向民政部门依法申请登记，不再需要挂靠业务主管单位审查同意。探索一业多会，引入竞争机制。

（3）适老产业协会的积极作用及案例。近年来，我国所出台的各类产业规划和产业发展指导意见中，均鲜明地提出"发挥协会作用，提高行业服务能力"。例如，在工业和信息化部、民政部、国家卫生健康委员会、国家市场监督管理总局和全国老龄工作委员会办公室联合印发《关于促进老年用品产业发展的指导意见》中，明确提出："充分发挥行业协会在政策研究、标准制修订、宣传推广、新产品展览展示、国际交流合作等方面的作用，共同推进产业发展。鼓励行业协会定期发布需求信息，加强产业发展趋势研究，引领老年用品产业高质量发展。支持行业协会增强服务能力，加强自律，组织开展质量信誉承诺等活动，维护行业信誉，及时反映企业诉求，反馈政策落实情况。"

　　该文件"夯实老年用品产业发展基础"条目中包括五项核心措施：增强产业创新能力、加快构建标准体系、提升质量保障水平、推动智能产品应用、强化知名品牌建设。显然，行业协会能够在以上措施中发挥积极作用，以上措施的落实也离不开行业协会的切实参与。例如，行业协会可以通过推进产业科技创新平台建设、大力培养产业发展急需的人才来推动产业创新能力的增强。又如，行业协会可通过促进团体标准的形成和转化来加快构建标准体系；建设标准化、专业化的老年用品第三方质量测试平台来提升质量保证水平。该文件中，更是直接要求"鼓励地方和行业协会依托产业集群、国家新型工业化产业示范基地等培育区域品牌，对条件成熟的行业编制品牌发展报告"来强化知名品牌建设。

　　中国老龄产业协会是经国务院批准成立的全国性行业协会，成立于 2010 年 1 月 30 日，是由从事老龄产业的生产、开发、流通、服务，以及与老龄产业相关的科研、教学、培训、保险等企事业单位、社会团体和有关行业的专家自愿组成的行业性非营利性社会组织。接受业务主管单位民政部、社团登记管理机关民政部的业务指导和监督管理。

　　从协会的具体业务范围可以看出该协会所发挥的重要功能。该协会的业务范围包括：研究制定老龄产业行规行约并监督执行，建立行业自律机制，提高行业整体素质，依法保护会员合法权益和行业整体利益；参与制定国家老龄产业发展规划，向政府部门提出有关产业政策、经济立法等建议；受政府委托，参与老龄产业重大投资、开发项目的前期论证，协调对项目建设和运营的监督管理；经政府部门批准，在相关部门业务指导下参与制定、修订、评定涉老服务机构、生产企业的相关标准，参与行业服务和质量的监督管理工作；组织实施服务项目和产品的认证、评估、鉴定、推广；组织产业调查和行业指标统计及成果的开发应用；配合政府部门进行为老服务相关职业技能的鉴定考核；组织行业内有关评选表彰活动；建立老龄产业信息网络，按照规定编发行业刊物；组织会员研发老年产品，引进、推介国外优质同类产品；开展从业单位、社会组织间的国际合作交流活动，考察、借鉴先进经营模式及管理经验；根据需要举办交易会、展览会；组织从业人员的各类培训等。协会受政府部门或其他有关单位委托，承办与老龄产业有关的工作。

　　从该协会的分支机构设立可以看出，该协会对各项功能和业务进行了更为细致的分解。分支机构包括：中国老龄产业协会金融涉老服务发展委员会、中国老龄产业协会老年宜居养生委员会、中国老龄产业协会老年用品专业委员会、中国老龄产业协会老龄旅游产业促进委员会、中国老龄产业协会专家委员会、中国老龄产业协会科技委员会、中国老龄产业协会文化教育与人才培训委员会、中国老龄产业协会医养结合与健康管理委员会、中国老龄产业协会居家与社区养老服务委员会、中国老龄产业协会标准化与评价委员会、中国老龄产业协会国际合作与投资委员会、中国老龄产业协会互联网养老服务专业委员会。

在老龄产品制造行业领域，中国康复辅助器具协会是影响力比较突出的全国性行业协会。该协会下属的二级机构有轮椅车专业委员会、助听器人工耳蜗专业委员会、足部辅具专业委员会、康复器材专业委员会、肢体功能重建与外固定委员会、康复工程专业委员会、教育工作委员会。

该协会在业务范围中，除了常规的工作，非常鲜明地提出"推动行业创新"、"促进产业转型升级"。该行业协会参与了《国务院关于加快发展康复辅助器具产业的若干意见》（国发〔2016〕60号）等政策的制定；举办中国国际康复辅助器具产业暨国际福祉机器博览会；与德国、日本、美国、加拿大等国及我国台湾、香港等地建立广泛联系，桥梁和纽带作用突出。

随着适老产业发展，我国诸多省市成立了相关行业协会。例如，2013年北京市老龄产业协会成立。该协会定位为"政府助手、产业推手"，特点是早期单位会员以国有企业占主体，包括城建、医疗、金融、旅游、农业、园林、养老机构、服务业等系统，充分发挥社会影响力和社会责任感支撑公益性特点突出的老龄产业发展。2015年，北京市社会福利行业协会更名为北京养老行业协会，名称的变更使协会由原来面向老年人、残疾人、孤残儿童开展福利服务，转变为专门面向老年人开展养老服务，服务对象更加明确，活动范围更加专业，强化了养老行业的规范、管理和自律。协会以养老服务为宗旨，涵盖机构养老、社区养老、居家养老、老年教育、医疗、金融、旅游、科研和老年用品研发、生产、销售等相关老年产业。

当前，我国各类适老产业协会的服务能力还有待提升，存在问题包括：部分协会存在政府职能转变不到位，政会分开不彻底，主管部门直接干预行业协会。部分行业协会中大企业主导作用过于突出，大多实行"一业一会"，缺乏竞争机制。协会的覆盖面和代表性有待提高，需要提高企业的入会率，加强各类行业组织之间横、纵向联系。尤其值得强调的是，我国适老产业协会起步比较晚，参与发展战略制定、促进产业升级和优化产业组织效率等方面的功能尚待加强。适老产业协会为制定实施行业规划、产业政策、行业标准等提供智力支持，运用行业协会平台为行业知识创造、知识转移和知识应用提供支持，协调共性技术、关键技术和配套技术研发，推广应用先进适用技术和工艺设备，提高行业技术进步和管理创新水平。

为提升产业组织效率，协会除了加强信息服务和交流平台建设，尤其应加强引导行业内企业合作、兼并重组，现有行业协会在搭建企业平台、构建协作关系上仍有欠缺。企业合作和兼并重组，有利于提高产业集中度，推动大中小企业分工协作，实现产业组织结构优化调整。行业协会可在统一采购标准、供应商体系，共用物流网络、库存基地，统一营销网络、服务标准，统一制造体系、工艺标准和促进协作平台或联盟搭建（研发、投融资或担保平台、联盟）等方面发挥积极作用。

8.2.3　行业标准规范

标准是指对重复性事物和概念所做的统一规定，它以科学技术和实践经验的结合成果为基础，经有关方面协商一致，由主管机构批准，以特定形式发布作为共同遵守的准则和依据。它对活动或活动的结果规定了规则、导则或特殊值，以实现在预定领域内最佳秩序的效果。

关于适老产业标准出现在前面提到的很多政策中，《国务院办公厅关于印发社会养老服务体系建设规划（2011-2015 年）的通知》（国办发〔2011〕60 号）、《国务院关于加快发展养老服务业的若干意见》（国发〔2013〕35 号）、《国务院关于促进健康服务业发展的若干意见》（国发〔2013〕40 号）、《关于鼓励民间资本参与养老服务业发展的实施意见》（民发〔2015〕33 号）、《国务院办公厅关于全面放开养老服务市场提升养老服务质量的若干意见》（国办发〔2016〕91 号）、《国务院关于印发"十三五"国家老龄事业发展和养老体系建设规划的通知》（国发〔2017〕13 号）、《民政部关于进一步扩大养老服务供给促进养老服务消费的实施意见》（民发〔2019〕88 号）、《工业和信息化部 民政部 国家卫生健康委员会 国家市场监督管理总局 全国老龄工作委员会办公室印发〈关于促进老年用品产业发展的指导意见〉的通知》（工信部联消费〔2019〕292 号）及《中华人民共和国老年人权益保障法》（主席令第 24 号）都提及产业标准的建立问题。但是，在那些政策文件中，标准只是政策的一部分，往往出现在基本原则、发展目标、保障措施等部分，没有针对标准进行详细的规划。

适老产业组织标准方面比较重要的专门政策是由民政部于 2014 年颁发的《关于加强养老服务标准化工作的指导意见》（民发〔2014〕17 号）文件和 2017 年民政部、国家标准委《关于印发〈养老服务标准体系建设指南〉的通知》（民发〔2017〕145 号）文件。两部文件都在肯定了养老服务标准化的重要意义的基础上，对相关标准化工作进行了具体阐述。

支撑保障标准是指养老服务业组织为支撑养老服务有效提供而制定的规范性文件，包括服务提供者标准、管理标准、信息化标准、建筑标准、设施设备和用品标准、环境标准、安全与卫生标准等。这一部分是整个标准体系中内容最多的部分，涉及很多领域，也是目前标准文件制定过程中缺口比较大的部分。

《老年人居住建筑设计规范》。住房和城乡建设部于 2016 年 10 月 25 日发布，自 2017 年 7 月 1 日起实施。《老年人居住建筑设计规范》为国家标准。原国家标准《老年人居住建筑设计标准》（GB/T 50340-2003）和行业标准《老年人建筑设计规范》（JGJ 122-99）同时废止。《老年人居住建筑设计规范》修订的主要内容是：明确了老年人居住建筑的定义及适用范围；增加了术语；扩展了节能、室内环境、建筑设备的内容；加强了老年人日常居住安全方面条文的强制力。《老年人居住建筑设计规范》的主要内容包括总则、术语、基本规定、基地与规划设计、公共空间、套内空间、物理环境和建筑设备八部分。

8.3　适老产业财税政策

财税政策是政府能够直接运作的最基本和最重要的经济政策工具。通过财税政策工具的运用，可以调整资金流向，促进产业发展，刺激消费需求。作为政策的手段，适老产业财税政策不能孤立地进行，需要体现国家整体适老产业发展思路和发展目的。

财税政策工具被划分为收入型财税政策工具和支出型财税政策工具。适老产业中收入型财税政策工具应该包括税收、福利彩票公益金、其他收入政策工具等形式。适老产业中支出型财税政策工具主要包括财政补贴、政府购买、财政投资等形式（图 8.3）。

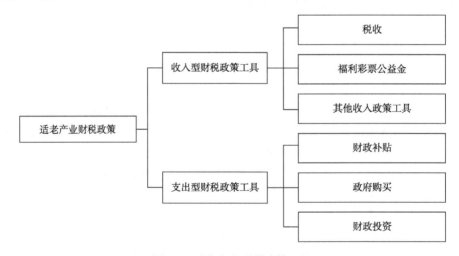

图 8.3　适老产业财税政策工具

8.3.1 收入型财税政策工具

收入型财税政策工具主要包括税收收入与非税收收入。非税收收入可以包括行政事业性收费、福利彩票公益金、公债等形式。福利彩票公益金主要起到增加收入的作用，通过彩票公益金获得的收入再用于支出，从而促进适老产业的发展。公债也是政府获得资金的来源之一，但是近年来，为了防范地方隐形债务风险，因此使用较少。收入中的税收和行政事业性收费在政策中使用的比重较大。在资料收集中发现助力适老产业发展使用较为频繁的收入型工具无疑是税收，因此拟重点分析税收政策的作用机理。为了能更好地扩展适老产业的规模，满足不同层次养老需求，现阶段税收政策应以减免税等税收优惠政策为主。

在适老产业中，政府可以通过对购买符合规定的商业养老保险产品的支出，进行税前扣除优惠，或是对赡养父母的子女在收入中进行个人所得税专项扣除优惠，从而增加其可支配收入，进而增加其购买能力，扩大对适老产品和服务的需求。政府也可以对适老产业的企业采取税收优惠，可以降低企业的生产成本，增加企业的经营意愿，同时有助于吸引更多的社会资金进入适老产业，形成更大的生产规模。

（1）税收。税收政策频繁出现在政策文件中，虽然在 2013 年以前的文件中有所提及，但是都没有具体落实措施的方案。在随后发布的各类政策文件中，涉及适老产业的税收优惠条款比较全面，不仅关注了适老产品和服务的直接提供者，还包括了商业保险公司和社保基金会及养老基金投资管理机构、接受适老服务的个体。

例如，针对与接受适老产品和服务的家庭个体相关的税收优惠主要体现在两点：一是购买符合规定的商业养老保险产品，可以享受税前扣除优惠；二是赡养父母的子女可以在收入中进行个人所得税专项扣除优惠。这两种优惠都是税前扣除，通过减少纳税基数，从而减少所得税支出，增加可支配收入，从而更好地促进养老消费。

（2）福利彩票公益金。财政部 2007 年 11 月 25 日印发了《彩票公益金管理办法》（2021 年财政部对其进行修订），第二条规定：彩票公益金是按照规定比例从彩票发行销售收入中提取的，专项用于社会福利、体育等社会公益事业的资金。目前彩票公益金已经成为国家扶持适老产业发展的重要资金来源。《国务院办公厅关于印发社会养老服务体系建设规划（2011-2015 年）的通知》（国办发〔2011〕60 号）文件中已经简单地提出彩票公益金要增加资金投入，优先保障社会养老服务体系建设。到了 2013 年，在《国务院关于加快发展养老服务业的若干意见》（国发〔2013〕35 号）文件中，进一步明确了资金使用的比例。要将 50%以上的资金用于支持发展养老服务业，并随老年人口的增加逐步提高投入比例。《关于加快推进健康与养老服务工程建设的通知》（发改投资〔2014〕2091 号）

明确提出加大福利彩票和体育彩票公益金对养老和体育健身设施建设的支持力度。《关于推进医疗卫生与养老服务相结合指导意见的通知》（国办发〔2015〕84号）则要求用于社会福利事业的彩票公益金要适当支持开展医养结合服务。2019年4月16日发布了《国务院办公厅关于推进养老服务发展的意见》（国办发〔2019〕5号）文件，文件中两次提及彩票公益金，分别对彩票公益金的资金运用比例和运用方式进行了指导。国家各级文件均对彩票公益金在适老产业方向的使用做了明确要求，并逐步提高提取比例，足见国家发展适老产业的决心，对适老产业的发展具有明显促进作用。

（3）其他收入政策工具，主要包括行政事业性收费、公债和专项收入等。在对目前的适老产业财税政策文件梳理中，发现公债和专项收入之类的工具很少使用。相对而言，这几种方式中，目前在适老产业文件中使用得比较多的是行政事业性收费。关于行政事业性收费的优惠，在《国务院关于加快发展养老服务业的若干意见》（国发〔2013〕35号）文件中，对于养老机构建设环节，就已经针对非营利性机构和营利性机构分别实行免征和减半征收有关行政事业性收费，并针对养老机构提供养老服务提出要适当减免行政事业性费用。

8.3.2 支出型财税政策工具

适老产业的发展需要政府财政支出的支持。适老产业既具备公共产品的属性又具备私人产品的属性，可以称为准公共产品或者混合产品。对于公共产品，应该由政府来提供，适老产业作为准公共产品，往往需要具体分析。以建养老院为例，养老院的建设运营成本可以通过两种方式来弥补：一是通过征税弥补，免费使用，这是公共提供方式；二是通过对入住的老年人收费来弥补，如同普通商品买卖一样，这是市场提供方式。因此，准公共产品可以采取公共提供方式或者市场提供方式，也可以混合提供。从各国实践来看，适老产业的支出型财税政策工具主要有三种：财政补贴、政府购买、财政投资。

财政补贴是一种转移性支出。它具有改变资源配置结构、供给结构、需求结构的功能。政府通过对老年人的补贴，可以提高老年人的可支配收入，从而增加其对老年产品的需求。通过对适老企业的补贴，降低产品的成本，从而降低产品的相对价格。相对价格的降低，可以进一步促进养老需求。财政补贴引起企业成本的降低，经营风险的减少，促进社会资本进入养老产业，增加产品的供给。

政府购买是指政府充当商品或者服务的购买者，在市场中购买商品和服务，来满足公众的需求。对于适老产业，政府有针对性的购买行为可以促进有效供给的增加，调整产业结构，有助于打造高质量的适老服务和产品供给体系。

财政投资是以政府为投资主体，将政府资金用于投资建设基础设施等国计民生的领域，从而促进产业发展，满足社会需求。在养老产业中，有些产品和服务的收益性不足，使得非政府投资主体放弃投资，如对经济困难人员的养老服务，在这种情况下政府作为投资主体通过建设保障性养老设施，保底养老服务，既履行了政府满足公众需求的职责，体现了社会公平，也为产业进一步发展奠定了基础。通过投资方式的创新，政府和社会资本合作（public-private-partnership，PPP）模式越来越多地应用到财政投资领域。

（1）财政补贴。财政补贴可以被定义为一种影响相对价格结构，从而改变资源配置结构、供给结构和需求结构的政府无偿支出行为。对于领取补贴的一方，得到政府补贴意味着实际收入的增加，因而经济状况得到改善。在适老产业财税政策中，财政补贴亦可通过供给侧和需求侧两个方面影响产业的发展。适老产业财政补贴主要构成如图 8.4 所示。

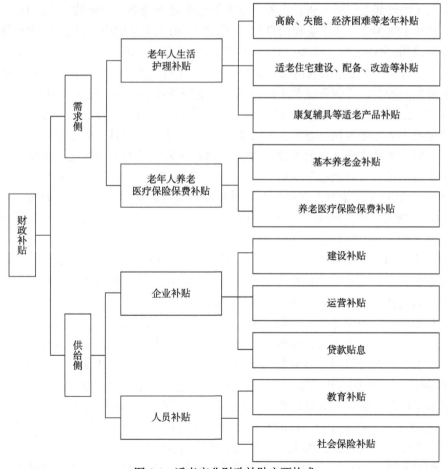

图 8.4　适老产业财政补贴主要构成

　　从需求侧的角度来看，适老产业财税政策中采取了对老年人进行补贴，主要是两个方面：老年人生活护理补贴和老年人养老医疗保险保费补贴。总体来说关于老年人生活护理补贴的文件较多，而在适老产业政策中关于老年人养老保险补贴的政策较少。《国务院办公厅关于印发社会养老服务体系建设规划（2011-2015年）的通知》（国办发〔2011〕60号）文件中就提到可以探索实施老年护理补贴、护理保险，增强老年人对护理照料的支付能力。但是，文件规定得比较笼统，没有对生活护理补贴进行详细描述。在接下来的《国务院关于加快发展养老服务业的若干意见》（国发〔2013〕35号）、《民政部 国家发展改革委员会关于印发〈民政事业发展第十三个五年规划〉的通知》（民发〔2016〕107号）、《国务院关于印发"十三五"国家老龄事业发展和养老体系建设规划的通知》（国发〔2017〕13号）、《国务院办公厅关于制定和实施老年人照顾服务项目的意见》（国办发〔2017〕52号）、《国务院办公厅关于推进养老服务发展的意见》（国办发〔2019〕5号）、《民政部关于进一步扩大养老服务供给促进养老服务消费的实施意见》（民发〔2019〕88号）、《工业和信息化部 民政部 国家卫生健康委员会 国家市场监督管理总局 全国老龄工作委员会办公室印发〈关于促进老年用品产业发展的指导意见〉的通知》（工信部联消费〔2019〕292号）等文件中详细规定了老年人生活护理补贴的种类。《国务院关于加快发展养老服务业的若干意见》（国发〔2013〕35号）提出建立健全经济困难的高龄、失能等老年人补贴制度。《国务院办公厅关于推进养老服务发展的意见》（国办发〔2019〕5号）文件规定全面建立经济困难的高龄、失能老年人补贴制度，加强与残疾人两项补贴政策衔接。根据《民政部关于进一步扩大养老服务供给 促进养老服务消费的实施意见》（民法〔2019〕88号），老年人作为个人获得的养老服务补贴和养老机构的运营补贴是独立的，不可相互抵销，指出鼓励有条件的地方研究将符合条件的基本治疗性康复辅具按规定逐步纳入基本医疗保险支付范围。

　　在选定的政策文件中，关于老年人的养老保障补贴主要包括两部分：一是基本养老金补贴；二是养老医疗保险保费补贴。老年人收入的增加，能够有效促进老年人的消费，从而有利于适老产业的发展。

　　从供给侧的角度来看，补贴主要分为企业补贴和人员补贴。人员补贴主要包括从业人员或拟从业人员的接受教育补贴，以及从业人员的社会保险补贴。企业补贴主要包括建设补贴、运营补贴和贷款贴息。《工业和信息化部 民政部 国家卫生健康委员会 国家市场监督管理总局 全国老龄工作委员会办公室印发〈关于促进老年用品产业发展的指导意见〉的通知》（工信部联消费〔2019〕292号）文件中鼓励有条件的地方通过政府购买服务、无偿资助、业务奖励等形式支持老年用品公共服务平台建设，为激发老年用品的供给和需求创造条件。

　　财政补贴不但频频出现在全国性政策中，而且也是最受地方政府青睐的主要财政工具。国家级的政策中，往往对补贴提出了政策性的导向，但是对具体的补贴数额、发放的程序和要求则由各个省市按照一定的范围和程序自行确定。因此，根据各个省市的具体情况，财政补贴工具的运用也存在很大的不同。

（2）政府购买。政府购买是指政府通过商品和劳务的购买参与市场交易。即通过政府出资，将原来由政府承担的公共商品的供给和公共服务的提供交给市场，引入市场竞争，直接对商品生产和商品流通发挥调节作用。政府购买政策在适老服务领域运用比较多。例如，《国务院办公厅关于印发社会养老服务体系建设规划（2011-2015 年）的通知》（国办发〔2011〕60 号）文件中就提到要充分发挥市场机制的基础性作用，通过用地保障、信贷支持、补助贴息和政府采购等多种形式，积极引导和鼓励企业、公益慈善组织及其他社会力量加大投入，参与养老服务设施的建设、运行和管理。国务院办公厅发文《关于推进养老服务发展的意见》（国办发〔2019〕5 号），要求将养老服务纳入政府购买服务指导性目录，全面梳理现行由财政支出安排的各类养老服务项目，以省为单位制定政府购买养老服务标准，重点购买生活照料、康复护理、机构运营、社会工作和人员培养等服务；完善全国统一的老年人能力评估标准，通过政府购买服务等方式，统一开展老年人能力综合评估，考虑失能、失智、残疾等状况，评估结果作为领取老年人补贴、接受基本养老服务的依据。通过以上方法建立健全长期护照服务体系。总体来说，政府购买养老服务的具体内容在不同时期随着政府的目标在发生变化，但购买本身必须突出公共性和公益性。随着适老产业的发展，一些早期由政府来做的服务，当其适合市场化方式提供且社会力量能够承担时，应该逐步转变政府职能，利用市场资源配置的效率，引入民营资本运作，可以通过政府购买服务方式，为老年人提供方便可及、价格合理的适老服务。

（3）财政投资。目前，通过对文件的整理发现在适老产业财政投资中比较常见的模式有政府筹资建设运营与政府和社会资本合作。近年来在养老产业文件中频频出现政府和社会资本合作模式。《国务院办公厅转发卫生计生委等部门关于推进医疗卫生与养老服务相结合指导意见的通知》（国办发〔2015〕84 号）、《关于鼓励民间资本参与养老服务业发展的实施意见》（民发〔2015〕33 号）、《工业和信息化部 民政部 国家卫生健康委员会 国家市场监督管理总局 全国老龄工作委员会办公室印发〈关于促进老年用品产业发展的指导意见〉的通知》（工信部联消费〔2019〕292 号）等文件都先后提出要探索并鼓励发展政府和社会资本合作的模式，支持医养结合，推进养老服务项目，支持老年用品产业创新发展等。总体来看，政府和社会资本合作运营更多地被用于养老机构、社区养老体系建设和医养健融合发展各个领域。

8.3.3   财税政策未来趋向

通过对政策文件的分析，可以发现过去的财政支持力度主要集中在养老服务体系，对健康服务体系和适老产品的财税政策很少，而且养老服务体系中也主要关注机构养老。自 2019 年起，政府发布多项政策，财政支持基本覆盖健康体系、养老服务体系和适老产品的供给各领域，但是由于政策推出时间比较短，政策的完善度不如机构养老的政策支持。

同时，在财税常用工具中，财政补贴和政府购买等政策主要由各省市自主实施，各省市出台财政支持政策的速度、力度因各地区的不同有很大的差异。在财税政策中，运用工具不断增多，呈现多元化，但主要工具在使用中，都存在一定的不足。税收扶持政策目前在针对养老机构的一些税收优惠仍然区别营利性和非营利性，这在一定程度上阻碍了民营资本的进入。同时，税收优惠政策主要适用于机构养老、社区养老服务领域，对于一些提供老年人精神娱乐、教育文化等相关领域的税收优惠政策较少。政府投资项目应该充分考虑其所承担的社会"兜底"职能，因此在建设上要注意建设规模、建设标准。中高端养老项目可以交由社会资本来运作，由市场提供产品，但是在政策中没有对政府投资的限制条件做出明确的规定。

因此，在未来财税政策制定过程中，需要注意加大对老年健康体系、适老产品供给，以及养老服务体系中的居家养老、社区养老方面的财政扶持力度。同时，出台政策要考虑不同省市之间、城乡之间的平衡，加强养老薄弱环节。

在财税工具的运用方面，应该进一步通过优化税收结构，加强对民营资本的引导，完善投资、补贴、政府采购等支出性工具的服务制度等方法。在对适老产业政策工具进行调整之外，还要注意将政策工具结合其各自特点搭配使用。为了吸引社会资本的投资，政府需要通过财税支出工具对其进行引导，可是财税支出受到财税收入情况的限制，以一定程度的财税收入为基础，因此财税支出工具的使用应该与财税收入工具的使用相结合。福利彩票公益金目前在适老产业是增加财税收入的较好工具，通过提高福利彩票公益金的提取比例，可以增加养老财政资金的来源。

8.4   适老产业科技政策

科技创新需要多主体努力，涉及政府、企业、科研院所、高等院校、国际组织、中介服务机构、社会公众等，包括人才、资金、科技组织、知识产权、制度建设和创新氛围等多要素，需要各类创新主体、创新要素相互协同作用。组织失灵（缺乏部分组织）、基础设施失灵、制度失灵、交互失灵、能力失灵和锁定失灵等各种系统失灵的出现影响了科技创新系统的运行，适老产业科技政策制定和实施过程中需要避免系统失灵的出现。

8.4.1 科技创新主体组织失灵应对措施

组织失灵体现为创新系统的关键部分发育不良甚至缺失，即创新系统中的关键组织未能充分发展。在讨论系统失灵现象中，往往最先分析组织失灵，是因为各种失灵问题最终都要落实到创新主体身上，由创新主体来执行创新行为。因此，在适老产业发展中了避免组织失灵现象，需要大力扶持科技创新的关键性组织，即科技创新主体。

适老产业中的创新主体主要应分为三大类：①知识生产机构，包括大学和科研院所等机构、科研工作者、研发人员，是科研创新的"发明者"；②大型企业、中小企业、初创企业和跨国公司等；③有关的科技服务机构，包括风险投资、行业协会等面向社会开展适老产业技术扩散、成果转化、科技评估、创新资源配置、创新决策和创新管理咨询等专业的服务机构，也是适老产业科技创新主体的重要组成部分。多个政策文件提及对适老科技创新组织的扶持，对企业、科研机构及中介机构这三类关键主体都有所涉及。

我国适老产业创新系统中的组织失灵，主要表现为适老产业的科研组织和专业化科技服务组织发育不足。现有的政策体系中，对创新主体的关注度明显不够均衡，涉及最多的是企业主体，其次是科研机构，政策指向最少的是科技服务组织。

我们也发现，近年来对适老产业的科研组织和专业化科技服务组织发展的关注度日益加强。《工业和信息化部 民政部 国家卫生健康委员会 国家市场监督管理总局 全国老龄工作委员会办公室印发〈关于促进老年用品产业发展的指导意见〉的通知》（工信部联消费〔2019〕292 号）文件，提出积极发展面向老年用品产业创新能力建设的生产性服务业。《国务院关于加快发展康复辅助器具产业的若干意见》（国发〔2016〕60 号）文件，提出大力发展生产性服务。大力推进康复辅助器具全产业链整合优化，重点发展研发设计、融资租赁、信息技术服务、检验检测认证、电子商务、服务外包和品牌建设等生产性服务，促进产业要素高效流动和合理配置。

《国务院关于印发"十三五"国家老龄事业发展和养老体系建设规划的通知》（国发〔2017〕13 号）文件提到了对科研院所、高校及老龄科研机构的创新支持，提出支持技术密集型企业、科研院所、高校及老龄科研机构加强适老科技研发和成果转化应用。落实相关税收优惠政策，支持老年用品产业领域科技创新与应用项目。文件同时提出支持符合条件的老年用品企业牵头承担各类科技计划（专项、基金等）科研项目。将企业与知识提供者的角色进行转换。

《工业和信息化部 民政部 国家卫生计生委关于印发〈智慧健康养老产业发展行动计划（2017-2020 年）〉的通知》（工信部联电子〔2017〕25 号）文件提出建设创新孵化平台。支持智慧健康养老领域众创、众包、众扶、众筹等创业支撑平台建设，鼓励创客空间、创业咖啡、创新工场等新型众创空间发展，推动建立一批智慧健康养老产业生态孵化器、加速器，为初创企业提供资金、技术、市场应用及推广等方面的扶持。创客空间、创业工场等孵化器在这里主要充当科技中介组织的角色。

8.4.2　科技基础设施失灵应对措施

基础设施失灵是指在科技创新系统中正外部性强、投资规模大、建设周期长的公共基础设施和科技基础设施的不健全。公共基础设施包括道路交通、能源、通信网络等；科技基础设施包括科技文献、科学数据、产业标准和行业信息等信息内容，以及专业的研发、测试等仪器设备。单独企业缺乏意愿和能力去投资建设此类基础设施，需要政府行使公共服务职能来进行建设。

适老产业科技基础设施包括产业基地、研发平台、信息平台及科技规范标准。《国务院关于加快发展康复辅助器具产业的若干意见》（国发〔2016〕60 号）提出依托长三角、珠三角、京津冀等区域产业集聚优势和资金、技术、人才等优势，打造一批示范性康复辅助器具产业园区和生产基地，建设国际先进研发中心和总部基地，发展区域特色强、附加值高、资源消耗低的康复辅助器具产业。

在信息平台建设方面，《关于加快实施信息惠民工程有关工作的通知》（发改高技〔2014〕46 号）要求建立养老服务机构、医疗护理机构等网络互联、信息共享的服务机制，重点推进养老服务机构信息化建设，推广远程健康监测。《国务院关于积极推进"互联网+"行动的指导意见》（国发〔2015〕40 号）文件提出鼓励健康服务机构利用云计算、大数据等技术搭建公共信息平台，提供长期跟踪、预测预警的个性化健康管理服务。《工业和信息化部 民政部 国家卫生计生委关于印发〈智慧健康养老产业发展行动计划（2017-2020 年）〉的通知》（工信部联电子〔2017〕25 号）文件提出加强智慧健康养老服务平台的数据管理和安全管控。

在促进技术平台体系建设方面，《工业和信息化部 民政部 国家卫生计生委关于印发〈智慧健康养老产业发展行动计划（2017-2020 年）〉的通知》（工信部联电子〔2017〕25 号）针对智慧健康养老产业提出建设智慧健康养老创新中心，解决行业共性技术供给不足问题，不断创新产业生态体系。《国务院关于印发新一代人工智能发展规划的通知》（国发〔2017〕35 号）提出借助大数据分析、物联网等技术，构建安全便捷的智能化养老基础设施体系。《关于促进老年用品产业发展的指导意见》则是针对老年用品产业领域，推进产业科技创新平台建设。

在科技规范和标准方面，《国务院关于加快发展养老服务业的若干意见》（国发〔2013〕35 号）提出健全市场规范和行业标准，确保养老服务和产品质量，营造安全、便利、诚信的消费环境。《民政部办公厅关于开展国家智能养老物联网应用示范工程的通知》（民办函〔2014〕222 号）要求民政部组织 7 家养老机构，研究制定数据采集传输技术标准、业务数据交换标准等。《国务院办公厅关于印发消费品标准和质量提升规划（2016-2020 年）的通知》（国办发〔2016〕68 号）提出针对妇幼用品、老年人用品和残疾人用品市场快速发展，健全跨领域、跨行业的通用标准体系，强化消费品针对特殊人群的安全要求和功能设计。同时，提出推动老年人用品标准和质量提升，《关于推进老年宜居环境建设的指导意见》（全国老龄办发〔2016〕73 号）、《民政部关于进一步扩大养老服务供给促进养老服务消费的实施意见》（民发〔2019〕88 号）均聚焦老年人用品的标准和质量体系建设。《工业和信息化部 民政部 国家卫生计生委关于印发〈智慧健康养老产业发展行动计划（2017-2020 年）〉的通知》（工信部联电子〔2017〕25 号）则针对智慧健康养老标准体系的建立，提出制定智慧健康养老设备产品标准，建立统一的设备接口、数据格式、传输协议、检测计量等标准。

8.4.3 科技创新主体交互失灵应对措施

创新主体之间需要进行联系、交往、协作，通过这种交互，彼此之间获得知识、技术、信息的交流。交互关系松散，创新个体之间不能取长补短，必然会限制产业的发展，这种现象称为弱交互失灵。同时，这种交互活动也需要保持适度，过于紧密，创新集群或团队过度关注内部交互，疏于同外部知识交互形成了封闭环境，这种情况称为强交互失灵。

显然，前文所提及的有关产业基地、信息平台和技术平台的搭建政策措施，以搭建载体的形式促进了主体间的交互，或者说基础设施失灵的解决措施在一定程度上也是解决交互失灵的措施。建立行业综合信息平台和技术平台支撑了信息资源交互和科技活动交互作用。

我们发现，有关文件中已经对创新主体的交互作用给予了特别的关注。例如，根据《国务院关于加快发展康复辅助器具产业的若干意见》（国发〔2016〕60 号），可采取三种方式促进科技创新交互。一是多学科人才聚合。打造生物医学工程、临床医学、材料科学、信息系统学、制造科学等多学科人才聚合创新机制，造就一批创新创业领军人才和高水平创新团队。二是搭建共性技术创新平台。统筹企业、科研院所、高等院校等创新资源，搭建康复辅助器具科技创新平台和基础共性技术研发平台，建立协同创新机制，加强相关基础理论、基础工艺、基础材料、基础元器件、基础技术研发和系统集成能力。三是加强国际交流合作，加快引进吸收国外先进科技成果，提高国际合作水平。

显然，产业集群建设也是推动创新主体交互的重要措施。我们也发现部分政策文件已经开始从关注适老企业个体向关注产业集群演变。《国务院关于加快发展养老服务业的若干意见》（国发〔2013〕35 号）中明确提出培育养老产业集群。扶持发展龙头企业，实施品牌战略，提高创新能力，形成一批产业链长、覆盖领域广、经济社会效益显著的产业集群。

8.4.4　科技创新主体能力失灵应对措施

我国适老产业创新主体能力失灵主要表现为高新技术企业发展不足、产品升级进程缓慢。

关注适老高新技术企业发展的政策条款日益增多。《国务院办公厅关于全面放开养老服务市场提升养老服务质量的若干意见》（国办发〔2016〕91 号）支持企业利用新技术、新工艺、新材料和新装备开发为老年人服务的产品用品，研发老年人乐于接受和方便使用的智能科技产品，丰富产品品种，提高产品安全性、可靠性和实用性；上述企业经认定为高新技术企业的，按规定享受企业所得税优惠。支持老年用品关键技术和产品的研发、成果转化、服务创新及应用推广，培育壮大骨干企业，促进老年用品产业创新，增加有效供给。支持老年用品领域培育国家技术创新示范企业、专精特新"小巨人"企业、制造业单项冠军企业，增强创新型企业引领带动作用。

除了上述列明扶持主体的方式外，政府还采用示范的方式对企业创新主体进行扶持。《工业和信息化部办公厅 民政部办公厅 国家卫生计生委办公厅关于开展智慧健康养老应用试点示范的通知》（工信厅联电子〔2017〕75 号）、《工业和信息化部办公厅 民政部办公厅 国家卫生健康委员会办公厅关于开展第二批智慧健康养老应用试点示范的通知》（工信厅联电子〔2018〕63 号）两个文件内容相似，实施时间的年份不同，两份文件都是关于开展智慧健康养老应用试点示范的通知。文件中列明示范企业申报主体为智慧健康养老领域的产品制造企业、软件企业、服务企业、系统集成企业等，并出台相关政策加大对应用试点示范工作的支持力度。

《关于促进老年用品产业发展的指导意见》从产品升级的角度，提出促进各领域老年用品创新升级，并对发展功能性老年服装服饰、发展智能化日用辅助产品、发展安全便利养老照护产品、发展康复训练及健康促进辅具、发展适老化环境改善产品等几个方面进行了论述。该文件提出增强产业创新能力。推动老年用品产业大众创业、万众创新，构建以企业为主体、政产学研用紧密结合的自主创新体系。

《国务院办公厅关于推进养老服务发展的意见》（国办发〔2019〕5 号）提出开展全国老年人产品用品创新设计大赛，制定老年人产品用品目录，建设产学研用协同的成果转化推广平台。

对科技能力提升政策规定得比较细致的是《国务院关于加快发展康复辅助器具产业的若干意见》（国发〔2016〕60 号），提出促进制造体系升级。实施康复辅助器具产业智能制造工程，开展智能工厂和数字化车间建设示范，促进工业互联网、云计算、大数据在研发设计、生产制造、经营管理、销售服务等全流程、全产业链的综合集成应用，加快增材制造、工业机器人、智能物流等技术装备应用，推动形成基于消费需求动态感知的研发、制造和产业组织方式。推广节能环保技术、工艺、装备应用，积极构建绿色制造体系。

8.5　本 章 小 结

适老产业政策体系包括组织政策、财税政策、科技政策及人才政策，分别从资金、创新、人才及市场环境等方面引导适老产业发展。当前，对适老产业政策体系的研究成果尚且不够丰富，专门的适老产业政策还不够系统。

按照政策的法律位阶来看，适老产业的政策法规主要集中于普通法、行政法规、地方性法规和行政规章等几个方面。地方性法规须在与国家法律及行政法规不相抵触的情况下制定，所以其往往遵照国家法律规则，具有相似的主旨。因此，本章以分析国家层面的政策法规为主，产业政策的导向包括鼓励竞争、规制和激励。当前，我国适老产业的参与主体需要不断丰富，或者说吸引更多资本参与行业发展，因此从政策导向角度来看，需要加强竞争和激励政策。

通过对我国当前适老产业政策体系的分析，得到以下发现。

一是在组织政策设计过程中，需要关注适老产业性质的复合性，既要引入市场机制提高产业供给的效率，同时也要考虑适老产业的民生行业属性，追求盈利的同时需要兼顾福利性。

纵观近十年的适老产业主要政策文件，对于产业组织的政策既有激励政策也有管制政策。未来政策取向须"放管服"兼顾，"放"即简政放权，降低准入门槛；"管"即创新监管，促进公平竞争；"服"即高效服务，营造便利环境。同时，未来政策需要推动各类适老行业协会组织的发展，不断完善各类行业标准体系。

二是发现适老产业中收入型财税工具应该包括税收、福利彩票公益金、行政事业性收费等政策工具形式。通过对政策文本的分析发现财税政策在支持领域、对象等方面存在不平衡现象。其一，以往财政支持力度主要集中在养老服务体系，对健康服务体系和适老产品的支持政策较少。其二，补贴和政府购买等政策主要由各省市自主实施，各省市出台财政支持政策的速度、力度因各地区的不同有很大的差异。其三，税收优惠政策主要适用于机构养老、社区养老服务领域，对于一些提供老年人精神娱乐、教育文化等产业活动的税收优惠政策较少。未来在财税政策制定过程中，需要注意加大对老年健康体系、适老产品供给，以及养老服务体系中的居家养老、社区养老方面的财政扶持力度。同时，出台政策要考虑不同省市之间、城乡之间的平衡，加强养老薄弱环节。此外，在财税工具的运用方面，应该进一步通过优化税收结构，加强对民营资本的引导，完善投资、补贴、政府采购等支出性工具的服务制度等方法。

三是发现科技政策体系中有关科技组织发展、科技基础设施建设、科技交互作用和科技能力提升几个方面的政策安排也存在不均衡现象。大部分政策都侧重于科技基础设施建设和创新科技组织的发展，科技能力提升和科技交互作用方面的促进政策较少。即使是同一角度的政策内部，也并不均衡，如在创新科技组织政策方面，政策侧重于企业主体的扶持，而对科技中介组织的政策有待加强。

同时，发现科技发展规划缺乏明确的归口管理部门。从前文可以看出主要发文机构有国务院、国家发展改革委、工业和信息化部、民政部、财政部、人力资源和社会保障部、老龄办等部门，当然还有科学技术部。针对科技创新，很多部门都设有专门的机构，尽管这些部门的设立为跨部委协同工作创造了便利，但是协调难度也可能会加大，在一定程度上削弱政策的一致性和权威性。此外，也发现在目前的适老产业科技政策中，通常主要包括了科技发展的目标、优先发展领域的选择，但是对鼓励科技进步的具体措施，对目标实现的操作细则规定较少。虽然明确的目标有利于引领和规范适老产业的发展方向，但是实施细则的缺失，容易使得政策变为一种口号式的宣传，对科技发展的促进作用有限。政策中应该增加执行工具的部分，或者在政策中明确实施细则的制定部门、制定方法，从而便于企业查询使用。

四是适老产业创新追赶离不开人才支撑。我国适老产业专业人才稀缺，只有培养一支数量充足、结构合理、质量较好的人才队伍，才能适应和满足我国适老产业发展需求。

　　通过对涉及适老产业人才培养的文件进行分析发现，就适老产业人才培养单独成文的政策文件不多，包括：2014 年出台的《教育部等九部门关于加快推进养老服务业人才培养的意见》（教职成〔2014〕5 号）、2019 年出台的《教育部办公厅等七部门关于教育支持社会服务产业发展 提高紧缺人才培养培训质量的意见》（教职成厅〔2019〕3 号）。在《国务院办公厅关于印发社会养老服务体系建设规划（2011-2015 年）的通知》（国办发〔2011〕60 号）、《关于印发社会养老服务体系建设规划（2011-2015 年）的通知》及《国务院关于加快发展养老服务业的若干意见》（国发〔2013〕35 号）等文件中，对人才培养的问题提出了若干指导性的意见。

　　人才培养需要在科学的体系下，通过科学的内容和方法进行，主要包括谁来进行教育培养（人才培养的主体）、谁来接受教育培养（人才培养的客体）及如何培养（培养方法）三方面问题，涉及专业设置、教材、师资、教育方式及质量监督等具体问题。

　　人才培养的主体包括相关专业人才培养、教育的主体和适老产业职业技能培训主体。适老职业技能培训主体是指由人力资源和社会保障部门、教育部门或者其他政府部门批准举办，开展技能培训的养老服务机构、社会组织、社工机构、中国红十字会等培训主体。在人才培养的客体方面，即培养何种人才，相关政策文件的表述也日益全面和深入。例如，《国务院办公厅关于印发社会养老服务体系建设规划（2011-2015 年）的通知》（国办发〔2011〕60 号）提出加快培养老年医学、护理、营养和心理等方面的专业人才；《国务院关于加快发展养老服务业的若干意见》（国发〔2013〕35 号）提出加快培养老年医学、康复、护理、营养、心理和社会工作等方面的专门人才；《民政部 国家发展改革委关于印发〈民政事业发展第十三个五年规划〉的通知》（民发〔2016〕107 号）将养老服务人才分为经营管理人才、专业技术人才和技能人才。既包括以学历教育为主的高层次专业技术人才、科研人员，也包括了医养照护人员，还兼顾了管理人才、社会工作者。在培养方法方面，《国务院办公厅关于印发社会养老服务体系建设规划（2011-2015 年）的通知》（国办发〔2011〕60 号）提出要加强养老服务专业培训教材开发，强化师资队伍建设。组织遴选教育改革创新示范教材，提出建立师资培养培训基地，支持紧缺领域人才培训，鼓励相关院校与行业、企事业单位联合编写特色校本教材，引入真实项目和案例，保障人才培养质量。

参 考 文 献

边玉莹，张玉静，刘萍萍，等. 2017. 中国老年心理学研究的地区与学科不均衡[J]. 中国老年学杂志，37（10）：2525-2528.

陈洪澜. 2007. 论知识分类的十大方式[J]. 科学学研究，25（1）：26-31.

陈劲，俞湘珍. 2010. 基于设计的创新——理论初探[J]. 技术经济，29（6）：11-14，34.

陈俊杰，崔永华. 2012. 基于自主创新的我国民生科技发展战略研究[J]. 科技进步与对策，29（3）：14-18.

陈宁. 2018. 健康战略下我国中小养老企业动态能力的建构[J]. 技术经济与管理研究，（8）：61-65.

邓亚玲，王朝全. 2006. 核心能力刚性对突破性创新的制约及其超越[J]. 现代管理科学，（11）：25-26，56.

杜明月. 2020. 中国高技术产业创新系统资源配置效率与优化研究[D]. 哈尔滨工程大学博士学位论文.

杜晓君，刘赫. 2012. 基于扎根理论的中国企业海外并购关键风险的识别研究[J]. 管理评论，24（4）：18-27.

范秀成，罗海成. 2003. 基于顾客感知价值的服务企业竞争力探析[J]. 南开管理评论，6（6）：41-45.

冯璐，冷伏海. 2006. 共词分析方法理论进展[J]. 中国图书馆学报，32（2）：88-92.

高德步，王庆. 2020. 产业创新系统视角下的中国高铁技术创新研究[J]. 科技管理研究，40（12）：1-9.

高枫. 2015. 台湾地区银发产业发展的经验与启示[J]. 现代经济信息，（11）：304-306，311.

高月姣. 2020. 创新主体及其交互作用产出效应研究——基于市场化程度的变系数分析[J]. 南京邮电大学学报（社会科学版），22（3）：44-55.

耿香玲. 2016. 有效供给视角下苏州市老龄产品供需匹配问题研究[J]. 常熟理工学院学报，30（3）：45-50.

侯海燕. 2006. 基于知识图谱的科学计量学进展研究[D]. 大连理工大学博士学位论文.

侯沁江，蔺洁，陈凯华. 2015. 中国新能源汽车产业的创新系统功能[J]. 经济管理，37（9）：19-28.

胡泽文，孙建军，武夷山. 2013. 国内知识图谱应用研究综述[J]. 图书情报工作，57（3）：84，

131-137.

吉亚力，田文静，董颖. 2015. 基于关键词共现和社会网络分析法的我国智库热点主题研究[J]. 情
　　报科学，33（3）：108-111.

贾品荣. 2012. 论民生科技创新的特点[J]. 企业研究，（21）：56-58.

贾品荣，张士运. 2013. 民生科技的技术选择评价指标体系[J]. 科研管理，34（S1）：51-57.

江积海. 2006. 知识传导、动态能力与后发企业成长研究——中兴通讯的案例研究[J]. 科研管理，
　　27（1）：100-106.

库珀，田国培. 1993. 哲学艺术[J]. 现代外国哲学社会科学文摘，（7）：16-19.

李超. 2015. 美国老龄产业发展及对我国的启示[J]. 兰州学刊，（4）：150-159.

李成龙，刘智跃. 2013. 产学研耦合互动对创新绩效影响的实证研究[J]. 科研管理，34（3）：23-30.

李春艳，刘晓静，马悦. 2006. 地区性因素、创新主体作用与产业创新系统的发展动力：基于医
　　药产业和光电子产业的实证分析[C]. 第二届中国经济学博士后论坛，北京：86-94.

李辉，刘琦，李剑. 2018. 基于形态体验的老年康复辅具设计[J]. 包装工程，39（20）：152-158.

李婧，何宜丽. 2017. 基于空间相关视角的知识溢出对区域创新绩效的影响研究——以省际数据
　　为样本[J]. 研究与发展管理，29（1）：42-54.

李勇. 2002. 谈现代企业学习型组织建设中的知性激励[J]. 现代企业教育，（1）：16-17.

李志刚. 2007. 扎根理论方法在科学研究中的运用分析[J]. 东方论坛，（4）：90-94.

李宗派. 2008. 老人保健与银发产业之发展趋势[J]. 台湾老人保健学刊，4（1）：1-22.

梁丽，马祥. 2003. 对建立我国农村老年保障机制的探讨[J]. 技术经济，（2）：7-9.

梁强，罗英光，谢舜龙. 2013. 基于资源拼凑理论的创业资源价值实现研究与未来展望[J]. 外国
　　经济与管理，35（5）：14-22.

廖芮，张开宁，王华平，等. 2017. 我国健康老龄化背景下的医养结合：基本理念、服务模式与
　　实践难题[J]. 中国全科医学，20（3）：270-277.

蔺雷，吴贵生. 2004. 服务创新的四维度模型[J]. 数量经济技术经济研究，21（3）：32-37.

蔺雷，吴贵生. 2005. 新服务开发的内容和过程[J]. 研究与发展管理，17（2）：14-19.

凌和良. 2016. 产业创新系统运行的机理研究[D]. 江西财经大学博士学位论文.

刘金金，赵公民，马丹丹. 2018. 国际石墨烯制备技术研究热点和前沿态势分析[J]. 合成材料老
　　化与应用，47（6）：70-73，112.

刘军. 2009. 整体网分析讲义：UCINET 软件实用指南[M]. 上海：格致出版社.

刘则渊. 2016. 科学学视野下的民生科技——推荐贾品荣的专著《民生科技：创新模式与评价体
　　系》[J]. 科学学研究，34（12）：1916-1917.

陆杰华. 2000. 关于我国老年产业发展现状、设想与前景的理论思考[J]. 人口与经济，（4）：54，
　　59-63.

陆杰华，王伟进，薛伟玲. 2013. 中国老龄产业发展的现状、前景与政策支持体系[J]. 城市观察，
　　26（4）：5-13，21.

陆泉. 2017. 老年歧视在老龄产品设计中的多维解构[J]. 包装工程, 38（2）：101-104.

陆松, 曹平. 2020. 产业创新系统知识流动特征和层次研究——以信息技术产业为例[J]. 经济论坛, （5）：21-30.

伦纳德·巴顿 D. 2000. 知识与创新[M]. 孟庆国, 侯世昌译. 北京：新华出版社.

罗晓梅, 黄鲁成, 王亢抗, 等. 2020. 区域新兴老年科技制造业竞争力评价研究[J]. 中国软科学, （2）：49-58.

马俊达, 刘冠男, 沈晓军. 2014. 社会福利视野下我国老年福祉科技及其发展路径探析[J]. 中国科技论坛, （5）：130-136.

裴长洪, 樊瑛. 2010. 中国企业对外直接投资的国家特定优势[J]. 中国工业经济, 7（7）：45-54.

裴学胜, 程超然. 2014. 个人卫生护理机器人的人机工程设计研究[J]. 机械设计, 31（2）：107-110.

彭华茂. 2017. 21世纪中国老年心理学研究：现状与未来[J]. 心理发展与教育, 33（4）：496-503.

尚振坤. 2008. 中国养老机构的服务与管理[J]. 人口与经济, （2）：50-54.

邵云飞, 欧阳青燕, 孙雷. 2009. 社会网络分析方法及其在创新研究中的运用[J]. 管理学报, 6（9）：1188-1193, 1203.

隋国辉, 蔡山彤. 2015. 养老服务专业产学研一体化人才培养模式探索——基于老龄产业需求和个人价值实现的研究[J]. 老龄科学研究, 3（12）：11-20.

孙立新. 2012. 社会网络分析法：理论与应用[J]. 管理学家（学术版）, （9）：66-73.

孙世会, 刘敬富. 2021. "非对称"赶超战略：科技创新政策的取向、目标和工具[J]. 山东社会科学, （3）：112-117.

谭涛, 周栋梁, 陈婷, 等. 2020. 基于创新生态优化的基础设施建设模式研究[J]. 科技创新与应用, （19）：39-40.

汤丹丹, 温忠麟. 2020. 共同方法偏差检验：问题与建议[J]. 心理科学, 43（1）：215-223.

田超. 2020. 进入壁垒与中国养老制造业困局破解——以上海卡布奇诺电子科技公司为例[J]. 河北企业, （6）：131-132.

田香兰. 2015. 日本老龄产业制度安排及产业发展动向[J]. 日本问题研究, 29（6）：37-49.

汪海波, 胡芮瑞, 郭会娟, 等. 2018. 基于认知负荷的老年智能电饭煲交互原型研究[J]. 包装工程, 39（22）：213-217.

王成昌, 刘升福. 2003. 公司外部治理系统研究[J]. 科技管理研究, 23（5）：126-128.

王凤彬, 江鸿, 王璁. 2014a. 央企集团管控架构的演进：战略决定、制度引致还是路径依赖？——一项定性比较分析（QCA）尝试[J]. 管理世界, （12）：92-114, 187-188.

王凤彬, 郑晓杰, 陈公海, 等. 2014b. 管理要素联动效应与中央企业管理提升——基于管理系统网络特征的跨层比较分析[J]. 中国工业经济, 31（5）：135-147.

王建优. 2012. 企业组织能力内涵特征与一般构成[J]. 中国经贸导刊, （21）：68-71.

王莉莉, 杨晓奇. 2015. 我国老龄服务业发展现状、问题及趋势分析[J]. 老龄科学研究, 3（7）：6-17.

王曼. 2012. 日本老龄产业的发展与启示[J]. 特区经济，（7）：131-133.

王明明，党志刚，钱坤. 2009. 产业创新系统模型的构建研究——以中国石化产业创新系统模型为例[J]. 科学学研究，27（2）：295-301，201.

王秋惠. 2009. 老年人行为分析与产品无障碍设计策略[J]. 北京理工大学学报（社会科学版），11（1）：57-61.

王胜今，舒莉. 2018. 积极应对我国人口老龄化的战略思考[J]. 吉林大学社会科学学报，58（6）：5-14，203.

王续琨，冯茹. 2015. 科学学科的自我认识：科学学科学[J]. 科学与管理，35（1）：26-33.

魏江，刘洋. 2017. 中国企业的非对称创新战略[J]. 清华管理评论，（10）：20-26.

吴菲菲，栾静静，黄鲁成，等. 2016. 基于新颖性和领域交叉性的知识前沿性专利识别——以老年福祉技术为例[J]. 情报杂志，35（5）：85-90.

吴慧，顾晓敏. 2017. 产学研合作创新绩效的社会网络分析[J]. 科学学研究，35（10）：1578-1586.

吴娟. 2011. 社会网络结构特征分析及应用研究[D]. 电子科技大学硕士学位论文.

吴玉韶，党俊武. 2014. 中国老龄产业发展报告（2014）[M]. 北京：社会科学文献出版社.

伍小兰，魏彦彦，曲嘉瑶. 2015. 中国老龄用品业的现状分析与对策研究[J]. 老龄科学研究，3（11）：14-21.

肖志雄. 2011. 服务代理企业知识吸收能力研究[D]. 武汉理工大学博士学位论文.

谢蔼. 2002. 中国老龄产业的发展前景和战略思考[J]. 技术经济，（8）：8-10.

新浪财经. 2020-02-23. 清华经管陈劲：发力营建公共卫生创新公地[EB/OL]. https://finance.sina.com.cn/2011/2020-02-23/doc-iimxyqvz5077321.shtml.

徐雨森，李思卓. 2019. 基于学科交叉特征的老年福祉技术研究领域分析[J]. 老龄科学研究，7（8）：51-62.

徐雨森，徐娜娜. 2016. 逆向创新机会、能力支撑体系研究——新兴市场国家跨国公司案例研究[J]. 科学学研究，34（2）：288-297.

徐雨森，徐娜娜，逯垚迪. 2014. "综合优势"后发企业快速国际化关键影响因素研究[J]. 科学学与科学技术管理，35（6）：128-136.

徐雨森，郑稣鹏，刘雨梦. 2017. 适老技术创新研究述评与展望[J]. 技术经济，36（11）：24-32.

杨利锋. 2013. 产业创新系统与我国风电产业发展：理论、方法与政策[D]. 中国科学技术大学博士学位论文.

杨忠，张骁，陈扬，等. 2007. "天生全球化"企业持续成长驱动力研究——企业生命周期不同阶段差异性跨案例分析[J]. 管理世界，（6）：122-136.

曾尔亢. 2014. 老年医学多学科交叉研究的形成与发展[J]. 中国社会医学杂志，31（6）：375，389.

张丹萍，李军. 2016. 中国区域老龄产业市场潜力测算与分析[J]. 老龄科学研究，4（4）：3-14.

张利华，陈钢，李颖明. 2007. 基于系统失灵理论的区域科技创新服务平台研究[J]. 中国科技论坛，（11）：85-89.

张米尔，田丹. 2005. 基于利基策略的企业核心技术能力形成研究[J]. 科学学研究，23（3）：388-393.

张岩. 2020. 老年特质和感知风险对老年人采纳智能家居的影响研究[D]. 大连理工大学硕士学位论文.

赵丹群. 2012. 基于 CiteSpace 的科学知识图谱绘制若干问题探讨[J]. 情报理论与实践，35（10）：56-58.

赵红丹. 2014. 临时团队内粘滞知识转移的动力因素——基于扎根理论的探索性研究[J]. 科学学研究，32（11）：1705-1712.

赵慧. 2018. 供给侧背景下我国养老制造业融资问题解析[J]. 太原城市职业技术学院学报，（1）：31-33.

赵黎明，冷晓明. 2002. 城市创新系统[M]. 天津：天津大学出版社.

赵文，王娜. 2017. 二元网络背景下中国海归企业绩效提升路径研究——基于模糊集的定性比较分析[J]. 科学学与科学技术管理，38（5）：128-139.

郑俊亮. 2015. 老龄化背景下顺德老龄制造业发展研究[J]. 东方企业文化，（20）：197-198.

郑稣鹏，徐雨森. 2020. 适老产品创新管理的关键成功因素研究——情境、认知与创意螺旋提升模型[J]. 科学学与科学技术管理，41（8）：96-110.

周喜君，郭淑芬. 2016. 产业创新系统理论的演进脉络与学术前沿[J]. 产经评论，7（2）：48-57.

朱吉庆，薛求知. 2010. "天生全球化"企业创业机理与成长模式研究——基于中国企业的跨案例研究[J]. 研究与发展管理，22（5）：82-88，103.

卓杰，王续琨. 2017. 教学论在中国：称谓演变和学科体系演进[J]. 高等教育研究，38（5）：43-48.

邹海林. 2000. 企业知识管理及其实施策略研究[J]. 中外科技信息，（3）：93-99.

左美云，刘勋勋，刘方. 2009. 老年人信息需求模型的构建与应用[J]. 管理评论，21（10）：70-77.

Adapa A, Nah F H, Hall R H, et al. 2018. Factors influencing the adoption of smart wearable devices[J]. International Journal of Human-Computer Interaction, 34（4-6）：399-409.

Anderson J C, Gerbing D W. 1988. Structural equation modeling in practice: a review and recommended two-step approach[J]. Psychological Bulletin, 103（3）：411-423.

Arthur W B. 1989. Competing technologies, increasing returns, and lock-in by historical events[J]. The Economics Journal, 99（394）：116-131.

Bagozzi R P, Yi Y. 1988. On the evaluation of structural equation models[J]. Journal of the Academy of Marketing Science, 16（1）：74-94.

Baker T, Miner A S, Eesley D T. 2003. Improvising firms: bricolage, account giving and improvisational competencies in the founding process[J]. Research Policy, 32（2）：255-276.

Baker T, Nelson R E. 2005. Creating something from nothing: resource construction through entrepreneurial bricolage[J]. Administrative Science Quarterly, 50（3）：329-366.

Bateni H. 2012. Changes in balance in older adults based on use of physical therapy vs the Wii Fit gaming system: a preliminary study[J]. Physiotherapy, 98（3）: 211-216.

Baum J A C, Oliver C. 1996. Toward an institutional ecology of organizational founding[J]. Academy of Management Journal, 39（5）: 1378-1427.

Bhattacherjee A, Hikmet N. 2007. Physicians' resistance toward healthcare information technology: a theoretical model and empirical test[J]. European Journal of Information Systems, 16（6）: 725-737.

Bouma H, Fozard J L, Bouwhuis D G, et al. 2007. Gerontechnology in perspective[J]. Gerontechnology, 6（4）: 190-216.

Braun M T. 2013. Obstacles to social networking website use among older adults[J]. Computers in Human Behavior, 29（3）: 673-680.

Chatterjee S. 1998. Delivered desired outcomes efficiently: the creative key to competitive strategy[J]. California Management Review, 40（2）: 78-95.

Chen K, Chan A H S. 2011a. A review of technology acceptance by older adults[J]. Gerontechnology, 10（1）: 1-12.

Chen K, Chan A H S. 2011b. The ageing population of China and a review of gerontechnology[J]. Gerontechnology, 10（2）: 63-71.

Chen K, Chan A H S. 2013. Predictors of gerontechnology acceptance by older Hong Kong Chinese[J]. Technovation, 34（2）: 126-135.

Chen K, Chan A H S. 2014. Gerontechnology acceptance by elderly Hong Kong Chinese: a senior technology acceptance model（STAM）[J]. Ergonomics, 57（5）: 635-652.

Compagna D, Kohlbacher F. 2015. The limits of participatory technology development: the case of service robots in care facilities for older people[J]. Technological Forecasting and Social Change, 93: 19-31.

Craik F I, Winocur G, Palmer H, et al. 2007. Cognitive rehabilitation in the elderly: effects on memory[J]. Journal of the International Neuropsychological Society, 13（1）: 132-142.

Cunningham S M. 1967. The major dimensions of perceived risk[C]//Coxd F. Risk Taking and Information Handling in Consumer Behaviour. Boston: Harvard University Press: 82-108.

Davis F D. 1989. Perceived usefulness, perceived ease of use, and user acceptance of information technology[J]. MIS Quarterly, 13（3）: 319-340.

Davis F D, Bagozzi R P, Warshaw P R. 1989. User acceptance of computer technology: a comparison of two theoretical models[J]. Management Science, 35（8）: 982-1003.

Echols A, Tsai W. 2005. Niche and performance: the moderating role of network embeddedness[J]. Strategic Management Journal, 26（3）: 219-238.

Fairhall N, Sherrington C, Lord S R, et al. 2014. Effect of a multifactorial, interdisciplinary intervention on risk factors for falls and fall rate in frail older people: a randomised controlled trial[J]. Age and Ageing, 43（5）: 616-622.

Fleming L C, Marx M. 2006. Managing creativity in small worlds[J]. California Management Review, 48（4）: 6-27.

Freeman L C. 1978. Centrality in social networks conceptual clarification[J]. Social Networks, 1（3）: 215-239.

Graafmans J A M, Bouma H. 1993. Gerontechnology, fitting task and environment to the elderly[J]. Proceedings of the Human Factors and Ergonomics Society Annual Meeting, 37（2）: 182-186.

Guan J C, Shi Y. 2012. Transnational citation, technological diversity and small world in global nanotechnology patenting[J]. Scientometrics, 93（3）: 609-633.

Guo X, Sun Y, Wang N, et al. 2013. The dark side of elderly acceptance of preventive mobile health services in China[J]. Electronic Markets, 23（1）: 49-61.

Hair J F, Ringle C M, Sarstedt M. 2011. PLS-SEM: indeed a silver bullet[J]. Journal of Marketing Theory and Practice, 19（2）: 139-152.

Haux R, Hein A, Eichelberg M, et al. 2010. The Lower Saxony research network: design of environments for ageing: towards interdisciplinary research on information and communication technologies in ageing societies[J]. Informatics for Health & Social Care, 35（3/4）: 92-103.

Henseler J, Ringle C M, Sarstedt M. 2015. A new criterion for assessing discriminant validity in variance-based structural equation modeling[J]. Journal of the Academy of Marketing Science, 43（1）: 115-135.

Hew T S, Leong L Y, Ooi K B, et al. 2016. Predicting drivers of mobile entertainment adoption: a two-stage SEM-artificial-neural-network analysis[J]. Journal of Computer Information Systems, 56（4）: 352-370.

Holak S L, Lehmann D R. 1990. Purchase intentions and the dimensions of innovation: an exploratory model[J]. Journal of Product Innovation Management, 7（1）: 59-73.

Hoque R, Sorwar G. 2017. Understanding factors influencing the adoption of mHealth by the elderly: an extension of the UTAUT model[J]. International Journal of Medical Informatics, 101: 75-84.

Hubert M, Blut M, Brock C, et al. 2017. Acceptance of smartphone-based mobile shopping: mobile benefits, customer characteristics, perceived risks, and the impact of application context[J]. Psychology & Marketing, 34（2）: 175-194.

Hung S W, Wang A P. 2010. Examining the small world phenomenon in the patent citation network: a case study of the radio frequency identification（RFID）network[J]. Scientometrics, 82（1）: 121-134.

Immelt J, Govindarajan V, Trimble C. 2009. How GE is disrupting itself[J]. Harvard Business Review, 87: 56-65.

Jacoby J, Kaplan L B. 1972. The components of perceived risk[C]. Advances in Consumer Research.

Johnson B, Gregersen B. 1995. System of innovation and economic integration[J]. Journal of Industry Studies, 2（2）: 1-18.

Karttinen A, Jarvensivu T, Tuominen M. 2008. Managing gerontechnological innovation in networks[J]. International Journal of Technology Marketing, 3（4）: 392-402.

Kim W C, Mauborgne R. 1999. Strategy, value innovation, and the knowledge economy[J]. Sloan Management Review, 40（3）: 41-54.

Kleijnen M, de Ruyter K, Wetzels M. 2007. An assessment of value creation in mobile service delivery and the moderating role of time consciousness[J]. Journal of Retailing, 83（1）: 33-46.

Lall S. 1983. The New Multinationals: The Spread of Third World Enterprises[M]. Chichester: John Wiley and Sons.

Lauriks S, Reinersmann A, van der Roest H G, et al. 2007. Review of ICT-based services for identified unmet needs in people with dementia[J]. Ageing Research Reviews, 6（3）: 223-246.

Lee C, Coughlin J F. 2015. Perspective: older adults' adoption of technology: an integrated approach to identifying determinants and barriers[J]. Journal of Product Innovation Management, 32（5）: 747-759.

Leydesdorff L. 2006. The Knowledge-Based Economy: Modeled, Measured, Simulated[M]. Boca Raton: Universal Publishers.

Li J, Ma Q, Chan A H, et al. 2019. Health monitoring through wearable technologies for older adults: smart wearables acceptance model[J]. Applied Ergonomics, 75: 162-169.

Lindell M K, Whitney D J. 2001. Accounting for common method variance in cross-sectional research designs[J]. Journal of Applied Psychology, 86（1）: 114-121.

Loe M. 2014. Comfort and medical ambivalence in old age[J]. Technological Forecasting & Social Change, 93: 141-146.

Lundvall B K, Johnson B, Andersen E S, et al. 2002. National systems of production, innovation and competence building[J]. Research Policy, 31（2）: 213-231.

Ma Q, Chan A H, Chen K. 2016. Personal and other factors affecting acceptance of smartphone technology by older Chinese adults[J]. Applied Ergonomics, 54: 62-71.

Malerba F. 2002. Sectoral systems of innovation and production[J]. Research Policy, 31（2）: 247-264.

Malerba F. 2005. Sectoral systems of innovation: a framework for linking innovation to the knowledge base, structure and dynamics of sectors[J]. Economics of Innovation and New Technology, 14（1/2）: 63-82.

Malerba F, Breschi S. 1995. Technological regimes and sectoral innovation systems: Schumpeterian dynamics and spatial boundaries[C]. Conference on the System of Innovation Research Network.

Malerba F, Mani S. 2009. Sectoral Systems of Innovation and Production in Developing Countries:

Actors，Structure and Evolution[M]. Cheltenham：Edward Elgar Publishing.

Miles M B, Huberman A M. 1994. Qualitative Data Analysis：An Expanded Source Book[M]. 2nd ed. London：SAGE Publications.

Misangyi V F，Acharya A G. 2014. Substitutes or complements? A cofigurational examination of corporate govermence mechanisms[J]. Academy of Management Journal，57（6）：1681-1705.

Mital M，Chang V，Choudhary P，et al. 2018. Adoption of internet of things in India：a test of competing models using a structured equation modeling approach[J]. Technological Forecasting & Social Change，136：339-346.

Morley J E，Vellas B，van Kan G A，et al. 2013. Frailty consensus：a call to action[J]. Journal of the American Medical Directors Association，14（6）：392-397.

Mostaghel R. 2016. Innovation and technology for the elderly：systematic literature review[J]. Journal of Business Research，69（11）：4896-4900.

Neven L. 2015. By any means? Questioning the link between gerontechnological innovation and older people's wish to live at home[J]. Technological Forecasting & Social Change，93：32-43.

Olson K E，O'Brien M A，Rogers W A，et al. 2011. Diffusion of technology：frequency of use for younger and older adults[J]. Ageing International，36（1）：123-145.

Park E, Kim S, Kim Y S, et al. 2018. Smart home services as the next mainstream of the ICT industry：determinants of the adoption of smart home services[J]. Universal Access in the Information Society，17（1）：175-190.

Peine A，Rollwagen I，Neven L. 2014. The rise of the "innosumer"—rethinking older technology users[J]. Technological Forecasting & Social Change，82：199-214.

Pirkl J J. 2008. Transgenerational design：a heart transplant for housing[C]//Kohlbacher F，Herstatt C. The Silver Market Phenomenon：Business Opportunities in an Era of Demographic Change. Heidelberg：Springer：141-155.

Podsakoff P M，Mackenzie S B，Lee J Y，et al. 2003. Common method biases in behavioral research：a critical review of the literature and recommended remedies[J]. Journal of Applied Psychology，88（5）：879-903.

Podsakoff P M，Mackenzie S B，Podsakoff N P. 2012. Sources of method bias in social science research and recommendations on how to control it[J]. Annual Review of Psychology，63（1）：539-569.

Ragin C C. 2008. Redesigning Social Inquiry：Fuzzy Sets and Beyond[M]. Chicago：University of Chicago Press.

Ring P S，van de Ven A H. 1994. Developmental processes of cooperative interorganizational relationships[J]. The Academy of Management Review，19（1）：90-118.

Saunders E J. 2004. Maximizing computer use among the elderly in rural senior centers[J].

Educational Gerontology, 30（7）：573-585.

Saviotti P P. 2007. On the dynamics of generation and utilisation of knowledge：the local character of knowledge[J]. Structural Change and Economic Dynamic, 18（4）：387-408.

Schuster T, Govindarajan V, Trimble C. 2012. Reverse innovation：create far from home, win everywhere[J]. Harvard Business Review Press, 54：277-282.

Shin J, Park Y, Lee D. 2018. Who will be smart home users? An analysis of adoption and diffusion of smart homes[J]. Technological Forecasting & Social Change, 134：246-253.

Silvers C. 1997. Smashing old stereotypes of 50-plus America[J]. Journal of Consumer Marketing, 14（4）：303-309.

Stuart T E. 1998. Network positions and propensities to collaborate：an investigation of strategic alliance formation in a high-technology industry[J]. Administrative Science Quarterly, 43（3）：668-698.

Šumak B, Heričko M, Pušnik M A. 2011. A meta-analysis of e-learning technology acceptance：the role of user types and e-learning technology types[J]. Computers in Human Behavior, 27（6）：2067-2077.

Verdegem P, de Marez L. 2011. Rethinking determinants of ICT acceptance：towards an integrated and comprehensive overview[J]. Technovation, 31（8）：411-423.

Wagner N, Hassanein K, Head M. 2010. Computer use by older adults：a multi-disciplinary review[J]. Computers in Human Behavior, 26（5）：870-882.

Watts D J, Strogatz S H. 1998. Collective dynamics of 'small world' networks[J]. Nature, 393（6684）：440-442.

Wells L T. 1977. The Internationalization of Firms From Developing Countries[M]. Cambridge：MIT Press.

Wells L T. 1983. Third World Multinationals[M]. Cambridge：MIT Press.

Xue L, Yen C C, Chang L, et al. 2012. An exploratory study of ageing women's perception on access to health informatics via a mobile phone-based intervention[J]. International Journal of Medical Informatics, 81（9）：637-648.

Yang H, Lee H, Zo H. 2017. User acceptance of smart home services：an extension of the theory of planned behavior[J]. Industrial Management & Data Systems, 117（1）：68-89.

附录 适老产业政策代表性文件及摘编示例

限于篇幅，仅列出对适老产业科技政策代表性文件的摘编解读，财税政策代表性文件和组织政策代表性文件的摘编和解读略。

1. 适老产业科技政策代表性文件摘编

目前，国内没有专门的适老产业科技政策文件，科技政策零散分布于各类政策中。适老产业科技政策就支持、反对、发展和限制哪些科技活动做出规定，起着协调控制的作用。在文件选择方面，遵循公开、权威原则，选择了国家层面发布的文本，文本来源于国务院政策文件库及相关部委的官方网站，并且通过关联搜索、回溯搜索扩大搜索范围。经过梳理、分析和筛选，最终选择了以下主要文本进行研究（表1）。

表 1 适老产业科技政策代表性文件

发布时间	政策名称	发文机构
2011 年 12 月	《国务院办公厅关于印发社会养老服务体系建设规划（2011-2015 年）的通知》（国办发〔2011〕60 号）	国务院办公厅
2013 年 9 月	《国务院关于加快发展养老服务业的若干意见》（国发〔2013〕35 号）	国务院
2014 年 1 月	《关于加快实施信息惠民工程有关工作的通知》（发改高技〔2014〕46 号）	国家发展改革委、工业和信息化部等 12 个部门
2014 年 6 月	《民政部办公厅关于开展国家智能养老物联网应用示范工程的通知》（民办函〔2014〕222 号）	民政部办公厅
2015 年 4 月	《关于进一步做好养老服务业发展有关工作的通知》（发改办社会〔2015〕992 号）	国家发展改革委办公厅、民政部办公厅、老龄委办公室综合部
2015 年 7 月	《国务院关于积极推进"互联网+"行动的指导意见》（国发〔2015〕40 号）	国务院

续表

发布时间	政策名称	发文机构
2016 年 9 月	《国务院办公厅关于印发消费品标准和质量提升规划（2016—2020 年）的通知》（国办发〔2016〕68 号）	国务院办公厅
2016 年 10 月	《关于推进老年宜居环境建设的指导意见》（全国老龄办发〔2016〕73 号）	全国老龄办、国家发展改革委、科技部等22 部门
2016 年 10 月	《国务院关于加快发展康复辅助器具产业的若干意见》（国发〔2016〕60 号）	国务院
2016 年 12 月	《国务院办公厅关于全面放开养老服务市场提升养老服务质量的若干意见》（国办发〔2016〕91 号）	国务院办公厅
2017 年 2 月	《工业和信息化部 民政部 国家卫生计生委关于印发〈智慧健康养老产业发展行动计划（2017-2020年）〉的通知》（工信部联电子〔2017〕25 号）	工业和信息化部、民政部、国家卫生计生委
2017 年 2 月	《国务院关于印发“十三五”国家老龄事业发展和养老体系建设规划的通知》（国发〔2017〕13 号）	国务院
2017 年 7 月	《国务院关于印发新一代人工智能发展规划的通知》（国发〔2017〕35 号）	国务院
2017 年 7 月	《工业和信息化部办公厅 民政部办公厅 国家卫生计生委办公厅关于开展智慧健康养老应用试点示范的通知》（工信厅联电子〔2017〕75 号）	工业和信息化部办公厅、民政部办公厅、国家卫生和计划生育委员会办公厅
2018 年 9 月	《工业和信息化部办公厅 民政部办公厅 国家卫生健康委员会办公厅关于开展第二批智慧健康养老应用试点示范的通知》（工信厅联电子〔2018〕63 号）	工业和信息化部办公厅、民政部办公厅、国家卫生健康委员会办公厅
2018 年 12 月	《中华人民共和国老年人权益保障法》（主席令第 24 号）	全国人民代表大会常务委员会
2019 年 3 月	《国务院办公厅关于推进养老服务发展的意见》（国办发〔2019〕5 号）	国务院办公厅
2019 年 9 月	《民政部关于进一步扩大养老服务供给 促进养老服务消费的实施意见》（民发〔2019〕88 号）	民政部
2019 年 12 月	《工业和信息化部 民政部 国家卫生健康委员会 国家市场监督管理总局 全国老龄工作委员会办公室印发〈关于促进老年用品产业发展的指导意见〉的通知》（工信部联消费〔2019〕292 号）	工业和信息化部、民政部、国家卫生健康委员会、国家市场监督管理总局、全国老龄工作委员会办公室

1）《国务院办公厅关于印发社会养老服务体系建设规划（2011-2015 年）的通知》（国办发〔2011〕60 号）

该规划第五部分“保障措施”中第六条涉及科技基础设施方面，提出“运用现代科技成果，提高服务管理水平"。文件要求"构建社区养老服务信息网络和服务平台，发挥社区综合性信息网络平台的作用，为社区居家老年人提供便捷高效的服务。在养老机构中，推广建立老年人基本信息电子档案，通过网上办公实现对养老机构的日常管理，建成以网络为支撑的机构信息平台，实现居家、社区与机构养老服务的有效衔接，提高服务效率和管理水平。加强老年康复辅具产品研发"。

2）《国务院关于加快发展养老服务业的若干意见》（国发〔2013〕35号）

该文件第二部分"主要任务"中第五条"繁荣养老服务消费市场"中涉及科技主体、科技基础设施等方面，主要包括两个角度：一是开发老年产品用品，要求"相关部门要围绕适合老年人的衣、食、住、行、医、文化娱乐等需要，支持企业积极开发安全有效的康复辅具、食品药品、服装服饰等老年用品用具和服务产品，引导商场、超市、批发市场设立老年用品专区专柜；开发老年住宅、老年公寓等老年生活设施，提高老年人生活质量"。二是培育养老产业集群，文件提出"各地和相关行业部门要加强规划引导，在制定相关产业发展规划中，要鼓励发展养老服务中小企业，扶持发展龙头企业，实施品牌战略，提高创新能力，形成一批产业链长、覆盖领域广、经济社会效益显著的产业集群。健全市场规范和行业标准，确保养老服务和产品质量，营造安全、便利、诚信的消费环境"。

3）《关于加快实施信息惠民工程有关工作的通知》（发改高技〔2014〕46号）

该文件第三部分"实施信息惠民工程的重点任务"里第五条"养老服务信息惠民行动计划"涉及科技基础设施建设。文件要求"由民政部牵头会同国家卫生计生委、人力资源社会保障部、工业和信息化部等部门组织实施。以满足养老服务需求、释放养老消费潜力、促进养老服务业发展为目标，建立养老服务机构、医疗护理机构等网络互联、信息共享的服务机制，重点推进养老服务机构信息化建设，推广远程健康监测，拓展养老机构专业化服务的惠及面，推进养老、保健、医疗服务一体化发展。先期在 200 个养老服务机构开展试点，大幅提升养老信息服务水平"。

4）《民政部办公厅关于开展国家智能养老物联网应用示范工程的通知》（民办函〔2014〕222号）

该文件第三部分"试点任务"中涉及养老科技基础设施建设，主要从三个角度开展相关任务：①建设养老机构智能养老物联网感知体系。为养老机构配置环境监控设备、老人健康护理设备、老人日常生活服务设备等，完成养老机构物联网感知体系建设。建设老人体征参数实时监测系统、老人健康障碍评估系统、专家远程建议和会诊系统、视频亲情沟通系统、物联网监控与管理系统等，提供入住老人实时定位、跌倒自动监测、卧床监测、痴呆老人防走失、行为智能分析、自助体检、运动计量评估、亲情视频沟通等智能服务。②探索依托养老机构对周边社区老人开展服务新模式。依托养老机构建设养老机构物联网信息管理系统，对周边社区老人提供信息采集、医疗救助、健康体检等服务，探索对周边社区老人开展养老服务、医疗服务新模式。③加快建立智能养老服务物联网技术标准体系。民政部组织 7 家养老机构，研究制定数据采集传输技术标准、业务数据交换标准等，推动建立智能养老物联网技术应用标准体系，指导和规范智能养老物联网技术应用和建设。

5）《关于进一步做好养老服务业发展有关工作的通知》（发改办社会〔2015〕992 号）

该文件第六条"积极推动养老服务业创新发展"涉及科技创新主体和科技创新基础设施等方面。文件要求"各地要结合养老服务业综合改革试点和'健康与养老服务'重大工程，培育一批产业链长、覆盖领域广、经济社会效益显著的养老示范企业。要在养老领域推进'互联网+'行动，将信息技术、人工智能和互联网思维与居家养老服务机制建设相融合，对传统业态养老服务进行改造升级，通过搭建信息开放平台、开发适宜老年人的可穿戴设备等，不断发现和满足老年人需求，强化供需衔接，扩大服务范围，提供个性、高效的智能养老服务"。

6）《国务院关于积极推进"互联网+"行动的指导意见》（国发〔2015〕40 号）

该文件第二部分"重点行动"中第六条"'互联网+'益民服务"中提出促进智慧健康养老产业发展，涉及科技创新基础设施建设，具体要求"支持智能健康产品创新和应用，推广全面量化健康生活新方式。鼓励健康服务机构利用云计算、大数据等技术搭建公共信息平台，提供长期跟踪、预测预警的个性化健康管理服务。发展第三方在线健康市场调查、咨询评价、预防管理等应用服务，提升规范化和专业化运营水平。依托现有互联网资源和社会力量，以社区为基础，搭建养老信息服务网络平台，提供护理看护、健康管理、康复照料等居家养老服务。鼓励养老服务机构应用基于移动互联网的便携式体检、紧急呼叫监控等设备，提高养老服务水平"。

7）《国务院办公厅关于印发消费品标准和质量提升规划（2016—2020 年）的通知》（国办发〔2016〕68 号）

该文件第三部分"重点领域"中第五条"妇幼老年及残疾人用品"中涉及适老产业科技创新基础设施政策，要求"推动老年人用品标准和质量提升，扩大老年人文化娱乐、健身休闲用品市场。加快康复辅助器具产业发展，完善标准体系，重点推进老年人和伤病人护理照料、残疾人生活教育和就业辅助、残疾儿童抢救性康复等产品的标准化发展，加强质量管理"。

8）《关于推进老年宜居环境建设的指导意见》（全国老龄办发〔2016〕

73 号）

该文件第三部分"重点任务"里第四条"适老生活服务环境"中涉及科技基础设施政策，提出加强老年用品供给。文件要求"着力开发老年用品市场，重点设计和研发老年人迫切需求的食品、医药用品、日用品、康复护理、服饰、辅助生活器具、老年科技文化产品。推进适宜老年人特点的通用产品及实用技术的研发和推广。严格老年用品规范标准，加强监督管理"。

9）《国务院关于加快发展康复辅助器具产业的若干意见》（国发〔2016〕60 号）

该文件中对发展康复辅助器具产业提出了若干意见，康复辅助产品的发展对应对人口老龄化具有重大意义，是重要的适老产业。文件中涉及科技创新主体、科技创新基础设施、科技创新交互及能力提升政策，涉及的科技政策领域的内容主要出现在第二部分"主要任务"中第四条"增强自主创新能力"和第五条"促进产业优化升级"。

在增强自主创新能力方面，文件提出"深入实施创新驱动发展战略，推进大众创业、万众创新，形成以人才为根本、市场为导向、资本为支撑、科技为核心的全面创新，提高康复辅助器具产业关键环节和重要领域创新能力。激励创新人才。实施以增加知识价值为导向的分配政策和更加积极的创新人才培养、引进政策，提高创新成果转化收益分享比例，打造生物医学工程、临床医学、材料科学、信息系统学、制造科学等多学科人才聚合创新机制，造就一批创新创业领军人才和高水平创新团队。搭建创新平台。统筹企业、科研院所、高等院校等创新资源，搭建康复辅助器具科技创新平台和基础共性技术研发平台，建立协同创新机制，加强相关基础理论、基础工艺、基础材料、基础元器件、基础技术研发和系统集成能力。支持各类研发机构通过公开竞争方式承接政府科研项目。促进成果转化。以'互联网+技术市场'为核心，充分利用现有技术交易网络平台，促进康复辅助器具科技成果线上线下交易。依托康复辅助器具研发、生产、应用的优势单位，开展康复辅助器具产业创业孵化和双创示范工作。支持行业组织开展产业创新评选活动，推介康复辅助器具创新产品目录、科技成果及转化项目信息。加强国际交流合作，加快引进吸收国外先进科技成果"。

在促进产业优化升级方面，提出"优化产业空间布局，显著提升产业发展整体素质和产品附加值，推动康复辅助器具产业向中高端迈进"，具体从以下几个方面进行了规定。

在优化产业空间布局方面，要求"依托长三角、珠三角、京津冀等区域产业集聚优势和资金、技术、人才等优势，打造一批示范性康复辅助器具产业园区和生产基地，建设国际先进研发中心和总部基地，发展区域特色强、附加值高、资源消耗低的康复辅助器具产业。支持中西部地区根据资源环境承载能力，因地制宜发展劳动密集型康复辅助器具产业"。

在促进制造体系升级方面，要求"实施康复辅助器具产业智能制造工程，开展智能工厂和数字化车间建设示范，促进工业互联网、云计算、大数据在研发设计、生产制造、经营管理、销售服务等全流程、全产业链的综合集成应用，加快增材制造、工业机器人、智能物流等技术装备应用，推动形成基于消费需求动态感知的研发、制造和产业组织方式。推广节能环保技术、工艺、装备应用，积极构建绿色制造体系"。

在大力发展生产性服务方面，要求"大力推进康复辅助器具全产业链整合优化，重点发展研发设计、融资租赁、信息技术服务、检验检测认证、电子商务、服务外包和品牌建设等生产性服务，促进产业要素高效流动和合理配置。推进面向产业集群和中小型企业的专业化公共服务平台建设，整合优化生产服务系统。重点围绕市场营销和品牌服务，发展现代销售体系，增强产业链上下游企业协同能力"。

在提高国际合作水平方面，提出"支持企业着眼全球优化资源配置，开展境外并购和股权投资、创业投资，加强技术、产能、贸易等国际合作，建立海外研发中心、生产基地、销售网络和服务体系，巩固优势产品出口，持续拓展中高端产品国际国内市场份额。鼓励境外企业和科研机构在我国设立全球研发生产机构，加快产业合作由加工制造环节向研发设计、市场营销、品牌培育等高附加值环节延伸"。

10）《国务院办公厅关于全面放开养老服务市场提升养老服务质量的若干意见》（国办发〔2016〕91号）

该文件第四部分"全力建设优质养老服务供给体系"中第十一条"促进老年产品用品升级"中涉及科技主体政策，即"支持企业利用新技术、新工艺、新材料和新装备开发为老年人服务的产品用品，研发老年人乐于接受和方便使用的智能科技产品，丰富产品品种，提高产品安全性、可靠性和实用性；上述企业经认定为高新技术企业的，按规定享受企业所得税优惠。及时更新康复辅助器具配置目录，重点支持自主研发和生产康复辅助器具"。

11）《工业和信息化部　民政部　国家卫生计生委关于印发〈智慧健康养老产业发展行动计划（2017-2020年）〉的通知》（工信部联电子〔2017〕25号）

该文件在第二部分"重点任务"里第三条"推动关键技术产品研发"、第六条"建立智慧健康养老标准体系"和第七条"加强智慧健康养老服务网络建设和网络安全保障"中主要涉及科技创新主体、科技创新基础设施及科技创新交互等多方面的科技政策。

在推动关键技术产品研发方面，提出"突破核心关键技术。发展适用于智能健康养老终端的低功耗、微型化智能传感技术，室内外高精度定位技术，大容量、微型化供能技术，低功耗、高性能微处理器和轻量操作系统。加强健康养老终端设备的适老化设计与开发。突破适用于健康管理终端的健康生理检测、监测技术。支持大容量、多接口、多交互的健康管理平台集成设计。推进健康状态实时分析、健康大数据趋势分析等智能分析技术的发展。丰富智能健康养老服务产品供给。针对家庭、社区、机构等不同应用环境，发展健康管理类可穿戴设备、便携式健康监测设备、自助式健康检测设备、智能养老监护设备、家庭服务机器人等，满足多样化、个性化健康养老需求。发展健康养老数据管理与服务系统。运用互联网、物联网、大数据等信息技术手段，推进智慧健康养老应用系统集成，对接各级医疗机构及养老服务资源，建立老年健康动态监测机制，整合信息资源，为老年人提供智慧健康养老服务。发展健康养老数据管理和智能分析系统，实现健康养老大数据的智能判读、分析和处理，提供便捷、精准、高效的健康养老服务"。

在加强公共服务平台建设方面提出建设三种平台：①建设技术服务平台，即"建设智慧健康养老创新中心，解决行业共性技术供给不足问题，不断创新产业生态体系。集聚产学研医等各方面资源，推动关键技术、核心器件、重点产品研发，完善产品检测认证、知识产权保护等服务，提升智慧健康养老产业的协同创新能力和产业化能力"。②建设信息共享服务平台，即"充分利用现有健康信息、养老信息等信息平台，基于区域人口健康信息平台，建设统一规范、互联互通的健康养老信息共享系统，积极推动各类健康养老机构和服务商之间的信息共享、深度开发和合理利用，开展健康养老大数据的深度挖掘与应用"。③建设创新孵化平台，即"支持智慧健康养老领域众创、众包、众扶、众筹等创业支撑平台建设，鼓励创客空间、创业咖啡、创新工场等新型众创空间发展，推动建立一批智慧健康养老产业生态孵化器、加速器，为初创企业提供资金、技术、市场应用及推广等方面的扶持"。

在建立智慧健康养老标准体系方面，要求"制定智慧健康养老设备产品标准，建立统一的设备接口、数据格式、传输协议、检测计量等标准，实现不同设备间的数据信息开放共享。优先制定适用于个人、家庭和社区的血压、血糖、血氧、心律和心电五大类常用生理健康指标智能检测设备产品及数据服务标准。完善智慧健康养老服务流程规范和评价指标体系，推动智慧健康养老服务的规范化和标准化。制定智慧健康养老信息安全标准以及隐私数据管理和使用规范"。

在加强智慧健康养老服务网络建设和网络安全保障方面，强调"加强宽带网络基础设施建设，到2020年实现城市家庭宽带接入能力达到100Mbps，打造覆盖家庭、社区和机构的智慧健康养老服务网络。落实智慧健康养老服务平台网络安全防护要求，提高防攻击、防病毒、防窃密能力。加强智慧健康养老个人信息保护，严格规范用户个人信息的收集、存储、使用和销毁等行为。落实数据安全和用户个人信息保护安全标准要求，加强智慧健康养老服务平台的数据管理和安全管控"。

12）《国务院关于印发"十三五"国家老龄事业发展和养老体系建设规划的通知》（国发〔2017〕13号）

该文件提出了老龄事业发展和养老体系的规划，其中第六章"繁荣老年消费市场"里第二节"繁荣老年用品市场"中涉及科技创新主体方面的政策，即"加强对老年用品产业共性技术的研发和创新。支持推动老年用品产业领域大众创业、万众创新。支持符合条件的老年用品企业牵头承担各类科技计划（专项、基金等）科研项目。支持技术密集型企业、科研院所、高校及老龄科研机构加强适老科技研发和成果转化应用。落实相关税收优惠政策，支持老年用品产业领域科技创新与应用项目"。

13）《国务院关于印发新一代人工智能发展规划的通知》（国发〔2017〕35号）

该文件第三部分"重点任务"中第三条"建设安全便捷的智能社会"涉及科技创新基础设施政策，文件提出"加强群体智能健康管理，突破健康大数据分析、物联网等关键技术，研发健康管理可穿戴设备和家庭智能健康检测监测设备，推动健康管理实现从点状监测向连续监测、从短流程管理向长流程管理转变。建设智能养老社区和机构，构建安全便捷的智能化养老基础设施体系。加强老年人产品智能化和智能产品适老化，开发视听辅助设备、物理辅助设备等智能家居养老设备，拓展老年人活动空间。开发面向老年人的移动社交和服务平台、情感陪护助手，提升老年人生活质量"。

14）《工业和信息化部办公厅　民政部办公厅　国家卫生计生委办公厅关于开展智慧健康养老应用试点示范的通知》（工信厅联电子〔2017〕75号）

该文件涉及科技创新主体政策，在第二部分"申报条件"中第一条"示范企业"中明确了科技创新组织，即"示范企业申报主体为智慧健康养老领域的产品制造企业、软件企业、服务企业、系统集成企业等"。在第四部分"管理和激励措施"也明确了对科技创新组织的管理政策，即"鼓励各级政府部门和社会各界加大对应用试点示范工作的支持力度，从政策、资金、资源配套等多方面扶持示范企业做大做强，支持示范街道（乡镇）建设，加快示范基地产业集聚和应用试点。加大对示范企业、示范街道（乡镇）和示范基地的宣传推介力度，利用相关部门官网、电视报纸网络等新闻媒体，以及召开发布会、行业论坛等形式，扩大试点示范工作及其标准的影响力"。

15）《工业和信息化部办公厅　民政部办公厅　国家卫生健康委员会办公厅关于开展第二批智慧健康养老应用试点示范的通知》（工信厅联电子〔2018〕63号）

该文件同《工业和信息化部办公厅　民政部办公厅　国家卫生计生委办公厅关

于开展智慧健康养老应用试点示范的通知》（工信厅联电子〔2017〕75 号）一样涉及科技创新主体政策，在第二部分"申报条件"中第一条"示范企业"中明确了科技创新组织，即"示范企业申报主体为智慧健康养老领域的产品制造企业、软件企业、服务企业、系统集成企业等"。

在第四部分"管理和激励措施"也明确了对科技创新组织的管理政策，即"鼓励各级政府部门和社会各界加大对应用试点示范工作的支持力度，从政策、资金、资源配套等多方面扶持示范企业做大做强，支持示范街道（乡镇）建设，加快示范基地产业集聚和应用试点。加大对示范企业、街道（乡镇）和基地的宣传推介力度，利用相关部门官网、电视报纸网络等新闻媒体，以及召开发布会、行业论坛等形式，扩大试点示范工作及其标准的影响力"。

16）《中华人民共和国老年人权益保障法》（主席令第 24 号，颁布日期：2018-12-29）

在老年人权益保障法第四章"社会服务"中第五十二条的规定中，涉及科技创新主体政策，即"国家采取措施，发展老龄产业，将老龄产业列入国家扶持行业目录。扶持和引导企业开发、生产、经营适应老年人需要的用品和提供相关的服务"。

17）《国务院办公厅关于推进养老服务发展的意见》（国办发〔2019〕5 号）

该文件在第四部分"扩大养老服务消费"中涉及科技基础设施和科技能力提升方面的科技政策，主要出现在第十六条和第二十一条内容中。第十六条提出促进老年人消费增长，要求"开展全国老年人产品用品创新设计大赛，制定老年人产品用品目录，建设产学研用协同的成果转化推广平台"。第二十一条提出实施"互联网+养老"行动，要求"持续推动智慧健康养老产业发展，拓展信息技术在养老领域的应用，制定智慧健康养老产品及服务推广目录，开展智慧健康养老应用试点示范。促进人工智能、物联网、云计算、大数据等新一代信息技术和智能硬件等产品在养老服务领域深度应用。在全国建设一批'智慧养老院'，推广物联网和远程智能安防监控技术"。

18）《民政部关于进一步扩大养老服务供给 促进养老服务消费的实施意见》（民发〔2019〕88 号）

该文件在第二部分"繁荣老年用品市场"内容中涉及科技基础设施建设政策，主要出现在第五条"创新优质老年用品供给"中，要求"实施科技助老示范工程，支持新兴材料、人工智能、虚拟现实等新技术在养老服务领域的深度集成应用与推广，支持外骨骼机器人、照护和康复机器人、虚拟现实康复训练设备等产品研发，形成一批高智能、高科技、高品质的老年人康复辅具产品。鼓励支持企业研发生产可穿戴、便携式监测、居家养老监护等智能养老设备以及适合老年人的日用品、食品、保健品、服饰等产品用品。开展老年用品质量提升行动，采取风险监测、质量分析、标准引领等措施提升老年用品质量"。

19)《工业和信息化部 民政部 国家卫生健康委员会 国家市场监督管理总局 全国老龄工作委员会办公室印发〈关于促进老年用品产业发展的指导意见〉的通知》(工信部联消费〔2019〕292号)

该文件在第二部分"促进各领域老年用品创新升级"、第三部分"夯实老年用品产业发展基础"和第四部分"加大组织保障实施力度"几部分内容中涉及科技创新组织主体、科技创新基础设施、科技创新交互及科技创新能力提升等多方面科技政策。在第二部分中主要有五条具体内容,包括"发展功能性老年服装服饰、发展智能化日用辅助产品、发展安全便利养老照护产品、发展康复训练及健康促进辅具、发展适老化环境改善产品"。文件具体要求"①针对老年人对服装服饰的功能性、便利性、舒适性和时尚性需求,重点在服装材面料、款式结构及辅助装置等方面进行改进。加强老年服装吸湿速干、易护理、拉伸回弹等功能性以及适老结构的设计。增加智能型材料、感光材料、防紫外线材料及高性能纤维在老年服装中的应用,开发具有安全防护、蓄热保暖功能的服装服饰。加强老年人足部健康研究,开发具有防跌倒等功能的老年鞋。②针对老年人生活辅助需求,发展生活起居、出行移动、交流通讯、休闲娱乐等老年产品。发展适老化家电、家具产品以及新型照明、洗浴装置、坐便器、厨房用品、辅助起身、安防监控和家务机器人等适老化智能家居产品。发展智能轮椅、生物力学拐杖、助行机器人等各类助行和跌倒防护产品。发展智能助视器、高端助听器、辅助阅读和发声、适老化的计算机软硬件和手机应用程序等交流通讯产品。发展老年益智类玩具、弹拨乐器、心理慰藉和情感陪护机器人等老年休闲娱乐产品。③针对机构养老、日间托老、入户护理等照护需求,发展辅助清洁卫生、饮食起居、生活护理等方面产品,包括二便护理、口腔护理、褥疮防治、辅助如厕、辅助洗浴、辅助用餐、辅助穿脱衣、多功能护理床、智能监护床垫、位姿转变等照护产品,提升尿裤、护理垫、护理湿巾、溃疡康复用品等护理产品适老性能。发展老人搬运、移位、翻身、夜间巡检等机器人产品,提高护理质量。发展智慧养老产品及服务系统,开发环境监控、养老监护设备、防走失室内外定位终端等人工智能辅助产品。④针对老年人功能障碍康复和健康管理需求,加快人工智能、脑科学、虚拟现实、可穿戴等新技术在康复训练及健康促进辅具中的集成应用。发展外骨骼康复机器人、认知障碍评估和训练辅具、沟通训练辅具、失禁训练辅具、运动肌力和平衡训练辅具、老年能力评估和日常活动训练等康复辅具产品。发展用药和护理提醒、呼吸辅助器具、睡眠障碍干预、便携式健康监测设备、自助式健康检测设备、健康预警设备、可穿戴生理参数监测等老年健康管理和促进辅具。⑤针对家庭、社区服务中心、养老机构等老年人日常活动场所的适老化环境改造需求,发展扶手等支撑装置、地面防滑、移动式坡道等住房安全、无障碍环境改造产品。根据老年人支撑需要，开发易于抓握、手感舒适的扶手和抓杆类产品。根据地面防滑处理需要，开发防滑贴、防滑垫等产品。为住房出入口、通道无障碍改造开发便利产品。发展易燃气体和火灾自动监测报警、防灾应急包、绳降机、平层避险装置等老年安全防护产品"。

在第三部分"夯实老年用品产业发展基础"提出"增强产业创新能力"，要求"推动老年用品产业大众创业、万众创新，构建以企业为主体、政产学研用紧密结合的自主创新体系。开展关键共性技术、重点产品的联合攻关，促进老年用品领域基础研究与产业应用的交叉融合。推进产业科技创新平台建设，发挥平台在技术转移、成果转化、技术研发、资源共享、企业孵化等方面的重要作用。加强高层次人才队伍建设，大力培养产业发展急需的创新类人才。积极发展面向老年用品产业创新能力建设的生产性服务业"。同时提出"加快构建标准体系"，强调"全面梳理和完善老年用品产业相关领域标准体系，面向功能性纺织品、家庭服务机器人、康复训练及健康促进辅具、适老智能家居和家电产品等领域，制修订一批关键亟需的产品和技术标准，加大对国际标准的采标力度。鼓励发展具有引领促进作用的团体标准，完善团体标准转化机制，形成政府主导制定与市场自主制定协同发展、协调配套的新型标准体系"。

在第四部分"加大组织保障实施力度"中提出"加大创新投入，提升产品供给能力"，要求"利用现有资金渠道，支持老年用品关键技术和产品的研发、成果转化、服务创新及应用推广，培育壮大骨干企业，促进老年用品产业创新，增加有效供给。支持老年用品领域培育国家技术创新示范企业、'专精特新'小巨人企业、制造业单项冠军企业，增强创新型企业引领带动作用，加强产学研医养协同创新和关键共性技术产业化。鼓励地方政府与社会资本合作建立产业基金支持老年用品产业创新发展"。

2. 适老产业财税政策代表性文件（篇幅所限，略去文件摘编及详细解读）

表2　适老产业财税政策代表性文件

发布时间	政策名称	发文机构
2011 年 12 月	《国务院办公厅关于印发社会养老服务体系建设规划（2011-2015 年）的通知》（国办发〔2011〕60 号）	国务院办公厅
2013 年 9 月	《国务院关于加快发展养老服务业的若干意见》（国发〔2013〕35 号）	国务院
2014 年 2 月	《国务院关于建立统一的城乡居民基本养老保险制度的意见》（国发〔2014〕8 号）	国务院
2014 年 8 月	《财政部 发展改革委 民政部 全国老龄办关于做好政府购买养老服务工作的通知》（财社〔2014〕105 号）	财政部、发展改革委、民政部、全国老龄办

续表

发布时间	政策名称	发文机构
2014 年 9 月	《关于加快推进健康与养老服务工程建设的通知》（发改投资〔2014〕2091 号）	国家发展改革委、民政部、财政部、国土资源部、住房城乡建设部等 10 部门
2014 年 11 月	《商务部、民政部发布公告鼓励外国投资者在华设立营利性养老机构》（商务民政〔2014〕81 号）	商务部、民政部
2015 年 2 月	《关于鼓励民间资本参与养老服务业发展的实施意见》（民发〔2015〕33 号）	民政部、发展改革委、教育部、财政部、人力资源社会保障部等 10 部门
2015 年 11 月	《国务院办公厅转发卫生计生委等部门关于推进医疗卫生与养老服务相结合指导意见的通知》（国办发〔2015〕84 号）	国务院办公厅
2016 年 6 月	《民政部 国家发展改革委员会关于印发〈民政事业发展第十三个五年规划〉的通知》（民发〔2016〕107 号）	民政部、国家发展改革委员会
2016 年 12 月	《国务院办公厅关于全面放开养老服务市场提升养老服务质量的若干意见》（国办发〔2016〕91 号）	国务院办公厅
2017 年 2 月	《工业和信息化部 民政部 国家卫生计生委关于印发〈智慧健康养老产业发展行动计划（2017-2020 年）〉的通知》（工信部联电子〔2017〕25 号）	工业和信息化部、民政部、国家卫生计生委
2017 年 2 月	《财政部、民政部关于印发〈中央财政支持居家和社区养老服务改革试点补助资金管理办法〉的通知》（财社〔2017〕2 号）	财政部、民政部
2017 年 2 月	《国务院关于印发"十三五"国家老龄事业发展和养老体系建设规划的通知》（国发〔2017〕13 号）	国务院
2017 年 6 月	《国务院办公厅关于制定和实施老年人照顾服务项目的意见》（国办发〔2017〕52 号）	国务院办公厅
2017 年 6 月	《国务院办公厅关于加快发展商业养老保险的若干意见》（国办发〔2017〕59 号）	国务院办公厅
2017 年 8 月	《关于运用政府和社会资本合作模式支持养老服务业发展的实施意见》（财金〔2017〕86 号）	财政部、民政部、人力资源社会保障部
2018 年 4 月	《关于开展个人税收递延型商业养老保险试点的通知》（财税〔2018〕22 号）	税务总局、财政部等 5 部门
2018 年 5 月	《人力资源社会保障部 财政部关于 2018 年提高全国城乡居民基本养老保险基础养老金最低标准的通知》（人社部规〔2018〕3 号）	人力资源社会保障部、财政部
2018 年 9 月	《关于基本养老保险基金有关投资业务服务税收政策的通知》（财税〔2018〕95 号）	财政部、税务总局
2018 年 12 月	《中华人民共和国老年人权益保障法》（主席令第 24 号）	全国人民代表大会常务委员会
2019 年 2 月	《关于明确养老机构免征增值税等政策的通知》（财税〔2019〕20 号）	财政部、税务总局
2019 年 4 月	《国务院办公厅关于推进养老服务发展的意见》（国办发〔2019〕5 号）	国务院办公厅

发布时间	政策名称	发文机构
2019 年 5 月	《民政部 国家健康委 应急管理部 市场监管总局关于做好 2019 年养老院服务质量建设专项行动工作的通知》（民发〔2019〕52 号）	民政部、国家卫生健康委、应急管理部、市场监督总局
2019 年 6 月	《财政部 税务总局 发展改革委 民政部 商务部 卫生健康委关于养老、托育、家政等社区家庭服务业税费优惠政策的公告》（财政部公告 2019 年第 76 号）	财政部、税务总局、发展改革委等 6 部门
2019 年 9 月	《教育部办公厅等七部门关于教育支持社会服务产业发展 提高紧缺人才培养培训质量的意见》（教职成厅〔2019〕3 号）	教育部办公厅、国家发展改革委办公厅、民政部办公厅等 7 个部门
2019 年 9 月	《民政部关于进一步扩大养老服务供给 促进养老服务消费的实施意见》（民发〔2019〕88 号）	民政部
2019 年 10 月	《关于深入推进医养结合发展的若干意见》（国卫老龄发〔2019〕60 号）	国家卫生健康委、民政部、国家发展改革委等 12 部门
2019 年 12 月	《工业和信息化部 民政部 国家卫生健康委员会 国家市场监督管理总局 全国老龄工作委员会办公室印发〈关于促进老年用品产业发展的指导意见〉的通知》（工信部联消费〔2019〕292 号）	工业和信息化部、民政部、国家卫生健康委员会、国家市场监督管理总局、全国老龄工作委员会办公室

3. 适老产业组织政策代表性文件（篇幅所限，略去文件摘编及详细解读）

表 3 适老产业组织政策代表性文件

发布时间	政策名称	发文机构
2011 年 12 月	《国务院办公厅关于印发社会养老服务体系建设规划（2011-2015 年）的通知》（国办发〔2011〕60 号）	国务院办公厅
2013 年 9 月	《国务院关于加快发展养老服务业的若干意见》（国发〔2013〕35 号）	国务院
2013 年 9 月	《国务院关于促进健康服务业发展的若干意见》（国发〔2013〕40 号）	国务院
2015 年 2 月	《关于鼓励民间资本参与养老服务业发展的实施意见》（民发〔2015〕33 号）	民政部、发展改革委、教育部、财政部、人力资源社会保障部等 10 部门
2015 年 4 月	《国家发展改革委办公厅 民政部办公厅 全国老龄办综合部关于进一步做好养老服务业发展有关工作的通知》（发改办社会〔2015〕992 号）	国家发展改革委办公厅、民政部办公厅、老龄委办公室综合部
2016 年 12 月	《国务院办公厅关于全面放开养老服务市场提升养老服务质量的若干意见》（国办发〔2016〕91 号）	国务院办公厅
2017 年 2 月	《国务院关于印发"十三五"国家老龄事业发展和养老体系建设规划的通知》（国发〔2017〕13 号）	国务院
2018 年 12 月	《中华人民共和国老年人权益保障法》（主席令第 24 号）	全国人民代表大会常务委员会

续表

发布时间	政策名称	发文机构
2019 年 9 月	《民政部关于进一步扩大养老服务供给　促进养老服务消费的实施意见》（民发〔2019〕88 号）	民政部
2019 年 12 月	《工业和信息化部　民政部　国家卫生健康委员会　国家市场监督管理总局　全国老龄工作委员会办公室印发〈关于促进老年用品产业发展的指导意见〉的通知》（工信部联消费〔2019〕292 号）	工业和信息化部、民政部、国家卫生健康委员会、国家市场监督管理总局、全国老龄工作委员会办公室